"十四五"职业教育国家规划教材

"十三五"职业教育国家规划教材

高等职业教育新形态系列精品教材

现代物流管理基础
（第3版）

主　编　刘　敏
副主编　王家敏

电子工业出版社
Publishing House of Electronics Industry
北京·BEIJING

内容简介

本书是"十三五"职业教育国家规划教材，是一本既有理论价值又有实用价值的教科书。

本书从物流管理概述开始，主要介绍物流系统、物流的主要作业活动、物流的辅助作业活动、物流信息管理、物流组织与控制、企业物流与物流企业、供应链管理、国际物流、智慧物流，共 10 章理论知识和实践性内容。每章由学习目的与要求、本章小结、案例分析、思考分析、问题提示、重要概念、习题等部分构成。全书内容深入浅出，具有较强的实用性、新颖性和前瞻性，便于学习，体现了理论知识与实践能力的有机结合。

本书适合作为高职高专、应用型本科、成人院校物流管理专业的教材，也适合作为财经类专业、交通运输类专业学生的学习用书，还可作为广大物流企业员工及物流咨询机构从业人员的培训或自学用书，以及物流研究与教学的参考资料。

未经许可，不得以任何方式复制或抄袭本书之部分或全部内容。
版权所有，侵权必究。

图书在版编目（CIP）数据

现代物流管理基础 / 刘敏主编. —3 版. —北京：电子工业出版社，2021.6
ISBN 978-7-121-38027-3

Ⅰ. ①现… Ⅱ. ①刘… Ⅲ. ①物流管理－高等学校－教材 Ⅳ. ①F252.1

中国版本图书馆 CIP 数据核字（2019）第 269597 号

责任编辑：韩　蕾　　特约编辑：田学清
印　　刷：三河市鑫金马印装有限公司
装　　订：三河市鑫金马印装有限公司
出版发行：电子工业出版社
　　　　　北京市海淀区万寿路 173 信箱　　邮编：100036
开　　本：787×1092　1/16　印张：15.75　字数：403.2 千字
版　　次：2009 年 9 月第 1 版
　　　　　2021 年 6 月第 3 版
印　　次：2025 年 7 月第 14 次印刷
定　　价：49.80 元

凡所购买电子工业出版社图书有缺损问题，请向购买书店调换。若书店售缺，请与本社发行部联系，联系及邮购电话：（010）88254888，88258888。

质量投诉请发邮件至 zlts@phei.com.cn，盗版侵权举报请发邮件至 dbqq@phei.com.cn。
本书咨询联系方式：（010）88254573，zyy@phei.com.cn。

前言

现代物流一头连着生产，一头连着消费，高度集成并融合运输、仓储、分拨、配送、信息等服务功能，是延伸产业链、提升价值链、打造供应链的重要支撑，在构建现代流通体系、促进形成强大国内市场、推动高质量发展、建设现代化经济体系中发挥着先导性、基础性、战略性作用。为贯彻落实国家关于构建现代物流体系的决策部署，国务院办公厅印发了"十四五"现代物流发展规划（国办发〔2022〕17号），提出到2025年，基本建成供需适配、内外联通、安全高效、智慧绿色的现代物流体系。2022年，党的二十大报告中指出"优化基础设施布局、结构、功能和系统集成，构建现代化基础设施体系"，铁路、公路、机场、港口、码头、管道、货运场站、物流园区、中转分拨中心、快件处理中心、邮政网点等硬件是基础设施，信息系统、大型数据库、互联网平台等软件也是基础设施，物流基础设施建设升级和结构优化是持续性的，具有长期发展机遇。物流业在国家战略的支持下，借助互联网、云计算、物联网、大数据、人工智能、区块链等技术，发生着翻天覆地的变化。物流业正在从传统物流向现代物流转型，现代物流正在向智能物流跨越式发展。

《现代物流管理基础（第3版）》就是在这样的大环境下推出的。作为物流管理专业的核心课程，"现代物流管理基础"课程建设随着物流业的发展而越来越被重视，本教材第3版基于多年使用及经验总结做了更新和修订。一方面，从物流领域一线工作岗位的实际需要出发，注重内容的适用性，最大限度地减少物流基层岗位不直接应用的理论知识，同时尽可能地增加实用知识与技能，本着新颖、实用、通俗易懂的原则进行修订。另一方面，加大更新的力度，将国内外物流的前沿理论和当前物流设施与设备的新发明、新成果、新技术引入本次修订。我们对前9章做了部分修改，调整、补充了第1章物流管理概述、第2章物流系统、第3章物流的主要作业活动、第4章物流的辅助作业活动、第5章物流信息管理、第6章物流组织与控制、第7章企业物流与物流企业、第8章供应链管理及第9章国际物流等章节的物流创新业务内容、作业流程、新模式和新方法。随着科技的迅猛发展及互联网技术的日益普及，物流业正朝着"云物大智"的趋势发展，我们新增了第10章智慧物流的相关内容，包括物流和物联网的关系、大数据在物流系统中的应用及大数据物流技术的应用方向、人工智能在物流行业中的应用，以及无人机在物流配送中的应用等物流前沿知识。每一章都有学习目的与要求、本章小结、案例分析、思考分析、问题提示、重要概念、习题等内容；新增的每章案例分析都选用最新的前沿知识，使教材更贴合实际，让学生能接触到最新的、常用的物流知识、设备及管理方法，重视职业资格相关的技能认证，从而起到强化学生实践技能的作用。本教材可保证顶岗实习的学生、边远地区自学者及社会培训机构学员能进行远程网络互动式学习。从专业内容上来说，本教材内容深入浅出，对物流管理领域的理论与方法进行了详细且充分的介绍，具有较强的实用性、新颖性和前瞻性，便于学习，体现了理论知识与实践能力的有机结合；从科学性上来说，本教材结构合理、内容完整，关于物流的基本理论与方法的介绍生动、准确；从适用性上来说，本教材通过有效的产教融合、校企合作，高度贴合职业教育的实际，充分满足了高职物流专业教学的实际需求。

经济学教授刘敏任本书主编，负责全书的策划和统稿，王家敏任副主编。山东商业职业技术学院刘敏、王家敏、乔骏、姚微、刘礼容、曹宇飞，山东佳怡物流有限公司总裁岳丽和山东银座配送有限公司总监王尊东等参加了相关章节的修订、编写工作和相关资料的收集工作。

在编写本教材过程中，编者参考了大量书籍、论文等，已尽可能在参考文献中详细列出，在此对这些前辈、同行、专家、学者表示深深的感谢。本教材中的引证材料可能还有疏漏，在这里深表歉意。本教材得到了相关同行和参与本教材出版的人员的大力支持，在此表示衷心感谢。

由于时间仓促及编者水平有限，书中难免存在不足之处，敬请读者批评指正。

编 者

2023 年 6 月

目 录

第1章 物流管理概述 1
    1.1 物流的概念、分类、特征及行业组成 1
        1.1.1 认识现代物流业 1
        1.1.2 物流的概念 3
        1.1.3 物流的分类 3
        1.1.4 现代物流的主要特征 7
        1.1.5 现代物流的行业组成 9
    1.2 物流的要素、功能、效用与价值 9
        1.2.1 物流的要素 9
        1.2.2 物流的功能 10
        1.2.3 物流的效用 11
        1.2.4 物流的价值 12
        1.2.5 物流经济活动的双重性 16
    1.3 物流管理的形成及其发展 16
        1.3.1 物流管理的意义 16
        1.3.2 物流管理的重要性 16
        1.3.3 现代物流管理的发展进程 18
    1.4 电子商务与物流 22
        1.4.1 电子商务概述 22
        1.4.2 电子商务与物流概述 25
    本章小结 28
    案例分析 28
    习题1 30

第2章 物流系统 32
    2.1 系统和物流系统 32
        2.1.1 系统概述 32

2.1.2 物流系统概述 36
2.2 物流系统分析 42
2.2.1 物流系统分析的概念 42
2.2.2 物流系统分析的作用 42
2.2.3 物流系统分析的基本原则、要素及特点 43
2.2.4 物流系统分析的步骤 44
2.2.5 物流系统分析的内容 45
2.3 推进物流系统化 48
2.3.1 物流系统化的必要性 48
2.3.2 物流系统化的方法 49
本章小结 52
案例分析 53
习题 2 54

第 3 章 物流的主要作业活动 56

3.1 物流运输 56
3.1.1 物流运输的含义 56
3.1.2 运输的功能 58
3.1.3 运输的分类 59
3.1.4 运输方式的选择 62
3.1.5 运输合理化 62
3.2 物流仓储 64
3.2.1 仓储的概念、功能与分类 64
3.2.2 仓库的主要作业 65
3.2.3 仓储合理化 66
3.3 物流配送 68
3.3.1 配送的概念与特点 68
3.3.2 配送的分类 69
3.3.3 配送在经营中的作用 71
3.3.4 配送模式 71
3.3.5 配送的流程 72
3.3.6 配送中心 73
3.3.7 配送合理化 78
本章小结 81

目录

　　案例分析 82
　　习题 3 85

第 4 章　物流的辅助作业活动 87
　4.1　包装 87
　　4.1.1　包装概述 87
　　4.1.2　包装材料 89
　　4.1.3　包装容器 91
　　4.1.4　包装技术 93
　　4.1.5　包装合理化 96
　　4.1.6　我国当前商品包装中存在的主要问题及解决方法 97
　　4.1.7　集合包装技术 98
　　4.1.8　包装材料的综合利用 100
　4.2　装卸、搬运 100
　　4.2.1　装卸、搬运的概念和性质 100
　　4.2.2　装卸、搬运在物流中的作用 101
　　4.2.3　装卸、搬运的功能和特点 101
　　4.2.4　装卸、搬运的分类 102
　　4.2.5　装卸、搬运的承载器具 104
　　4.2.6　装卸、搬运的合理化 104
　4.3　流通加工 105
　　4.3.1　流通加工的概念和性质 105
　　4.3.2　流通加工的特点和作用 106
　　4.3.3　流通加工的主要类型 107
　　4.3.4　流通加工的管理 109
　　4.3.5　流通加工的合理化 110
　　4.3.6　绿色流通加工 111
　本章小结 112
　案例分析 112
　习题 4 119

第 5 章　物流信息管理 121
　5.1　物流信息概述 121
　　5.1.1　物流信息的概念 121
　　5.1.2　物流信息的组成 121

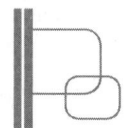

5.1.3 物流信息的作用 ... 122
5.1.4 物流信息的特征 ... 123
5.2 物流信息系统 ... 123
5.2.1 物流信息系统概述 ... 123
5.2.2 条码技术 ... 124
5.2.3 电子数据交换系统 ... 128
5.2.4 电子订货系统 ... 129
5.2.5 销售时点信息系统 ... 131
5.2.6 无线射频识别技术 ... 132
5.2.7 地理信息系统 ... 134
5.2.8 全球定位系统及北斗卫星导航系统 ... 136
本章小结 ... 137
案例分析 ... 137
习题 5 ... 140

第 6 章 物流组织与控制 ... 141
6.1 物流组织管理 ... 141
6.1.1 企业物流组织的变迁 ... 141
6.1.2 企业物流组织的基本类型 ... 141
6.2 物流成本管理 ... 144
6.2.1 物流成本的概念与管理意义 ... 144
6.2.2 物流成本管理的内容 ... 144
6.2.3 影响物流成本的因素 ... 145
6.2.4 物流成本管理策略 ... 145
6.3 物流服务管理 ... 146
6.3.1 物流服务的内涵与特征 ... 146
6.3.2 物流服务水平的度量 ... 147
6.3.3 物流服务的改进 ... 147
6.4 物流标准化 ... 148
6.4.1 物流标准化的定义 ... 148
6.4.2 物流标准化的形式 ... 148
6.4.3 物流标准种类 ... 149
6.4.4 物流的尺寸标准 ... 150
6.5 物流质量管理 ... 150

目录

  6.5.1 物流质量的定义 151
  6.5.2 物流质量管理的特点 152
  6.5.3 物流质量的衡量 152
  6.5.4 物流质量的指标体系 153
本章小结 153
案例分析 153
习题6 155

第7章 企业物流与物流企业 156

7.1 企业物流 156
  7.1.1 企业物流概述 156
  7.1.2 企业物流的分类 163
  7.1.3 企业物流管理的概念与内容 165

7.2 第三方物流 167
  7.2.1 第三方物流概述 167
  7.2.2 第三方物流的利弊分析 168
  7.2.3 国内外第三方物流的发展状况 170

7.3 物流企业 172
  7.3.1 物流企业概述 172
  7.3.2 物流企业管理的基本原则及方法 177
  7.3.3 我国物流企业发展的特点及存在的问题 178

本章小结 180
案例分析 180
习题7 184

第8章 供应链管理 185

8.1 供应链 185
  8.1.1 供应链概述 185
  8.1.2 供应链的结构模型 186
  8.1.3 供应链的类型 188

8.2 供应链管理概述 190
  8.2.1 供应链管理的含义 190
  8.2.2 供应链管理的内容 190
  8.2.3 供应链管理的特点 191

8.3 供应链管理的基本方法 192

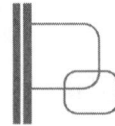

　　8.3.1　供应链快速反应 193
　　8.3.2　供应链有效顾客回应 195
　　8.3.3　供应链电子订货系统 197
　　8.3.4　其他供应链管理方法 201
本章小结 201
案例分析 202
习题 8 205

第 9 章　国际物流

9.1　国际物流概述 206
　　9.1.1　国际物流的概念 206
　　9.1.2　国际物流的特征 207
　　9.1.3　国际物流的发展 207
　　9.1.4　国际物流与国际贸易的关系 208
9.2　国际物流系统 209
　　9.2.1　国际物流系统的概念和构成 209
　　9.2.2　促进国际物流合理化 210
9.3　国际货物运输 211
　　9.3.1　国际货物运输的概念 211
　　9.3.2　国际货物运输的特点 212
　　9.3.3　国际货物运输的主要方式 212
　　9.3.4　国际货物运输方式的选择 214
9.4　国际货运代理 214
　　9.4.1　国际货运代理的概念 214
　　9.4.2　国际货运代理的种类 214
　　9.4.3　国际货运代理的地位和作用 214
本章小结 215
案例分析 215
习题 9 216

第 10 章　智慧物流

10.1　物联网技术 217
　　10.1.1　物联网的概念 217
　　10.1.2　物流和物联网的关系 218
10.2　大数据技术 222

目录

  10.2.1 大数据的概念 ... 222
  10.2.2 大数据的发展过程及价值 ... 222
  10.2.3 大数据在物流系统中的应用 ... 223
  10.2.4 大数据物流技术的应用方向 ... 223
 10.3 人工智能技术 ... 225
  10.3.1 人工智能发展背景 ... 226
  10.3.2 人工智能在物流行业中的应用 ... 226
 10.4 无人机配送技术 ... 228
  10.4.1 无人机的概念 ... 228
  10.4.2 无人机的应用领域 ... 229
  10.4.3 无人机配送的优势与劣势 ... 230
 本章小结 ... 232
 案例分析 ... 232
 习题 10 ... 234
参考答案 ... 236

Chapter 第 1 章

物流管理概述

学习目的与要求

- 掌握物流与物流管理的基本概念；
- 了解物流的分类、特征及行业组成；
- 了解物流的要素、功能、效用与价值；
- 了解物流管理的形成及其发展；
- 了解电子商务与物流之间的相互关系。

1.1 物流的概念、分类、特征及行业组成

1.1.1 认识现代物流业

人类社会自开始进行生产与商品交换以来，就存在着与生产和流通相适应的物流活动。生产资料和生活资料的生产与耗用往往存在时间和空间上的差异，在产地消费的同时，人们需要将物品运至特定地点或储存一段时间后供再生产、交换和消费。由于生产力水平、技术技能的局限性，原始物流活动处于分散无组织状态，物流的概念没有完全形成。

随着生产力水平的提高、工业文明的兴起、社会化生产的出现，生产与消费的分离趋势不断扩大，流通的地位初见端倪，物流活动发展得越来越壮大、活跃。轮船、火车、汽车、飞机等运输工具的产生，仓储库房的使用，基础设施的建设，使得物流活动的功能要素逐渐增多。政府与企业的重视，促使形成大量条件良好的交通网络与交通枢纽，为物流业的发展提供了很好的物质基础。人们逐渐认识到物流活动基本包括物品的加工、包装、运输、储存、搬运、分拣等过程，但这仍然是传统意义上的物流活动。

现代物流作为一门新兴的综合性学科，源自军事。第二次世界大战期间，美英盟军为了保证作战的需要，围绕战争期间军需物资的供应建立了军事后勤部门，对军用物资的运

输、补给、调配等进行全面管理，为战争的胜利提供了物资保障。第二次世界大战的胜利，不仅是盟军在军事上的胜利，还是其军用物资物流系统的巨大成功。

随着商品经济的快速发展，人们为实现最大限度的经济利益，追求越来越高的生产效率，促进社会化生产精细分工，使专门化生产程度越来越高，军事管理中的"后勤管理"方法被引入工业部门和商业部门，其范围涉及原材料的流通、分配、采购、运输、库存控制、储存、分销、顾客服务等方面。由于全球化竞争的加剧和信息技术的飞速发展，在西方掀起的放松管制和传统企业回归主业、集中力量于核心业务的呼声中，大量专门从事第三方物流服务的企业产生并发展起来。20世纪90年代兴起的电子商务，更为现代物流提供了新的挑战和巨大的发展空间。

物流企业是独立于生产领域之外，专门从事与商品流通有关的各种经济活动的企业。在市场经济条件下，物流企业的基本职能和任务是根据市场的供给和需求，以服务生产为目的，通过有计划地采购、销售、储存、运输等经济活动，完成商品在生产单位之间及生产单位与消费者之间的价值和使用价值的实现，保证社会生产和再生产正常进行。具体来讲，物流企业以物资流为主体功能，同时必须伴随着商流、资金流和信息流，涉及仓储业、运输业、批发业、连锁商业和外贸等行业。

世界上的一些发达国家，如美国、日本等，其生产资料市场经过发育，现已形成了适合本国国情的现代化物流体系。有人认为，物流是"除生产、销售外获得利润的源泉"，是"降低成本的最后处女地"，更有人认为物流是继劳动和自然资源之后推动国民经济增长的不可忽视的"第三利润源"。由于现代物流产业本身蕴藏着极大的发展潜力，因此今后国际上具有竞争优势的企业一定是具有物流优势的企业，具有物流优势的企业一定是具有竞争优势的企业。

随着经济全球化、一体化的发展，现代物流的理论研究和实践活动正在世界范围内蓬勃兴起。现代经济的发展水平很大程度上取决于物流发展的水平、物流理论的研究和实践的进一步深化，需要人们更深入、更规范、更细致地探讨，需要更多的有志之士不断完善和创新。物流学作为一门学科至今还是一门没有被充分研究的学科，它的各种属性、研究对象、研究内容、研究方法、研究目的、研究特点、深层次含义及现实意义都需要一个漫长的探讨过程。著名管理学大师德鲁克说过，"流通是经济领域里的黑大陆"。虽然"黑大陆"主要含有尚未认清之意，甚至探明后会发现远非人们预料的那么富饶，但更有可能是一块取之不尽、用之不竭的宝藏之地。日本早稻田大学的物流专家提出的物流"冰山之说"认为：在企业中，绝大多数物流发生的费用是被混杂在其他费用之中，而能单独列入企业会计项目的，如直接支付的运费、仓库保管费、装卸作业费、包装费等，只是其中很小的一部分，这一部分是可见的，常常被人们误解为是物流费用的全部，其实它只不过是浮在"水面"上的，能被人看见的"冰山"一角而已。因为在企业内部占多数的物流成本未作为物流费用单独计算，而混杂在制造成本、销售成本及一般经费之中，因此难以明确掌握。

确实，从大"冰山"的角度看，现在的很多学科还不能满足研究物流的需要，现在看到的只是物流的一点表象，只是大海中巨大冰山露出水面的一角，而在水面以下的是看不到的黑色区域，是需要进一步去认真挖掘发现的。由此，更可以看出物流学科是一门综合的、交叉的、融合性极强的新学科。

1.1.2 物流的概念

物流，从字面上理解就是"物资"的"流动"或"流通"，实际上物流概念中的"物"一般不仅指具有实体形态的物资材料、商品货物等。在商品经济形态下，商品物资的转移是商品交易的表现，也就是说，表面上是商品物资的转移，实质是商务的操作过程与资金的转移。这里的"物流"对象应该包括有实体形态的商品物资，以及相关的商务信息与对应的资金。

"流"一般指流动，那么是在哪个领域的流动呢？如果仅认为是流通领域，即伴随商品交换而发生的移动，那是不够全面的。因为在生产领域中有物料按工艺流程发生移动，而在消费领域中也有物料按消费者生活需要发生移动，如商品的分拣、配送、用后回收等。当然这种流动或移动是有规律的，大致是经历供应商、生产商、经销商（又分为批发商、零售商），然后到消费者及回流的过程，这个一环扣一环的过程被称为"供应链"。因此，总的来说物流就是发生在供应链中的物资流与相应的商务信息流和资金流。

物流（Logistics）的英语字面意义从属于军事范畴，即所谓的"后勤"。物流管理在第二次世界大战后被应用于企业管理，其初期的研究和传播附属于市场营销。"Physical Distribution"一词于20世纪50年代中期从美国传入日本后，被直译成"物的流通"。1979年6月，我国物资工作者代表团赴日本参加第三届国际物流会议，在考察报告中首次正规引用"物流"这一术语。1989年4月在北京召开的第八届国际物流会议结束后，"物流"一词在我国才日益推广开来，而对物流管理的概念及理论的研究始终不够深入、系统。

1962年美国物流管理协会（CLM）对物流做了一个精要的概括：所谓物流，即以最高效率和最大成本收益满足顾客需要为目的，从商品的生产地点到消费地点，对原材料、在制品、最终成品及其相关信息的流动与储存进行设计、实施和控制的过程。

我国在2006年将物流定义为：物品从供应地向接收地的实体流动过程。根据实际需要，将运输、储存、装卸、搬运、包装、流通加工、配送、信息处理等基本功能有机结合（见我国国家标准《物流术语》GB/T 18354—2006）。

根据我国国家标准对物流的定义，物流一方面具有自然属性，另一方面具有社会属性。也就是说，物流具有价值和使用价值的二重性。这里包括商流所有权转移和物流的实体转移。根据定义，物流是物品从供应地向接收地的实体流动过程，这表明，物流是一种满足社会需求的活动，是一种经济活动。同时也表明，不属于经济活动的物质实体流动不属于物流范畴。物流包括空间、时间和形态性质三个方面，通过物流的运输、储存、装卸、搬运、包装、流通加工、配送、信息处理等基本功能实现。

1.1.3 物流的分类

1. 主要的物流分类方法

由于物流对象、物流目的、物流方向及物流范围的不同，人们可以从不同的角度、采用不同的标准对物流进行分类。

（1）宏观物流和微观物流。宏观物流是指从社会再生产总体角度认识和研究的物流活动。这种物流活动的参与者是构成社会总体的大企业、大集团，宏观物流就是研究社会再生产的总体物流，研究企业或集团的物流活动行为，即从宏观的角度，以长远性和战略性为出发点，全面、系统地研究物流和管理物流。微观物流是指消费者、生产者所从事的实际的、具体的物流活动。例如，在整个物流活动中的一个局部、一个环节的具体的物流活动，在一个小地域空间发生的具体的物流活动，针对某种具体产品所进行的物流活动都属于微观物流。在物流活动中，企业物流、生产物流、供应物流、销售物流、回收物流、废弃物物流、生活物流等皆属于微观物流。微观物流研究的特点是具体性和局部性，微观物流的运行状况将直接影响企业的经济效益。

（2）社会物流和企业物流。社会物流是企业外部物流活动的总称，即国民经济部门与部门之间、地区与地区之间、企业与企业之间为实现商品流动进行的各种经济活动，包括企业向社会的分销物流、购进物流、回收物流、废弃物物流等。企业物流是指企业内部各部门之间为实现物质实体流动进行的各种活动，是以企业经营为核心的物流活动，是具体的、微观物流活动的典型领域。企业系统活动的基本结构是投入—转换—产出，对于生产型企业来讲，是原材料、燃料、人力、资本等的投入，经过制造或加工使之转换为产品或服务；对于服务型企业来讲，是设备、人力、管理和运营转换为对客户的服务。物流活动伴随着企业的投入—转换—产出而发生，在企业经营活动中，物流是渗透到各项经营活动之中的活动。

（3）国际物流和区域物流。国际物流是指不同国家、地区之间的物流。它是国内物流的延伸和进一步发展，是跨国界的、流通范围扩大的物的流通。国际物流是现代物流系统发展很快、规模很大的一个物流领域，是伴随和支撑国际经济交往、贸易活动和其他国际交流的物流活动。由于近十几年国际贸易急剧发展，国际分工日益深化，区域一体化速度加快，国际物流成为现代物流研究的热点问题。随着世界经济一体化的发展，"多国制造"的产品越来越多，在某些国家生产某些零部件、配件，再在另一些国家组装或装配整机，这种生产环节之间的衔接也需要依靠国际物流。区域物流是指某一行政区域或经济区域的内部物流。由于区域物流都处于同一法律、规章和制度之下，都受相同文化及社会因素影响，都处于基本相同的科技水平和装备水平之下，因此都有其独特的区域特点。区域物流研究应根据区域特点，从本区域的利益出发组织好物流活动，既要考虑到区域物流效率的提高、成本的降低，又要保障该区域的生产和生活环境，促进区域经济的发展。

（4）一般物流和特殊物流。一般物流是指物流活动具有共同点和一般性的物流。一般物流活动的一个重要特点是涉及全社会、各企业，因此物流系统的建立、物流活动的开展必须有普遍的适用性。一般物流研究的着眼点在于物流的一般规律，要建立普遍适用的物流标准化系统，研究物流的共同功能要素，研究物流与其他系统的结合、衔接，研究物流信息系统及管理体制等。特殊物流是指在专门范围、专门领域、特殊行业内，在遵循一般物流规律的基础上，带有特殊制约因素、特殊应用领域、特殊管理方式、特殊劳动对象、特殊机械装备特点的物流。特殊物流活动的产生是社会分工深化、物流活动合理化和精细化的产物，在保持通用的、一般的物流活动前提下，能够有特点并能形成规模，能产生规模经济效益的物流便会形成本身独特的物流活动和物流方式。特殊物流研究对推动现代化物流发展的作用是巨大的。特殊物流可进一步细分，按劳动对象的特殊性分为水泥物流、石油及油品物流、煤炭物流、腐蚀化学物品物流、危险品物流等；按数量及形体不同分为多品种、少批量、多批次产品物流和重大件物流等；按服务方式及服务水平不同分为"门到门"的一贯物流和配送物流等；按装备及技术不同分为集装箱物流、托盘物流等；对于特殊的领域有军事物流、废弃物物流等；按组织方式不同分为生产物流、加工物流等。

（5）第三方物流。第三方物流的定义为：物流渠道中的专业化物流中间人，以签订契约的方式，在一定时期内，为其他公司提供所有的或某些方面的物流业务服务。物流经营方不参与商品的买卖，只提供从生产到销售整个流通过程中专门的物流服务，如商品运输、储存、配送及增值性物流服务。第三方物流服务分为三个层次：基本业务（运输、储存、配送、装卸、搬运）、附加值业务（订单处理、货物验收、再包装、再加工、代理货物保险、送货代收款、货物回收与替代）和高级物流服务（库存分析报告、库存控制、建立分销中心、设计供应链）。

（6）第四方物流。第四方物流是指一个供应链集成商调集和管理组织整个供应链的资源、能力和技术，以提供一个综合性的供应链解决方案。第四方物流不仅控制和管理特定的物流服务，而且对整个物流过程提出策划方案，并通过电子商务将这个过程集成起来。因此，第四方物流成功的关键在于为顾客提供最佳的增值服务，即迅速、高效、低成本和人性化服务等。发展第四方物流需要平衡第三方物流的能力、技术及贸易畅通性，为客户提供功能性一体化服务并扩大营运自主性。第四方物流的特点之一是提供了一个综合性的供应链解决方案，可以有效地适应需求方多样化和复杂的需求，集中所有资源完美地为客户解决问题，如供应链再造、功能转化、业务流程再造等。其特点之二是通过整个供应链来获得价值，即使利润增长、营运成本降低、工作成本降低和资产利用率提高等。第四方物流的提出引起了物流业界的争议，但作为设想还是值得关注的。

2. 企业物流的分类

（1）供应物流。供应物流是指生产企业、流通企业或消费者购入原材料、零部件或商品的过程，即商品生产者、持有者至使用者之间的物流。对生产企业而言，供应物流需要将原材料配送给工厂，它的主要客户是工厂，它处理的对象主要是生产商品所需的原材料和零部件。由于原材料与零部件的数量之间有固定的比例关系，因此供应物流的功能就是强调原材料的配套储存、分拣、及时配送、加工和预处理等。对于流通企业而言，供应物流是指在为商品配置而进行的交易活动中，从买方角度出发的交易行为中所发生的物流。由于供应物流占用大量企业流动资金，因此对其进行严格管理使其合理化对于企业的成本控制至关重要。

供应物流不仅要保证供应的目标，而且要以最低成本和最少消耗来组织供应物流活动，满足限定的条件，因此难度很大。现代物流学是基于非短缺商品市场这样一个宏观环境来研究物流活动的，在这种市场环境下，供应数量的保证是容易做到的，而企业竞争的关键在于如何降低这一物流过程的成本。为此，供应物流必须解决有效的供应网络、供应方式和零库存等问题。

供应物流的重心是采购，企业生产或经营活动所需的货物都通过采购获得，采购是企业物流管理的起点。在有效的货物或服务的采购中，"按需采购"既是前提又是原则，即要尽量做到以最少的费用、最低的价格购进企业所需的最合适的各类货物。采购工作是组织商品生产和流通的主要保障，能及时反馈市场信息是提高企业经济效益的关键。建立现代企业采购物流管理系统应该遵循"强化管理，理顺职能；明确职责，规范业务；杜绝腐败，降低成本；高效运作，增加收益"的原则，特别要注意采购管理系统的采购与预算关系、供应商开发与管理、采购物流管理、采购绩效评估、采购信息、采购制度（采购工作标准、运作程序、作业流程）、采购战略规划等。

（2）生产物流。生产物流是指从工厂的原材料购进入库起，直到工厂产品库的产品发送为止的全过程。生产物流是制造产品的企业所特有的，需要与生产流程同步。原材料及半成品等按照工艺流程在各个加工点之间不停地移动、流转，形成了生产物流。因此，生产物流合理化对工厂的生产秩序和生产成本有很大的影响。目前，制造型企业的生产物流有两种：一种是为制造活动提供支持的物流，它的功能要求与供应物流相同；另一种则是为制造商的产品分销提供支持的物流。国内外的应用实例都表明，大制造商自己直接建立分销网络的情况越来越普遍，其市场覆盖面广、分销能力强，市场信息的收集与传递要求及时，因此要求在区域市场上运输和配送商品的能力很强，需求预测及订单处理功能应完善。

过去人们注重的是生产加工过程，现在人们在研究生产加工过程的同时更加关注生产流程如何安排，从物流角度看如何做得更合理，生产活动环节如何有效衔接，如何缩短生产物流时间，如何选配合适的机械装备等，并且特别注意工厂布置、工艺流程、装卸、搬运、生产物流的物流节点等。

（3）销售物流。销售物流是指企业为保证自身的经营利益，伴随销售活动将产品所有权转给用户的物流活动。在现代社会中，市场环境是一个买方市场，因此销售物流活动便带有极强的服务性，以满足买方的要求，最终实现销售。在这种市场前提下，销售往往在送达用户并经过售后服务后才算终止。因此，销售物流的空间范围很大。销售物流的特点就是通过包装、送货和配送等一系列物流活动实现销售，这就需要研究送货方式、包装水平及运输路线，并采用各种物流方式，如少批量、多批次、定时及定量配送等达到目的，因而其研究领域是很宽的。

（4）分销物流。专业批发业务的物流作业具有大进大出和快进快出的特点，它强调的是批量采购、大量储存及大量运输的能力，大型分销商需要大型的仓储和运输设施。另外，分销商属于中间商，需要与上游和下游客户进行频繁的信息交换，需要具有良好的信息接口和高效的信息网络。

（5）回收物流。企业在生产、供应及销售活动中总会产生各种边角余料和废料，这些东西的回收是需要伴随物流活动的。在一个企业中，若回收物处理不当，则会影响整个生产环境，甚至影响产品质量，同时会占用很大的空间，造成浪费。

要提高对废旧物资的认识，如废旧物资中残存着使用价值，有些废旧物资在某一方面的使用价值丧失后，在另一方面的使用价值仍然存在；有些废旧物资经简单加工后可恢复其全部或部分使用价值；有些废旧物资经深加工后有可能发挥其他方面更大的使用价值。

（6）废弃物物流。废弃物物流是指对企业排放的无用物进行运输、装卸和处理的物流活动。

1.1.4 现代物流的主要特征

现代物流的特征可以理解为物流的现代化特征。

随着现代物流的发展，其也表现出了许多特征，而这些特征又具有不同属性，物流的现代化特征或者说现代物流的特征具有科学属性、技术属性、经济属性、管理属性和社会属性。

需要说明的是，由于科学技术的发展，出现了交叉学科和边缘学科，因此在划分过程中，人们往往很难区别现代物流的特征属性，如有时难以区别科学属性和技术属性，有时难以区别经济属性和管理属性。现代物流的各种特征属性相互影响、相互促进、相互交叉、相互包含，既有区别又有联系，形成了复杂多变的现代物流。

另外，如同人类社会文明发展是一个进程一样，现代物流的特征是发展的、动态的，因此现代物流的特征也是不断变化的。为了比较准确地分析现代物流的特征，我们在现代物流的科学属性、技术属性、经济属性、管理属性和社会属性范围内分析现代物流的主要特征，目的是探讨现代物流的本质，在探讨现代物流与传统物流区别的同时进一步探讨现代物流的发展趋势。

现代物流的主要特征有以下几点。

（1）科学系统化。现代物流的发展经历了从 Physical Distribution 到 Logistics 再到 3PL 和 4PL 的历程，物流已经成为一门学科。物流的科学化表现为在发达国家拥有专门的物流科学研究机构和从事物流科学研究的专业人员，并已经建立了完整的、系统的、全面的物流科学研究、教育、培训体系。

在物流管理的发展过程中，物流作为一门年轻的学科不断地从其他学科中汲取营养，不断地借鉴和应用其他学科（如分销管理、运输管理、物资管理和其他技术学科）的成果，从而形成了一个相对独立的学科。与此同时，物流又与其他学科，如市场营销、运作管理、供应链管理、电子商务等融合，从而促进了整个管理科学的发展。

物流系统化是系统科学在物流管理中应用的结果。系统科学在物流管理领域中得到了广泛的应用，人们利用系统科学的思想和方法建立物流系统，包括社会物流系统和企业物流系统。

（2）自动智能化。自动智能化是指物流作业过程（包括运输、装卸、包装、分拣、识别等）的设备和设施自动化，如自动识别系统、自动检测系统、自动分拣系统、自动存取系统、自动跟踪系统等。物流自动化可以方便物流信息的实时采集与跟踪，提高整个物流系统的管理和监控水平。物流自动化设施包括条码自动识别系统、自动导向车系统（如 AGVS）、货物自动跟踪系统（如 GPS）等。

伴随着科学技术的发展和应用，物流管理从人工化发展到半自动化、自动化，直至智能化，从某种意义上看，智能化是自动化的继续和提升。智能化中包含更多的电子化成分，如集成电路、计算机硬件和计算机软件等，智能化在更大范围内和更高层次上实现了物流管理的自动化，如库存管理系统、成本核算系统等。

（3）标准化。在物流管理的发展过程中，从企业物流管理到社会物流管理都在不断地制定和采用新的标准。从物流的社会角度看，物流标准可以分为企业标准和社会标准；从物流的技术角度看，物流标准可以分为产品标准、技术标准和管理标准等。

（4）精益化。精益化生产方式是由日本企业创立的，精益化生产涉及准时化生产、全面质量管理、并行工程、团队作业等工作方式，其特点是多品种、小批量、低消耗和高质量。

精益化的核心思想是用尽可能少的生产要素创造尽可能多的满足用户需求的价值。精益化思想在物流管理中的运用主要体现在降低成本、提高价值上。

（5）网络化。现代电子技术和产品在物流管理中的广泛应用使得物流实现了自动化、智能化、实时化、可视化、电子化，从计算机静态管理到点对点信息交换的动态管理，形成网络信息交换。在讨论物流网络时，"网络"有两种含义或理解方式：一是指物理网络或实体网络；二是指信息网络，它利用电子网络技术进行物流信息交换，是企业根据物理网络的发展需要应用网络技术建立起来的。

为什么会形成物流网络呢？主要原因是社会交通运输网络的建立使企业的公司网络和业务网络的形成成为可能，企业规模的扩大、用户的增加、市场的扩大（包括空间的扩展和占有率的提高），促使企业的公司网络和业务网络形成，使得物流需求不断增加。随着各种限制和贸易壁垒的取消和解除，会形成统一的区域市场、国内市场及全球市场，以及区域性的、全国性的乃至全球性的分销和物流配送网络。

（6）个性化。物流个性化是指个性化需求和个性化服务。

（7）专业化。社会分工导致了物流的专业化，也导致了专业化物流企业的形成。物流专业化主要包括两个方面：一方面，在企业中，物流管理作为企业的一个专业部门独立存在并承担专门的职能；另一方面，在社会经济领域中，出现了专业化的物流企业，它们提供各种不同的物流服务，并进一步演变成服务专业化的物流企业。

（8）协同化。在传统的供需关系中更多的是买卖关系，而在现代物流中，供需关系包括更多的协同因素，甚至成为战略合作关系。现在的企业竞争实质是企业供应链之间的竞争，物流协同化是指供应链中的各个企业及企业内部围绕着核心企业的物流协调同步运作，传统的合作和协作是不同的，合作是横向的，协作是纵向的，协同是协作各方利益均沾的共同目标。

（9）规范法制化。物流规范化是指在全社会范围内建立各种物流规范，包括非物流企业内部的各种物流规范、物流企业内部的各种规范、物流行业中的企业行为规范及物流从业人员的行为规范。物流法制化是指在法律体系中，建立针对物流企业和物流行业的各种法律法规，以及在相关的法律中对物流做出相应的规定。

（10）社会化。物流社会化是指社会中的任何组织机构对物流的需求不再单纯地由自己内部满足，而由社会中的其他专门物流组织机构满足。物流从自给自足的生产方式转变为在一定社会分工条件下的专业化和社会化的生产方式。随着社会化的进一步发展和完善，不仅物流需求要实现社会化，物流组织机构也需要实现社会化，从而实现真正广泛意义上的物流社会化。

（11）国际全球化。自然资源的分布和国际分工促成了国际贸易、国际投资、国际经济技术合作。由此产生了货物和商品的转移，从而带动了国际运输和国际物流的产生和发展。物流国际化一般表现在两个方面：一方面是其他领域的国际化导致产生了国际物流的需求；另一方面是物流领域自身的国际化。物流全球化是物流国际化的产物，物流全球化加快、加强了物流国际化，物流全球化是物流国际化的更高层次。物流国际化主要是指立足本国开展国际物流,而物流全球化是指跨国经营,包括与目的国企业进行国际合作和进行国际投资,以及在目的国设立分支机构,开展物流业务。在物流国际化阶段,国际化物流业务是间接或者说是通过与其他企业合作完成的。由于跨国物流企业的出现,国际化物流业务可以直接完成,跨国物流企业可以利用其全球网络独立完成国内和国际业务,最终实现综合化物流业务。

1.1.5 现代物流的行业组成

1. 交通运输业

交通运输业是现代物流的主体行业,主要包括以下几种。

(1)铁道运输业,主要是指货运部分,承担整车运输业务、集装箱运输业务、混载运输业务和行李托运业务。铁道运输的优势在于能承担低成本的中长距离大宗货运。

(2)汽车货运业,分为一般汽车货运业和特殊汽车货运业,后者是指专运长、大、重或危险品及特殊物品的货运业。汽车运输的优越性在于可以提供短距离下的迅速、便利服务,即"门到门"的服务,相比其他运输方式更能承担小批量、多频次的配送业务。因此,在发展物流业的形式下,汽车货运业也会得到强势的发展。

(3)水道运输业,包括远洋、沿河、内河三大类别的船舶运输。

2. 仓库业

仓库业通过提供仓库实现储存货物的业务。现代物流的储存环节还有更大的发展前景,除了保管货物,还要承接大量流通加工业务,如分割、分拣、组装、标签贴付、商品检验、备料发送等。另外它和交通运输业还不同程度地承担了物流中分量很重的装卸业务。

3. 通运业

通运业在物流中起到很重要的沟通中介作用,包括集装箱联运业、运输代办业、行李托运业、集装箱租赁经营业、托盘联营业等。

4. 配送业

配送业的业务是指短距离、小批量的送货上门,这是物流活动中连接到消费者的不可忽视的环节,它还包括速递业(这在我国是一个新兴的、可吸纳大量劳动力的行业)。

1.2 物流的要素、功能、效用与价值

1.2.1 物流的要素

流体、载体、流向、流量、流程、流速等是构成物流的基本要素。

1. 流体

流通中的物质实体构成物流的流体。流体具有自然属性和社会属性。自然属性是指流体物理、化学、生物属性方面的运动,在物流过程中要根据流体的自然属性合理安排运输、保管、装卸等作业。社会属性是指流体所体现的价值属性,以及生产者、采购者、销售者、客户之间的各种关系,有的流体还肩负着国家宏观调控的重要使命,表现出政策性。

2. 载体

物流中的载体是指流体借以流动的设施和设备,分为两类:一类是基础设施,如公路、桥梁、水路、铁道、港口、机场、码头等;另一类是载体设备,如车辆、船只、飞机、集装箱、托盘等。

3. 流向

流体从起点到终点的流动方向叫作流向。一般来说,物流的流向有四种:一是自然流向,即根据产销关系所确定的商品的流向,也就是商品要从产地流向销地;二是计划流向,即根据流体经营者的商品经营计划而形成的流向,也就是商品要从供应地流向需要地;三是市场流向,即根据市场供求规律由市场确定的流向;四是实际流向,即物流过程中实际发生的流向。

对某些商品而言,可以同时存在以上四种流向。物流科学就是通过研究流向,找出规律性,达到合理配置物流资源目的的一门科学。

4. 流量

通过载体的流体在一定流向上的数量表现称为流量。与流向对应,流量分为自然流量、计划流量、市场流量和实际流量四种。从物流管理角度看,理想状况的物流在所有流向上的流量都应均匀分布,这样的物流效率最高,组织也最容易。

5. 流程

流程是指通过载体的流体在一定流向上的行驶路径。理论流程往往是可行路径中的最短路径,路径越长,物流成本越高,故应设法缩短流程。实际流程可按四种口径来统计,即按流体统计、按载体统计、按流向统计、按发运人统计。

6. 流速

流速是通过载体的流体在一定流程上的速度表现,它是衡量物流效率和效益的重要指标。一般来说,流速越快,时间越短,成本就越低,物流创造的价值效用也就越大。

1.2.2 物流的功能

1. 物流的总体功能

物流的总体功能有以下两种。

(1) 组织"实物"进行物理性流动。物理性流动的动力来自五个方面:一是生产活动和工作活动的要求;二是生活活动和消费活动的要求;三是流通活动的要求;四是军事活动的要求;五是社会活动和公益活动的要求。

(2) 实现对用户的服务。实现对用户的服务是物流的总体功能,某些物流领域可以有"利润中心""成本中心"等作用,但是所有的物流活动无一例外地都具有服务这个共同的功能特征。

2. 物流的具体功能

物流的具体功能主要有包装功能、搬运功能、装卸功能、运输功能、储存功能、保管功能、流通加工功能、配送功能、信息处理功能等。

在上述功能要素中，运输功能及保管功能分别解决了需求和供给之间在空间和时间上的分离问题，分别是物流创造"场所价值"及"时间价值"的主要功能要素，因而在物流系统中处于主要功能要素的地位。

信息处理功能支持物流运作，尤其支持大范围物流网络的运作，起到支撑平台的作用，是促进物流合理化和优化的功能要素。

在网络经济时代，特别看重配送功能，这是因为配送功能最能体现物流系统的最终总体服务水平，可以说是完善服务的功能要素。

流通加工功能是物流过程中形成物流增值效应的主要功能要素，包装功能、搬运功能、装卸功能、储存功能在物流过程中是增加成本的功能因素，这些功能的存在对于完善物流系统来说是必不可少的，但是这些活动也必然增加成本支出，是影响成本的功能要素。

1.2.3 物流的效用

物流过程中的物化劳动和活劳动投入增加了物品的效用，具体表现为增加了物品的空间效用、时间效用、品种效用、批量效用、信息效用和风险效用六大效用。

1. 空间效用

空间效用表现为通过商品流通过程中的劳动克服商品生产和消费在空间上的分离。不同的地区具有不同的生产优势和生产结构，而产品的消费却可能发生在另外的地区，甚至遍布全国、全世界。正是商品流通所耗劳动创造的空间效用使我们可以享受瑞士生产的咖啡，购买法国的时装，使用微软公司的 Windows 10 系统。

2. 时间效用

时间效用表现为通过商品流通过程中的劳动克服商品生产和消费在时间上的不一致。这种不一致表现为多种情况。例如，农产品类商品生产的间断性和消费的连续性之间的矛盾；一些时令性或集中性消费商品，其生产是长期连续的。更多的情况是虽然生产和消费都是连续的，但是商品从生产到消费总有一定的时间差，这种时间差表现为商品生产与消费的时间矛盾。在商品流通过程（如储存、保管等）中投入的劳动恰好可以解决这种矛盾，这表现为商品时间效用的增加。

3. 品种效用

品种效用表现为通过物流过程中的劳动克服商品生产和消费品种方面的不一致。因为无论是在生产中还是生活中，消费者需要的是多种多样的商品，而专业化生产使某一生产厂家所提供的商品具有单一性，物流则可以集中将多个生产厂家的产品提供给消费者，这方面的劳动投入表现为商品品种效用的增加。

4. 批量效用

批量效用表现为通过物流过程中的劳动克服商品生产和消费批量方面的不一致。社会化大生产的一种重要方式是生产的专业化和规模化，而很多时候消费者的需求量都是很有限的。物流过程中的劳动的一个重要用途就是将大批量生产分割，使其对应最终的小批量需求，在此表现为由整到散的分流过程。反过来的情况同样存在，即生产，尤其是在工业化社会中无论是生产资料的生产还是生活资料的生产都呈现出一种趋势，即小批量、多品种，这种生产方式与大批量、流水线生产方式共同存在。所以可能出现这种情况：虽然生产批量较小，但需求是大量集中的。这时物流过程中的劳动的用途就是把分散的货源加以集中，从而表现为从散到整的集流过程。所有在这方面投入的劳动都表现为批量效用的增加。

5. 信息效用

信息效用表现为物流企业要收集大量的信息，如供求双方的信息、产品说明和使用情况、发展情况、用户的意见、供求信息、技术发展趋势等，并对这些信息进行过滤、筛选、整理、分析，总结规律，发现问题，在指导自己工作的同时，也将这些信息传递给供求双方，形成一种知识学习的作用。

6. 风险效用

风险效用表现为商品流通过程中存在和隐藏着许多风险，如质量风险、信贷风险、政策风险、财务风险等，由商品流通双方谁来承担这些风险可能会是一个讨价还价的"扯皮"过程，会极大地增加交易费用甚至阻碍商品流通的真正完成。由专业物流企业来承担这些风险无疑会极大地提高供求双方的信心，同时加快商品流通和再生产的过程。

1.2.4 物流的价值

1. 物流的宏观价值

（1）物流是国民经济的基础之一。这是针对物流对国民经济的动脉作用而言的，物流通过不断输送各种物质资料，使生产者不断获得原材料、燃料等以保证生产过程的正常进行，又不断将产品运送给不同需要者，以使这些需要者的生产、生活得以正常进行，这些互相依赖关系是靠物流来维系的，国民经济因此得以成为一个有内在联系的整体。经济体制的核心问题是资源配置，资源配置不仅要解决生产关系问题，而且必须解决资源的实际运达问题，物流正是保证资源配置最终实现的重要环节。物流还以其本身的宏观效益支持国民经济的运行，改善国民经济的运行方式和结构，促使其优化。

（2）物流是企业生产的前提和保证。从企业这一微观角度来看，物流对企业的作用有三个方面。

① 物流为企业创造经营的外部环境。一个企业的正常运转，必须有这样的外部环境：首先要保证按企业生产计划和生产节奏提供和运达原材料、燃料、零部件等；其次要将产品不断运离企业。这个最基本的外部环境正是要依靠物流及其他有关活动来创造和提供保证的。

② 物流是企业生产运行的保证。企业生产过程的连续性和衔接性，依靠生产工艺中不断的物流活动来完成，有时候生产过程本身便和物流活动结合在一起，物流的支持和保证作用是不可或缺的。

③ 物流是企业发展的重要支撑。企业的发展依靠质量、产品和效益，物流作为全面质量的一环，是接近用户阶段的质量保证手段。更重要的是，根据"第三利润源"的理论，

通过降低物流成本间接增加企业利润,通过改进物流直接取得效益,这些都会有效地促进企业的发展。

总之,物流无论是对国民经济的主体还是对国民经济的基础,都起着非常重要的作用。

(3)在特定条件下,物流是国民经济的支柱。在特定的国家或地区,或者在特定的产业结构条件下,物流在国民经济和地区经济中能够发挥带动和支撑作用,能够成为国家或地区财政收入的主要来源,是主要的就业领域,能成为科技进步的主要领域和现代科技的应用领域。例如,欧洲的荷兰、亚洲的新加坡和中国香港地区、美洲的巴拿马等,特别是日本,均以流通立国,物流的支柱作用显而易见。

(4)物流现代化可以提高国民经济运行的水平,实现其质量的提升。物流关系到国民经济运行的质量,现在"粗放式"生产还很普遍,尤其支撑国民经济运行的"物流平台"的问题更为突出,如各种物流方式分立、物流基础设施不足、物流技术落后等,如果这些问题能够得到全面、系统的改善,就可以使国民经济运行的水平得到很大的提高。

(5)一个新的物流产业可以有效改善国民经济的产业结构。物流产业是物流资源在各个领域中重新整合后形成的一种复合型或聚合型产业,如运输资源的产业化形成了物流运输业,仓储资源的产业化形成了仓储业等。与此同时,这些物流资源也分散在多个领域中,包括制造业、流通业等,把产业化的物流资源加以整合,就形成了新的物流服务业,它也是一种复合型产业。因此说,一个新的物流产业可以有效改善国民经济的产业结构。

2. 物流的微观价值

(1)物流的时间价值。"物"从供给者到需求者之间本来就存在一段时间差,由改变这一时间差而创造的价值,称作"时间价值"。通过物流获得时间价值的形式有以下几种。

① 缩短物流时间创造价值。缩短物流时间可获得多方面的好处,如减少物流损失、降低物流消耗、加快物的周转、节约资金等。从全社会物流的总体情况来看,加快物流速度、缩短物流时间是物流必须遵循的一条经济规律。

② 弥补时间差创造价值。在经济社会中,需求和供给之间普遍地存在着时间差。例如,粮食的生产较集中,但天天有所需求,因此需求和供给之间出现时间差。物流便是以科学、系统的方法去弥补这种时间差,以实现其"时间价值"的。

③ 增加时间差创造价值。一般通过加快物流速度、缩短物流时间,以尽量缩小时间间隔来创造价值,但是在某些具体物流过程中也存在人为地、能动地延长物流时间来创造价值的情况。例如,秋季集中产出的粮食、棉花等农作物,通过物流的储存、储备活动,有意识地延长物流的时间,以均衡人们的需求;配合待机销售的囤积性营销活动的物流便是通过有意识地延长物流时间、有意识地增加时间差来创造价值的。

(2)物流的场所价值。"物"从供给者到需求者之间有一段空间差,供给者和需求者往往处于不同的场所,由改变"物"的场所创造的价值,称作"场所价值"。

物流创造场所价值是由现代社会产业结构、社会分工所决定的,主要原因是供给和需求之间存在空间差,商品在不同地理位置有不同的价值,通过物流将商品由低价值区转到高价值区,便可获得价值差,即场所价值。以下是场所价值的几种具体形式。

① 从集中生产场所流入分散需求场所创造价值。现代化大生产的特点之一是通过集中的、大规模的生产提高生产效率、降低成本。在一个小范围内集中生产的产品可以覆盖

大面积的需求地区,有时甚至可覆盖一个国家乃至多个国家。通过物流将产品从集中生产的低价值区转移到分散于各处的高价值区有时可以获得很高的利益。物流的场所价值也依此决定。

② 从分散生产场所流入集中需求场所创造价值。和上面相反的情况在现代社会中也不少见,如粮食是在一亩地一亩地上分散种植出来的,而一个大城市对粮食的需求却相对大规模集中;一个大汽车厂的零配件生产场所分布得非常广,却集中在一个大汽车厂中装配,这也形成了分散生产和集中需求,物流便依此取得了场所价值。

③ 从低价值生产场所流入高价值需求场所创造价值。现代社会中供给与需求之间的空间差比比皆是,除由大生产所决定之外,有不少是由自然地理和社会发展因素决定的,如农村生产粮食、蔬菜而异地于城市消费,南方生产荔枝而异地于各地消费,北方生产高粱而异地于各地消费等。这么复杂交错的供给与需求之间的空间差都是靠物流来弥补的,物流也从中实现了场所价值。

在经济全球化的浪潮中,国际分工和全球供应链的构筑使企业选择在成本最低的地区进行生产,通过有效的物流系统和全球供应链,在价值最高的地区销售。信息技术和现代物流技术为此提供了条件,使物流得以创造价值,服务得以增值。

(3)物流的加工价值。"物"通过加工而增加附加价值,取得新的使用价值,这是生产过程的职能。在加工过程中,由于物化劳动和活劳动的不断注入,增加了"物"的成本,同时也增加了其价值。在流通过程中,可以通过流通加工的特殊生产形式,使处于流通过程中的"物"通过特定方式的加工而增加附加价值,这就是物流创造加工价值的活动。

物流创造加工价值是有局限性的,它不能取代正常的生产活动,只是生产过程在流通领域的一种完善和补充。但是,物流过程的增值功能往往通过流通加工得以体现。所以,根据物流对象的特性,按照用户的要求进行加工活动对整个物流系统的完善起到重要作用。尤其在网络经济时代,物流作为基于用户的服务方式,依托信息传递的及时和准确,得以有效组织加工活动,因此它的增值作用也是不可忽视的。

(4)物流的利润价值。物流活动的合理化,可以通过降低生产企业的经营成本间接提高利润,这只是物流利润价值的一个表现。对于专门从事物流经营活动的企业而言,通过有效的经营活动,可以为企业创造"第三利润源",也就是说物流企业的有效服务,可以为生产企业创造利润。

许多物流企业在为用户服务的同时,还可以成为自己的"利润中心",可以成为企业和国民经济新的利润增长点。企业中的许多物流活动,如连锁配送、流通加工等,都可以直接成为企业利润的来源。

(5)物流的服务价值。物流企业可以提供良好的服务,这种服务有利于企业参与市场竞争,有利于树立企业和品牌的形象,有利于和服务对象结成长期的、稳定的、战略性合作伙伴关系,这对企业长远的、战略性的发展有非常重要的意义。物流的服务价值,实际上就是促进企业战略发展的价值。

3. 物流价值的发现

(1)物流系统功能价值的发现。在第二次世界大战期间,美军采用了具备托盘、叉车等的后勤系统,这个系统贯穿军事物资从单元组合(集装)的装卸活动开始,到高效连贯

第 1 章 物流管理概述

地搬运、运输、储存、再运输、搬运,直到按指定军事目标到达目的地为止的整个过程,有效地支撑了庞大的战争机器。这就促使人们认识到物流作为一个系统,其活动能够实现以往由许多活动才能实现的各项功能,使人们认识到物流系统功能的价值。

(2)物流经济活动价值的发现。第二次世界大战以后,大量军事技术和军事组织方式转移到了民间,物流系统的思想方法和相关技术、相关管理方式实现了"军转民",取得了巨大成功。这就使人们认识到,物流不仅有重要的军事价值,而且有重要的经济活动价值,可以在经济界广泛地采用,可以为企业增加新的管理思想和管理模式。第二次世界大战以后,价值工程、物流等在战争期间形成的形态,都成功地实现了向经济领域的转移,从军事活动的价值转变为经济活动的价值。

(3)物流利润价值的发现。第二次世界大战以后,主要国家的经济发展面对的是一个"无限的市场",只要能够快速、顺利地实现产品向用户的转移就能够获取利润。企业界采用物流技术和物流管理方式之后,能够有效地增强企业的活力,提高企业的效率和效益,从而增加企业的利润。在产业革命以后,经济领域对于人力、原材料这两个利润源的挖掘已经有了相当长的历史,虽然现代社会仍然可以用新的方式来开发这两个利润源,但是寻找新的利润源变得日益迫切。物流作为"第三利润源"就是在这种情况下被发现的,这是对物流效益价值的发现。

(4)物流成本价值的发现。20世纪70年代初,世界上爆发了"第一次石油危机",实际上是以石油为首的能源、原材料、劳动力价格的各方面上涨。传统的第一、第二利润源已经变成了企业的成本负担,在这种情况下人们发现,物流领域有非常大的降低成本的空间。企业和经济界在有效地利用物流系统技术和现代物流管理方式之后,有效地减轻了能源、原材料、劳动力成本上扬的压力,从而使人们认识到物流还具备巨大的降低成本的价值。物流这一价值的发现,大大提高了物流在国际上的声誉。"第一次石油危机"期间,许多经济学家预言全世界的长期经济衰退并没有出现,这和经济领域中成功地挖掘出物流所具有的降低成本的价值具有相当重要的关系。

(5)物流环境价值的发现。物流系统的开发、物流合理化的广泛推行和系统物流管理的普遍实施,在有效地降低成本的同时,能够在合理的、更节约使用物流装备的情况下完成资源配置任务;物流系统化以后,物流装备可以得到全面、系统的开发,装备的效率大大提高,同时装备的能耗大大降低。这些努力汇集起来之后,人们惊喜地发现物流对改善环境、降低污染、实施可持续发展有重要作用,这就使许多受"现代城市病"困扰的工业化城市对用物流这种系统经济形态来改善分立的、混乱的交通状况,减少交通阻塞、运输损失,降低污染,以及改善企业外部供应环境格外重视和关心。

(6)物流战略价值的发现。20世纪80年代后,企业普遍从过去那种以狭窄的、短期的、微观的视野对当前利益和当前成本的考虑转向了长期的、战略性的考虑。这个长期的、战略性的考虑有两个非常重要的支持因素:一个是在现代信息技术支撑下建立了稳定的、高效的"供应链",以增强企业的本体能力;另一个是贴近用户的服务,而这个服务是远远超出所谓"售后服务"水平的全面贴近用户的服务。在物流领域中出现的广泛配送方式、流通加工方式及更进一步的"准时供应系统""即时供应系统""零库存系统"等,都成功地使企业获得了更长远的战略发展能力。

(7)物流国民经济价值的发现。1997年亚洲爆发了金融危机,危机过后,人们在分析和总结亚洲各国和各地区的情况时发现，以物流为重要支柱产业的新加坡、中国香港有较强的抵御经济危机的能力。物流作为一个产业，在国民经济中的地位是十分重要的，它能够起到完善结构、提高国民经济总体质量和抵御经济危机的作用。

（8）物流新经济价值的发现。近几年在对网络经济进行探索和发展之后人们逐渐认识到，网上的虚拟运作和实际的物流相结合，能形成一个完整的新经济形态。这一点在电子商务中体现得更为明显。

1.2.5　物流经济活动的双重性

物流既是增值性经济活动，又是增加成本、增加环境负担的经济活动。对物流经济活动双重性的认识，应当是研究物流管理的一个基本点。应在尽量降低物流成本、减轻由物流造成的环境负担基础上，使物流活动增值。

1. 物流成本

无论是在国民经济领域还是在企业领域，物流成本都是构成成本的重要方面，即使在发达国家，物流成本也相当高。

2. 物流增加环境负担

物流对环境有较大的负面影响，这个负面影响随着物流量的增大而增大，随着物流合理化程度的提高而降低。物流管理的责任就是在保证物流满足国民经济和企业发展需求的前提下，尽量减轻对环境造成的负担。

1.3　物流管理的形成及其发展

1.3.1　物流管理的意义

物流是指使物料或商品在空间上与时间上发生位移。社会物流，即社会再生产各过程之间、国民经济各部门之间及国与国之间的实物流通，直接影响到国民经济的效益。现代物流管理是将运输、储存、装卸、搬运及包装等物流活动综合起来的一种新型的集成式管理方式，它的任务是以尽可能低的成本为顾客提供最好的服务。

物流管理不仅包含对实物流通的管理，还包含对服务这种重要的无形商品的管理。物流管理涉及所有类型的组织和机构，包括政府、工厂、医院、学校、金融机构、批发商、零售商等。物流管理的一大特点是强调对各项物流活动进行集成化的管理，贯穿产品价值和实现的全过程。

1.3.2　物流管理的重要性

物流管理的任务可以概括为"6 Rights"：以正确的成本（Right Cost），在正确的时间

（Right Time）、正确的地点（Right Location）、正确的条件（Right Condition）下，将正确的商品（Right Goods）送到正确的顾客（Right Customer）手中。

物流管理的核心在于创造价值。良好的物流管理要求供应链上的每项活动均能实现增值，在为顾客创造价值的同时，也为企业自身及其供应商创造价值。物流管理所创造的价值体现在商品的时间效用和空间效用，以及保证顾客在需要的时候能方便地获取商品上。

1. 物流在国民经济中的作用

物流在国民经济中的作用主要体现在两个方面。

（1）物流活动的成本在 GDP 中占有相当一部分份额。据 IMF（国际货币基金组织）统计，一些国家和地区的物流成本（包括运输、仓储、库存维持等费用）占其 GDP 的 10%以上，在各国家和地区的经济中均占有显著的地位。如果某国能以较小比例的资源完成各项物流活动，则该国的物流效能较高。2018 年我国物流总费用为 13.3 万亿元，占全国 GDP 的 14.8%以上，同全球的平均值 8%相比，高 6.8 个百分点。显然，增加的这笔费用将转嫁为商品价格的提高、企业利润的降低及国家税收的减少。有效的物流活动对人民生活水平、企业经济效益、国民收入起着不可忽视的作用。

（2）物流支撑着经济生活中的大多数交易行为，是所有的商品交易得以实现的重要保障。正是因为有了物流活动的保障，交易行为才能最终在正确的时间和空间内得以实现。同时，物流创造了货物和服务的时间效用和空间效用。

2. 物流在企业中的作用

顾客导向是企业参与市场竞争的指导思想，物流的本质在于创造价值，而物流系统的输出正是为顾客服务，越来越多的企业将物流管理视为提高赢利能力和竞争力的关键所在。以最低的物流成本提供最好的服务，为顾客创造最大的价值是企业赢得竞争的主要途径。

产品（Product）、价格（Price）、促销（Promotion）和地点（Place）是企业市场营销四要素（4P）。成功的市场营销要求企业拥有良好的产品、合理的价格、有力的促销手段，以及保证产品顺利输送到正确的地点。物流活动直接服务于地点要素，保证顾客在需要时能方便地购买到产品。

物流总成本是指满足物流需求所必需的全部开支。物流总成本需要用系统的方法来考虑，它是有效管理物流过程的关键。物流总成本主要包括客户服务、库存管理、运输、仓储、订货处理和信息六个方面。权衡是物流管理的一个核心概念。物流的任务是以尽可能低的成本为顾客提供最好的服务。由于物流活动成本之间经常存在此消彼长的关系，因此需要就物流的各个活动进行成本的权衡。例如，顾客服务水平显然受库存状态影响，为提高顾客服务水平，最好有庞大的库存，而庞大库存的代价却是库存成本的提高。企业为实现长期赢利最大化的目标，必须不断调整顾客服务水平，迎合顾客的需要，这就要求企业将其有限的资源在市场营销四要素及各项物流活动中合理配置，在不断提高服务水平的同时降低物流总成本。

企业物流在发达国家受到理论界和企业界的普遍认同和高度重视，被认为是"企业脚下的金矿"及当前企业"最主要的竞争领域"。从中国仓储协会对中国家电、电子、日化、食品等行业具有代表性的 450 家大中型企业的调查中可以看出，物流费用占产品销售费用的比例较高，物流费用占比在 15%以上的企业占总数的 48.5%。根据现代物流理论中的杠杆原理，物流费用每降低 2 个百分点，利润提高近一倍，因此能否降低企业的物流费用对企业经营绩效影响较大。现在，越来越多的企业正逐渐认识到物流对企业发展的重要作用。根据调查的结果，仅 9%的企业认为物流对企业发展的影响程度较低或很低，而 42%的企业认为物流对企业发展的影响程度较高或很高，认为物流对企业发展影响程度一般的企业占总数的 49%，由此说明物流在中国的发展尚处于起步阶段，任重而道远，潜力巨大。

1.3.3　现代物流管理的发展进程

第二次世界大战以后，物流得到进一步的发展。物流方面的工作对盟军取得第二次世界大战的胜利做出了明显的贡献。类似的，在 1990—1991 年的波斯湾战争中，有效地输送、储存供给品和人员的能力是美英联军取得成功的几个关键因素。随着企业对物流管理在降低成本、提高经营绩效和提升企业竞争力等方面所起作用的认识程度逐步提高，以及社会经济和技术的发展，企业中物流管理职能和职责都在不断地发生着变化。本节将对物流管理在以美国为代表的西方发达国家中的演进阶段进行概述。现代物流管理在西方发达国家中大体经历了三个发展阶段：职能管理阶段（1960—1980 年），内部一体化阶段（1980—1990 年），外部一体化阶段（1990 年至今）。

1．职能管理阶段

20 世纪 60 年代以后，绝大多数企业逐步认识到，物流管理并不仅是对运输、采购、仓储等活动的分割式的管理。在此阶段，物流活动被集成到两大物流管理职能，即物料管理和分销管理中。物料管理（Material Management）是对与物料流入企业有关的所有活动进行计划、组织和控制，其管理范围包括采购原材料、在制品库存控制、厂内运输、生产计划等。分销管理负责控制产成品从工厂到顾客的有效率的输送，其管理范围包括运费控制、仓储、包装、顾客需求预测、成品库存控制、顾客服务等。

以集成式的物料管理和分销管理职能取代 1960 年以前对各项物流活动分割式的管理，无疑是一大进步。这种职能式的管理使物流成本在两大职能中变得清晰而易于独立核算，为企业有效控制物流成本奠定了基础。

（1）本阶段企业管理中的相关变革。

① 计算机在企业管理中的广泛应用。计算机管理信息系统为企业管理人员快速、准确地处理在物料管理和分销管理中产生的复杂问题提供了强有力的支持。物料需求计划（MRP）是一个典型的例子。MRP 成功地解决了根据最终产品需求生成零部件需求计划的问题，将原材料和零部件物流与产成品物流连接起来，使人们的思路从追求实际意义并不很大的优化方法转到比较现实的轨道上来，利用计算机技术把生产库存管理得更好。同时，计算机管理信息系统帮助企业更加准确地识别和控制包括物流成本在内的各项成本，为物料管理和分销管理的集成提供了有力的支持。

② 顾客服务理念的流行。企业降低运输和分销成本的努力往往会对顾客服务水平产生负面影响。企业在通过减少仓储设施、压缩库存、减少分销系统中存货的铺设等来降低成本时，很可能也降低了顾客服务水平。分销成本占大多数消费品总成本的 50%左右，然而如何正确地控制分销成本却是企业面临的一大难题；物流经理们同时也面临着越来越大的提高顾客服务水平的压力。为实现提高顾客服务水平并降低运作成本的目标，强化分销

管理逐渐成为重要的企业战略。

很多企业对顾客服务的目标和标准缺乏正确的认识和实施的一贯性，导致库存、运输和仓储成本上升。到 20 世纪 70 年代中期才逐步形成较为正确且全面的顾客服务理念与服务标准体系。企业开始关注顾客服务目标与分销成本之间的权衡关系，成本—效益权衡模型广泛用于确定合适的顾客服务水平，ABC 分析工具也广泛地应用于对顾客进行分类管理，顾客服务的研究证明了集成式的分销管理确实能为企业带来更大的收益。

（2）物料经理和分销经理的职能。物流活动的集成使经理人员的管理权限放大，也提高了对物料经理和分销经理素质的要求。分割式的管理在组织内部形成了成本管理的组织障碍，物料经理和分销经理管理权限的放大可以在一定程度上消除这种障碍。物料经理统管采购、生产控制、物料进厂运输、原材料和在制品仓储、库存管理、废弃物料的处理等；分销经理统管送货、分销设施、库存计划与控制、销售订单服务等。其管理要求这些经理人员掌握财务、数据处理、计划编制等方面的知识和技能，针对物料经理和分销经理的在职培训也十分流行。由于分销管理在企业管理中的重要性充分显现出来，分销经理在企业组织结构中的地位变得尤为重要和突出，在一些企业中直接由副总经理来主管分销。

（3）演进的动因。来自企业外部的压力导致分销经理的角色不断发生变化。两个明显的演进动因是分销管理过程中的高昂成本和政府对运输业管制的放松。

① 分销管理过程中的高昂成本。20 世纪 70 年代，分销成本变得十分高昂，其原因包括史无前例的通货膨胀，两位数的高利率，以及 20 世纪 70 年代发生的石油危机。这促使企业管理者集成物流管理，通过改善物流运作方式降低成本。

② 政府对运输业管制的放松。政府对运输业管制放松的结果是大量专业运输公司出现，以及优秀运输公司经营规模和范围扩大。企业与承运人之间的关系变得更加紧密，由松散的交易关系转向长期协作的合同关系。企业对运输服务的选择范围更大了，价格谈判更为灵活和复杂。到 20 世纪 70 年代末，越来越多的经理人员将物料管理与分销管理视为一个有机的整体，物流的阶段含义也变得更加广泛。

2. 内部一体化阶段

20 世纪 80 年代初，分销管理与物料管理逐步集成起来，并产生了全过程物流管理的概念。这种涵盖从原材料采购与运输到产成品分销的所有物流活动及相关的信息与控制系统的物流管理模式称为"集成式物流管理"或"一体化的物流管理"。它不仅包含以往的物料和分销管理的全部内容，还涉足传统的市场营销和生产管理的一些职能（如生产计划、销售预测、原材料与在制品管理、顾客服务等）。这一阶段物流管理的集成仍限于企业内部，故称为内部一体化阶段。

（1）影响内部一体化物流管理的主要因素。20 世纪 80 年代，物流管理人员所面临的变革加速了。政府放松管制使企业在市场中可获取的物流服务更加丰富；第三方物流企业成为各种物流服务的主要提供者；通信与信息处理能力大大增强，众多企业采用了 EDI、条码和个人计算机；顾客服务变得更加重要，企业将物流管理视为在市场竞争中取得成功的有效途径。

① 政府放松管制后物流服务的扩展。货主将运输业务逐步集中到为数不多的几家运输公司，在加强协作的同时增强了货主讨价还价的能力，也提高了运输活动的质量。此外，

运输公司为争得更多的业务，努力提高其经营绩效，提供优良的顾客服务、增值服务、合理的运输费率。在传统企业逐步削减用于非核心能力投资的同时，一些专业运输公司逐步扩展其运营范围，涉足各种运输方式、仓储、包装与流通加工等业务。这些能力使社会物流总成本大大降低。

② 第三方物流企业。第三方物流企业在 20 世纪 80 年代迅速发展起来。传统企业将一些原本由企业自己来实施的物流活动交给外部的专业公司来承担，通过与第三方物流企业的合作，可以将有限的资源进一步集中到其核心业务与核心能力上，降低大量投资于物流设施与设备而带来的财务风险，同时也可以实现更高效率的物流运作。

③ 通信与信息技术。20 世纪 80 年代，企业非常热衷于提高快速沟通、货运跟踪与信息交换的能力。信息成为提供物流服务的关键要素，也是企业物流活动进一步集成的催化剂。快速的信息处理与信息交换能力使供应链实现"以信息换取库存"，几乎可以实时获取的库存和销售数据帮助生产商与零售商更加精确地预测未来的需求，从而降低为应对需求不确定性而设置的安全库存量。利用信息技术进一步集成物流管理职能，还可压缩物流活动的周期。

EDI 的广泛应用，为企业提供了实施分销资源计划（Distribution Resource Planning，DRP）和准时化生产（Just In Time，JIT）与库存控制所需的重要信息。

④ 分销资源计划（DRP）。DRP 注重对产成品的分销进行管理，帮助管理人员对产成品在复杂的分销系统中的输送与调配做出正确的计划。配置 DRP 系统需要获取第一手的销售数据并输入到生产系统的主生产计划中。将市场需求预测与生产计划集成起来，可以减少库存投入，降低运输成本，加速库存周转，提高存货可供率。DRP 的实施对企业的物流管理职能有深远的影响，它使销售预测和生产计划等职能进一步集成并融入分销管理。

⑤ 准时化生产（JIT）。企业管理活动的集成和信息技术的发展使 JIT 计划得到广泛应用。JIT 作为一种企业哲学理念，强调追求卓越、不断减少库存投入并提高产品质量。JIT 的采购管理要求供应商依据生产商的生产计划，在需要的时候提供符合质量和数量要求的产品。供求双方的 JIT 关系是一种长期密切合作的战略伙伴关系。JIT 使物流活动的集成跨越了单个企业的界限，实现了业务流程的改善和更高的效率。

⑥ 顾客服务。顾客服务继续保持着在物流管理模式影响因素中的主导地位。对顾客服务的认识亦演变为以最节省成本的方式使供应链实现增值，这种增值由包括顾客在内的所有供应链成员共同分享。

（2）物流经理的职能。随着物流成为企业在市场竞争中取得成功的重要武器，物流经理获得了更多的升职机会，他们的管理权限跨越了物料和分销管理而涵盖所有的物流活动。物流经理在企业中的级别的提升对经理人员的素质和技能也提出了更高的要求。

物料管理、生产计划、分销管理集成到物流经理的管理权限中。在 20 世纪 80 年代，美国有 56% 的企业设置了副总经理级别的物流管理职位，这使得物流管理人员可以更好地参与公司战略决策的制定。物流经理需要具备更为全面的物流管理知识和经验，以及在其他主要职能部门（如生产制造、市场营销、财务管理）的工作背景。

（3）演进的动因。

① 企业重组。为增强竞争优势、避免恶意收购，许多企业进行了重组，剥离不良资产，剔除业绩不良的经营业务，精简组织机构。一些企业的物流部门在企业购并的过程中被并入其他企业的物流部门，或者被废弃。

② 市场国际化。美国企业在20世纪80年代加强在国际市场上进行原材料和零部件的采购，获得了成本优势。在国内市场日趋成熟和饱和的情况下，国际市场为许多企业提供了新的发展机遇，美国企业的产品越来越多地打入欧洲和亚洲市场。这种国际化的市场对企业的物流部门实施更长距离和更大范围的物流活动提出了更高的成本控制要求。

③ 时间和质量。企业获取竞争优势的努力从单纯追求成本最小化，逐步转向在最短时间内以最低成本提供最大的价值。通过缩短产品从生产线到市场的时间，企业提高了生产率，降低了成本和风险，并扩大了市场份额。在物流过程中引入质量概念，意味着企业不断改进顾客服务。顾客服务质量上的改进，如按时送货的改善、订单满足率的提高、提供准确的票据、订货提前期（又称订货周期）的缩短，以及整个物流系统生产率的提高等，是竞争对手所难以模仿的。

上述因素促使企业决策者寻求更新的技术和途径以进一步提高物流绩效。然而，经营业务的全球化、新技术的高成本，以及稀缺的人力资源等因素使得单个企业的努力往往半途而废，许多企业将目光转向外部一体化。

3. 外部一体化阶段

20世纪70年代和20世纪80年代，企业内部物流管理功能的集成强调实现本企业运营绩效最优化。到了20世纪90年代，供应链管理将功能集成的概念从单个企业拓展到供应链上的所有企业。单个企业的活动只是价值创造过程中的一部分。通过降低成本和风险、对企业资源在供应链成员企业之间进行平衡和调配等手段，提升整个供应链的效率，从而增强供应链及其成员企业的竞争力。许多企业认识到，市场竞争不仅是单个企业之间的竞争，也是供应链之间的竞争，只有使整个供应链在市场上具有竞争力，成员企业才有生存与发展的空间。

在20世纪90年代，企业经营业务全球化的趋势日益明显，发展中国家经济的强劲增长创造了巨大的市场需求和大量高素质的人力资源。跨国企业更加注重通过海外建厂和全球采购来降低制造成本，同时努力拓展海外市场。竞争的压力促使企业提高顾客服务水平和物流系统效率。国际贸易的增长导致企业的物流管理发生进一步的变化，许多企业扩展其物流机构，在物流部门中专门设置负责国际物流业务的分部，另一些企业则在海外设立一些相对独立的物流分部负责当地市场的物流运作，大量的跨国性或区域性的第三方物流企业是这种全球供应链的重要成员。这一时期通信和信息技术飞速发展，而信息技术的应用将单个企业的物流管理更深刻地融入供应链管理。

1.4 电子商务与物流

1.4.1 电子商务概述

1. 电子商务的概念

20世纪90年代以来，随着网络、通信和信息技术的突破性进展，互联网（Internet）在全球爆炸性地发展并迅速普及，使得现代商业具有不断增长的供货能力、客户需求和全球竞争三大特征。在这一新趋势下，一种基于互联网、以交易双方为主体、以银行电子支付和结算为手段、以客户数据为依托的全新商务模式，即电子商务出现并发展起来。

电子商务源于英文 Electronic Commerce，简称 EC，现已成为一种新型的企业经营方式。电子商务是人类经济、科技、文化发展的必然产物，是信息化社会的商务模式和未来。

电子商务作为计算机技术与现代经济贸易相结合的产物，已经成为人类社会进入知识经济、网络经济及信息化时代的重要标志。

电子商务是在互联网开放的网络环境下，基于浏览器/服务器的应用方式，实现客户和企业信息沟通、网上购物、电子支付的一种新型的运作方式。

2. 电子商务的功能

电子商务通过互联网可对在网上进行交易和管理的全过程提供服务，具有以下七大功能。

（1）广告宣传。电子商务使企业可通过自己的 Web 服务器、网络主页（Home Page）和电子邮件（E-Mail）在全球范围内做广告宣传，在互联网上宣传企业形象和发布各种商品信息，客户用网络浏览器可以迅速找到所需的商品信息。与其他各种广告形式相比，在网上发布广告成本最低，而给顾客提供的信息量最丰富。

（2）咨询洽谈。电子商务使企业可借助非实时的电子邮件、新闻组（News Group）和实时的讨论组（Chat）来了解市场和商品信息、洽谈交易事务，如有进一步的需求，还可用网上的白板会议（Whiteboard Conference）、公告板（BBS）来交流即时的信息。网上的咨询洽谈能打破人们面对面交谈的限制，提供多种方便的异地交谈形式。

（3）网上订购。电子商务通过 Web 中电子邮件的交互传送实现客户在网上订购商品。企业的网上订购系统通常在商品介绍页面上提供十分友好的订购提示信息和订购交互表格。当客户填完订购单后，系统回复确认信息单表示订购信息已收悉。电子商务的客户订购信息采用加密的方式使客户和商家的信息不会泄露。

（4）网上支付。网上支付是电子商务交易过程中的重要环节，客户和商家之间可采用信用卡、电子钱包、电子支票和电子现金等多种电子支付方式进行网上支付。在网上采用电子支付的方式节省了交易的开销。对于网上支付的安全问题,现在已有实用的 SET(安全电子交易)协议等来保证信息传输的安全性。电子账户交易的网上支付由银行、信用卡公司及保险公司等金融单位提供电子账户管理等网上操作的金融服务,客户的信用账号或银行账号是电子账户的标志。通过客户认证、数字签名、数据加密等技术措施的应用保证电子账户操作的安全性。

(5)服务传递。电子商务通过服务传递系统将商品尽快地传递到已订货并付款的客户手中。对于有形的商品,服务传递系统可以对本地和异地的仓库在网络中进行物流的调配并通过快递业完成商品的传递;对于无形的信息产品,如软件、电子读物、信息服务等,则立即从电子仓库中将商品在网上直接传递给客户。

(6)意见征询。电子商务的意见征询系统可以采用网页上的"选择""填空"等功能及时收集客户对商品和销售服务的反馈意见,客户的反馈意见能提高网上交易售后服务的水平,使企业获得改进产品、发现市场的商业机会,使企业的市场运作形成一个良性的封闭回路。

(7)交易管理。电子商务的交易管理系统可以对网上交易活动全过程中的人、财、物,包括客户及本企业内部的各方面进行协调和管理。

电子商务的上述功能,为网上交易提供了良好的交易服务和进行管理的环境,使电子商务的交易过程得以顺利和安全地完成,并使电子商务获得了更广泛的应用。

3. 电子商务的特点

电子商务与传统的商务活动方式相比,具有以下三个特点。

(1)交易虚拟化。通过以互联网为代表的计算机网络进行交易,贸易双方从贸易磋商、签订合同到支付等都无须当面进行,均通过互联网完成,整个交易完全虚拟化。

(2)交易成本低。电子商务使得买卖双方的交易成本大大降低,具体表现如下。

① 距离越远,通过网络进行信息传递的成本相对于信件、电话、传真而言就越低。此外,缩短时间及减少重复的数据录入也降低了信息传递成本。

② 买卖双方可通过网络进行商务活动,无须中介者参与,减少了交易的中间环节。

③ 卖方可通过网络进行产品介绍、宣传,避免了在传统方式下做广告、发印刷产品等的大量费用。

④ 电子商务实行"无纸贸易",可减少 90%的文件处理费用。

⑤ 互联网使买卖双方即时沟通供需信息,使无库存生产和无库存销售成为可能,从而可使库存成本降为零。

⑥ 企业利用内部网(Intranet)可实现"无纸办公",提高内部信息传递的效率、节省时间并降低管理成本。

(3)交易效率高。互联网利用贸易中的商业报文标准化,使商业报文能在世界各地瞬间完成传递与计算机自动处理,从而使原材料采购、产品生产、需求与销售、银行汇兑、保险、货物托运及申报等过程在无须人员干预的情况下以最短的时间完成。

4. 电子商务的分类

(1)按照参与交易对象分类。

① 企业与消费者之间的电子商务（Business to Customer，B2C）。企业与消费者之间的电子商务类似于联机服务中进行的商品买卖，是利用计算机网络使消费者直接参与经济活动的高级形式。这种形式随着网络的普及迅速发展，现已形成大量的网络商业中心，提供各种商品和服务。

② 企业与企业之间的电子商务（Business to Business，B2B）。企业与企业之间的电子商务包括特定企业间的电子商务和非特定企业间的电子商务。特定企业间的电子商务是指过去一直有交易关系或今后一定要继续进行交易的企业间，为了相同的经济利益，共同进行的设计、开发或为全面进行市场及库存管理而进行的商务交易。企业可以使用互联网向供应商订货、接收发票和付款。非特定企业间的电子商务是指在开放的网络中对每笔交易寻找最佳伙伴，与伙伴进行从订购到结算的全部交易行为。

③ 企业与政府方面的电子商务（Business to Government，B2G）。企业与政府方面的电子商务活动覆盖企业与政府组织间的各项事务。政府采购清单可以通过互联网发布，公司可以电子化方式回应。

（2）按照商务活动内容分类。按照商务活动内容分类，电子商务主要包括间接电子商务和直接电子商务。

① 间接电子商务，是指有形货物的电子订货，仍然需要利用传统渠道（如邮政服务和商业快递）送货或实地交割（如房地产产品）。

② 直接电子商务，是指无形货物和服务的网上交易，包括计算机软件、娱乐内容的联机订购、付款和交付，金融产品、旅游产品的网上交易，以及全球规模的信息服务。

（3）按照使用网络类型分类。根据使用网络类型的不同，电子商务目前主要有三种形式。

① EDI（Electronic Data Interchange，电子数据交换）商务。EDI 商务，按照国际标准组织的定义是指"将商务或行政事务按照一个公认的标准，形成结构化的事务处理或文档数据格式，从计算机到计算机的电子传输方法"。简单地说，EDI 就是按照商定的协议，将商业文件标准化和格式化，通过计算机网络，在贸易伙伴的计算机网络系统之间进行数据交换和自动处理。

EDI 商务主要应用于企业与企业、企业与批发商、批发商与零售商之间的批发业务。相对于传统的订货和付款方式，EDI 商务大大节约了时间和费用。相对于互联网，EDI 商务较好地解决了安全保障问题，这是因为使用者均有较可靠的信用保证，并有严格的登记手续和准入制度，加之多级权限的安全防范措施，从而实现了包括付款在内的全部交易工作计算机化。

② Internet（互联网）商务。Internet 商务是现代商务的新形式。它以计算机、通信、多媒体、数据库技术为基础，通过互联网在网上实现营销、购物服务。它突破了传统的生产、批发、零售，以及进、销、存、调的流转程序与营销模式，真正实现了少投入、低成本、零库存、高效率，避免了商品的无效搬运，从而实现了社会资源的高效运转和最大节余。消费者可以不受时间、空间、厂商的限制，广泛浏览，充分比较，模拟使用，力求以最低的价格获得最为满意的商品和服务。

③ Intranet（内联网）商务。Intranet 商务利用企业内部网络开展商务活动。Intranet 是 Intra-Business Internet 的缩写，是指运用 Internet 技术，在企业内部所建立的网络系统。

Intranet 只有企业的内部人员可以使用，信息存取只限于企业内部，并在安全控制下连上 Internet，一般 Intranet 多设有防火墙程序，以避免未经授权的人进入。由于建立成本较低，所以 Intranet 目前发展迅速。企业开展 Intranet 商务，一方面可以节省许多文件往来的时间，方便沟通管理并降低管理成本；另一方面可通过网络与客户进行双向沟通，适时提供商品与服务，提升服务品质。

1.4.2 电子商务与物流概述

1. 电子商务对物流的影响

电子商务对物流的影响主要表现在以下五个方面。

（1）电子商务将改变人们传统的物流观念。电子商务作为一个新兴的商务活动，为物流创造了一个虚拟化的运动空间。在电子商务的状态下，人们在进行物流活动时，物流的各种职能及功能可以通过虚拟化的方式表现出来。在这种虚拟化的过程中，人们可以通过各种组合方式，寻求物流的合理化，以便在商品实体的实际运动过程中，实现效率最高、费用最省、距离最短、时间最少。

（2）电子商务将改变物流的运作方式。首先，电子商务可使物流通过网络实现实时控制。传统的物流活动在运作过程中，不管是以生产为中心，还是以成本或利润为中心，其实质都是以商流为中心，从属于商流活动，因而物流是紧紧伴随着商流来运动的（尽管其也能影响商流的运动）。在电子商务条件下，物流的运作是以信息为中心的，信息不仅决定了物流的运动方向，而且决定着物流的运作方式。在实际运作过程中，通过网络上的信息传递，有效地实现对物流的实时控制，实现物流的合理化。

其次，对物流的实时控制是对整体物流进行的。在传统的物流活动中，虽然也会通过计算机对物流进行实时控制，但这种控制都是以单个的运作方式进行的。例如，在实施计算机管理的物流中心或仓储企业中，所用的计算机管理信息系统大多数是以企业自身为中心来管理物流的。在电子商务时代，网络全球化的特点可使物流在全球范围内实施整体的实时控制。

（3）电子商务将改变物流企业的经营形态。首先，电子商务将改变物流企业对物流的组织和管理。在传统经济条件下，物流往往由某一企业进行组织和管理，而电子商务则要求物流从社会的角度实行系统的组织和管理，以打破传统物流分散的状态。这就要求企业在组织物流的过程中，不仅要考虑本企业的物流组织和管理，而且更重要的是要考虑全社会的整体系统。

其次，电子商务将改变物流企业的竞争状态。在传统经济活动中，物流企业之间存在激烈的竞争，这种竞争往往是依靠本企业提供优质服务、降低物流费用等方面来进行的。在电子商务时代，这些竞争内容虽然依然存在，但有效性却大大降低了。原因在于电子商务需要一个全球性的物流系统来保证商品实体的合理流动，对于一个企业来说，即使它的规模再大，也是难以达到这一要求的。这就要求物流企业相互联合起来，在竞争中形成一种协同竞争的状态，在相互协同实现物流高效化、合理化、系统化的前提下相互竞争。

（4）电子商务将促进物流基础设施的改善和物流技术与物流管理水平的提高。首先，电子商务将促进物流基础设施的改善。电子商务高效率和全球性的特点，要求物流也必须达到这一要求。物流要达到这一要求，良好的交通运输网络、通信网络等基础设施是最基本的保证。

其次，电子商务将促进物流技术水平的提高。物流技术主要包括物流硬技术和物流软技术。物流硬技术是指在组织物流过程中所需的各种材料、机械和设施等；物流软技术是指组织高效率的物流所需的计划、管理、评价等方面的技术和管理方法。从物流环节来考察，物流技术包括运输技术、保管技术、装卸技术、包装技术等。物流技术水平的高低是物流效率高低的一个重要影响因素，要建立一个适应电子商务运作的高效率的物流系统，加快提高物流技术水平有着重要的作用。

最后，电子商务将促进物流管理水平的提高。物流管理水平的高低直接决定和影响着物流效率的高低，也影响着电子商务高效率优势的实现问题。只有提高物流管理水平，建立科学合理的物流管理制度，将科学的管理手段和方法应用到物流管理中，才能确保物流的畅通进行，实现物流的合理化和高效化，促进电子商务的发展。

（5）电子商务对物流人才提出了更高的要求。电子商务不仅要求物流管理人员具有较高的物流管理水平，而且要求物流管理人员具有较高的电子商务知识水平，并且在实际的运作过程中能有效地将二者有机地结合在一起。

2. 电子商务物流的特点

电子商务物流主要有以下五个方面的特点。

（1）实行供应链管理。电子商务物流最突出的特点是对企业内部和外部之间的物流运作实行供应链管理。

（2）实现零库存生产。零库存生产是指将原材料、零部件以必要的数量在必要的时间送到特定的生产线。零库存生产是电子商务条件下对生产阶段物流的新要求。

（3）物流信息化。物流信息化表现为物流信息的商品化、物流信息收集的数据化和代码化、物流信息管理的电子化和计算机化、物流信息传递的标准化和实时化、物流信息储存的数字化等。

（4）物流配送的全球化。电子商务在为众多企业拓展市场的同时，也对企业的物流配送提出了全球化服务的要求。

（5）物流服务的多功能化与社会化。电子商务要求为企业提供全方位的服务，使物流成为连接生产企业与最终用户的重要纽带。同时，在电子商务条件下，物流服务也必将更多地由专业的物流公司来提供。

3. 物流对电子商务的影响

在电子商务给物流带来巨大影响的同时，物流在电子商务活动中的地位与作用也变得日益重要。

（1）物流是电子商务的重要组成部分。物流业是电子商务的支点，电子商务是实施整个贸易活动的电子化。首先，电子商务是一组电子工具在商务活动中的应用；其次，电子商务是电子化的购物市场；最后，电子商务是从售前到售后的各个环节实现电子化、自动化。

由此可见，电子化的对象是整个交易过程，不仅包括信息流、商流、资金流，还包括物流；电子化的工具也不仅指计算机和网络通信技术，还包括叉车、自动导向车、机械手臂等自动化工具。

从以上的论述中可见，物流是电子商务的重要组成部分。必须摒弃原有的"重信息流、商流和资金流的电子化，忽视物流的电子化"的观念，大力发展现代化物流，以进一步推广电子商务。

（2）物流现代化是电子商务的基础。电子商务通过快捷、高效的信息处理手段可以比较容易地解决信息流、商流和资金流的问题，从而将商品及时地配送到消费者手中，完成商品的空间转移（物流）标志着电子商务过程的结束。因此物流系统效率的高低是电子商务成功与否的关键，而物流系统效率的高低很大一部分取决于物流现代化水平。物流现代化中最重要的部分是物流信息化，物流信息化是电子商务物流的基本要求，是企业信息化的重要组成部分。

（3）物流是实现电子商务的关键。电子商务是信息传送保证，物流是执行保证。没有物流，电子商务只是一张空头支票，物流是实现电子商务的关键。

① 物流保障了现代化生产的高效进行。无论是在传统的贸易方式下，还是在电子商务模式下，生产都是商品流通之本，而生产的顺利进行需要各类物流活动的支持。合理化、现代化的物流通过降低费用降低成本、优化库存结构、减少资金占压、缩短生产周期，保障现代化生产的高效进行。相反，缺少现代化的物流，生产将难以顺利进行，无论电子商务是多么便捷的贸易方式。

② 物流服务于商流。在电子商务模式下，消费者通过网上购物，完成了商品所有权的交割过程，即商流过程。但电子商务的活动并没有结束，只有商品和服务真正转移到消费者手中，商务活动才告以结束。在整个电子商务的交易过程中，物流实际上是以商流的后续者和服务者的姿态出现的。没有现代化的物流，再轻松的商流活动都会退化为一纸空文。

③ 物流是实现"以顾客为中心"理念的根本保证。电子商务的出现，在最大限度上方便了最终消费者。他们不必再跑到拥挤的商业街，一家又一家地挑选自己所需的商品，而只要待在家里，在网上搜索、查看、挑选，就可以完成他们的购物过程。但试想，他们所购的商品迟迟不能送到，或者商店所送来的商品并非他们所购的，那消费者还会在网上购物吗？物流是电子商务中实现"以顾客为中心"理念的根本保证，缺少了现代化的物流技术，电子商务给消费者带来的便利等于零，消费者必然会转向他们认为更安全的传统购物方式。

（4）物流是电子商务概念模型的基本要素。电子商务概念模型是由电子商务实体、电子市场、交易事务，以及信息流、商流、资金流、物流等基本要素构成的。

在电子商务概念模型中，电子商务实体是指能够从事电子商务的客观对象，它可以是企业、银行、商店、政府机构和个人等。电子市场是指电子商务实体进行商品和服务交换的场所，它是各种各样的商务活动参与者利用各种通信装置，通过网络连接成的一个统一的整体。交易事务是指电子商务实体之间所进行的具体的商务活动，如询价、报价、转账支付、广告宣传、商品运输等。

电子商务中的任何一笔交易，都包含着几种基本的"流"，即信息流、商流、资金流、物流。其中，信息流既包括商品信息的提供、促销、行销、技术支持、售后服务等内容，也包括询价单、报价单、付款通知单和转账通知单等商业贸易单证，还包括交易方的支付能力、支付信誉等。商流是指商品在购、销之间进行交易和商品所有权转移的运动过程，具体是指商品交易的一系列活动。资金流主要是指资金的转移过程，包括付款、转账等过程。在电子商务模式下，以上三种流的处理都可以通过计算机和网络通信设备实现。物流作为四流中最为特殊的一种，是指物质实体（商品或服务）的流动过程，具体是指运输、储存、配送、装卸、保管和物流信息管理等活动。

（5）物流是实现电子商务跨区域的重点。随着经济的发展，电子商务的应用更加重视跨区域物流。解决电子商务中跨国物流、跨区域物流可能出现的问题，有赖于完善的物流系统。借助互联网，电子商务将整个世界联系在一起。电子商务的推广，加快了世界经济的一体化，电子商务的跨时域性和跨区域性，使得物流活动必然呈现跨国性，国际物流在整个商务活动中愈来愈占有举足轻重的地位。

在商业运行中，不同的交易方式会产生不同的物流模式。在电子商务这种交易方式下，物流模式的特点将使跨国物流、跨区域物流不断增加，与之相应地，第三方物流模式将成为一种必然选择。

本章小结

现代物流是随着商品经济的快速发展，人们为实现最大限度的经济利益，追求越来越高的生产效率，促进社会化生产精细分工，使专门化生产程度越来越高而发展起的一门新兴的综合性学科。

由于物流对象不同、物流目的不同、物流方向不同及物流范围不同，人们可以从不同的角度、采用不同的标准对物流进行分类。现代物流的主要特征：科学系统化、自动智能化、标准化、精益化、网络化、个性化、专业化、协同化、规范法制化、社会化、国际全球化。物流管理组织随着企业的物流活动不断变化，不断调整物流组织架构，以提高物流服务水平，降低物流成本。

伊藤洋华堂的业务革新

伊藤洋华堂是日本著名的超市型零售企业，创立于1958年4月，1965年正式改名为伊藤洋华堂。伊藤洋华堂作为日本第二大规模的超市，在销售额和利润方面却往往力拔头筹，是整个日本流通业中利润水平最高的企业，比在规模上处于第一位的大荣公司的经常利益要高4倍多。伊藤洋华堂能取得如此大的发展和良好的经营绩效，与它开展的三次业务革新密不可分，可以说通过这三次业务革新，伊藤洋华堂真正建立起了应对市场变化的灵活的经营体制和现代化物流管理体制，这些构成了伊藤洋华堂的核心竞争能力。

① 滞销商品的排除。

伊藤洋华堂专门成立了业务改革委员会，由企业的人事、作业、信息系统、物流、总务、策划、广告等各部门的负责人,以及店铺管理总经理(General Manager)、销售地区负责人(Zone Manager)等与零售经营直接相关的人员构成。与业务改革委员会的会议相并行,集团方针说明会议、综合管理者会议、店长会议及其他各层面的交流沟通也形成了制度。通过这种形式的会议,除了解基层的实际情况和信息以外,更重要的是形成一个完整、有效的组织管理体系和信息共享机制,彻底实现信息的双向及时流动,以形成企业上下共同的价值观和市场意识,最终转化为现场的经营活动和管理。

在健全了组织体系和信息交流机制后,伊藤洋华堂业务改革的一个最重要的课题是排除滞销商品,这是反映店铺经营绩效的标志。但在现实的管理活动中,最困难的是如何确定滞销商品,换句话说就是什么商品在什么时候、在什么程度上是合理的,滞销商品削减多少最为恰当,用什么尺度来衡量等。面对这种情况,伊藤洋华堂以其业务改革委员会为主体,开启了最彻底的商品库存和销售管理,在现场调查的基础上,一个品种一个品种地制定滞销标准,制定完后,再将这些标准拿到店长会议上讨论,最后形成统一的意见,并按这些标准去实施,同时清除了一些销售量不高的商品。

② POS 信息系统的导入与进货管理。

伊藤洋华堂的第二次业务革新围绕着"如何及时、正确地把握商品销售动向、扩大销售"进行。伊藤洋华堂实现这一目标的主要手段是加强综合信息系统的建设,通过现代化的信息工具,及时把握销售动向,同时真正做到单品管理。POS 信息系统通过扫描商品上的条码来进行记账,大大降低了结算过程中的差错率,降低了人工劳动强度,同时通过 POS 数据及时把握每个商品的销售动向,为管理层实施单品管理提供决策数据,使商品管理更加具体、细致化。更重要的是,通过对数据进行综合分析和处理,并结合时间带、天气及地区带等情况,就能使管理部门正确、及时地把握各店铺的销售特点、顾客特性和销售动向,从而有针对性地制定销售政策和策略,并加以指导。

要实现单品管理,除要积极引入 POS 信息系统等现代化现场数据采集和分析工具以外,还有一个很重要的方面就是进货管理。只有形成健全的进货体制,才能发挥信息系统的作用,为此,大力变革与生产商、批发商的关系,形成紧密、协调一致的商品生产、配送团队,是促进店铺销售额提高的另一个关键问题。在日本,超市进货后是不允许退货的,出现滞销商品后,企业只能削价处理,损失很大,为解决这一问题,伊藤洋华堂开始修改与生产商或批发商的契约,要求供应商必须完全按照伊藤洋华堂指定的时间将指定的商品按指定的数量交付给店铺。为了保证这一点的实现,伊藤洋华堂在契约中规定如果出现没有交货或延迟交货的情况,生产商或批发商必须交纳罚金,不仅如此,在完全按伊藤洋华堂的要求发货后,如果发现商品中有生产日期较陈旧的商品,必须用新生产的商品进行替换。自从试行这种政策以后,伊藤洋华堂配送差错率大大降低(降低到1%以下),而且商品配送单位也从原来的一次配送 50 件减少为一次配送 15 件,从而真正开始了多品种、少量化经营。

③ 共同配送推进物流革新。

从总体上看,伊藤洋华堂借助集中物流管理和共同配送,使其商品订货开始向小单位化发展,频率也逐步加快,原来是当天一次订货、发货,在实施共同配送后,基本上做到了当天订货，第二天发货，甚至有些商品早上订货，晚上就能发货。在物流管理体制上，伊藤洋华堂决定了所有商品必须先集中到指定批发商处，然后才能对店铺配送。当然，对于部分适宜直接配送到店或配送到伊藤洋华堂自己的物流中心（崎玉商品物流中心）的商品，必须由伊藤洋华堂作为例外来批准。

共同配送的全面实施，效果更为惊人。首先，物流作业的效率大大提高，这不仅指物流管理成本的大幅度降低，还指物流对店铺经营的支持，这种支持除配送的迅速化、及时化之外，也包括配送方式的变革对零售经营的影响。其次，借助现代化的信息系统，伊藤洋华堂还实现了与客户、供应商之间的信息共享，并通过形成团队商品销售规划管理（商品产销物的联动）体系加强对单品的管理，及时对应市场的变化，并促进了商品的鲜度管理，可以说，伊藤洋华堂的物流管理已向供应链管理方向发展。

总之，通过三次业务革新，伊藤洋华堂基本上确立了自己的经营体制和物流管理体制，为其高收益的保障奠定了坚实的基础。

思考分析

（1）怎样看待伊藤洋华堂的滞销商品排除对其长远发展的影响？
（2）怎样理解伊藤洋华堂的三次业务革新？

问题提示

滞销商品的排除，首先，在继续保持畅销商品库存的同时，能有效地导入顾客所需要的新产品，不断优化产品结构；其次，库存减少能增加企业流动资金，改善金融收支；再次，加快商品周转，从而提高总利润率；最后，降低人力资源投入力度，削减人员费用，优化经营体制，为将来构筑现代化的经营物流管理体制奠定坚实的基础。

第一次业务革新局限在伊藤洋华堂企业内部，第二次业务革新已经波及伊藤洋华堂企业外部，随着第二次业务革新的持续发展，尤其是配送差错率的降低和商品配送小单位化的发展，产生了第三次业务革新。

重要概念

物流　物流要素　物流功能　企业物流　国际物流　区域物流　特殊物流　第三方物流

一、填空题

1. 我国国家标准关于物流的定义：物品从_____向_____的实体流动过程。根据实际需要，将_____、_____、_____、_____、_____、_____、_____、_____等基本功能有机结合。

2. 商流是物流的_____，物流是商流的_____。

3. 物流的基本要素主要有_____、_____、_____、_____、_____、_____等。

4. 物流主要创造物品的_____效用、_____效用和_____效用。

5. 我国物流发展大致分为初步发展阶段、_____、_____、_____。

Chapter 1

第 1 章 物流管理概述

6. 物流具有_____和_____双重性。
7. 电子商务作为一个新兴的商务活动,它为物流创造了一个_____的运动空间。

二、选择题

1. 流通中包含的主要内容有（　　）。
   A．生产　　　　　B．商流　　　　　C．物流　　　　　D．信息流
2. 商物分离的原则是（　　）。
   A．降低物流成本　　　　　　　　　B．提高物流成本
   C．提高物流效率　　　　　　　　　D．降低物流效率
3. 此长彼消、此盈彼亏的现象属于（　　）。
   A．"黑大陆"学说　　　　　　　　　B．物流成本"冰山"说
   C．"第三利润源"学说　　　　　　　D．效益背反说
4. 物流按照物流活动的空间范围可以划分为（　　）。
   A．区域物流　　　B．行业物流　　　C．国内物流　　　D．国际物流
5. 下列对物流概念的理解哪些是正确的（　　）。
   A．物流是物品物质实体的流动　　　　B．物流是物品由提供地向接收地的流动
   C．物流是若干活动的有机结合　　　　D．物流不具有普遍性
6. 下列活动中不属于物流范畴的是（　　）。
   A．属于物品、物质实体的流动
   B．运输、存储、装卸、搬运、包装、流通加工、配送、信息处理等基本功能的有机结合
   C．商流所有权转移和物质实体位置转移
   D．不属于经济活动的物质实体流动
7. 下列说法正确的是（　　）。
   A．物流所要"流"的对象是一切物品,包括有形物品和无形物品
   B．只有物品物理位置发生变化的活动,如运输、搬运、装卸等活动才属于物流活动
   C．物流不仅研究物的流通与存储,还研究伴随着物的流通与存储而产生的信息处理
   D．物流是指从某个企业原材料的供应、存储、搬运、加工、生产直至产成品的销售的整个过程
8. 物流已成为现代社会的一个标志,物流业则成为许多企业（　　）的一个重要途径。
   A．降低成本　　　　　　　　　　　B．追求利润最大化
   C．实现经济效益增长　　　　　　　D．改善生产环境

三、问答题

1. 现代物流的主要特征有哪些？
2. 试述物流的划分。
3. 试述物流的要素、功能与效用。
4. 什么是物流的价值？
5. 现代物流管理经历了哪些发展阶段？
6. 如何理解物流产业与经济发展的关系？
7. 为什么说物流业属于服务行业？
8. 简述物流与电子商务之间的关系。

Chapter 第 2 章

物流系统

学习目的与要求

- 掌握物流系统的基本概念；
- 了解物流系统的组成要素和功能要素；
- 熟悉物流系统的模式和物流系统分析的基本方法和原则。

物流科学是近年发展起来的综合性学科，它带有明显的交叉学科的特征。同时，物流活动本身也不仅是运输和保管等活动的简单叠加。因此，完全有必要运用系统论的观点和方法来研究物流问题。物流系统是由相互作用和相互依赖的物流要素所构成的具有特定功能的有机整体。物流系统是社会大系统的一个子系统或组成部分，就物流过程的每个环节来讲，不仅其作用的发挥受到其内部各要素的制约和外部环境的影响，而且这些要素和环境总是处于不断的变化之中。因此，以系统理论和系统工程的原理来研究和开发物流系统，无论是对提高物流活动的效率，满足社会对物质产品的各种需求，还是对促进物流理论体系的不断完善，都具有极为重要的意义。

2.1 系统和物流系统

2.1.1 系统概述

1. 系统的概念

"系统"（System）一词源于古希腊语，有"共同"和"给以位置"的含义。系统论的创立者贝塔朗菲（L.V.Bertalanffy）把系统定义为"处于一定的相互关系中并与环境发生联系的各组成部分（要素）的总体（集合）"。系统论作为一种完整的理论是直到20世纪中叶才形成的。目前国内公认的是著名学者钱学森给系统下的定义：系统是由相互作用和相互依赖的若干组成部分结合成的具有特定功能的有机整体，而且这个整体又是它所从属的更

大系统的组成部分。系统用数学公式可表示为
$$S = f(A_1, A_2, \cdots, A_n, 环境)$$
式中，S 表示系统；A_n 表示该系统的所有组成部分；f 表示该系统所有组成部分或要素之间相互作用和相互依赖的某种关系及该系统与其所处的环境之间的某种关系的集合，简称"关系集"。

由上式可知，系统的形成需具备以下三个条件：
① 系统由两个或两个以上的要素构成。
② 系统各要素之间相互联系、相互制约，使系统保持相对的稳定。
③ 系统具有一定结构，保持其有序性，从而使系统具有特定功能。

要素是构成系统的必要因素，是系统最基本的单位，因而也是系统存在的基础和实际载体。系统的性质是由要素决定的，有什么样的要素就有什么样的系统。要素在系统中的情况一般分为三种：一是不同数量和不同性质的要素，可构成不同的系统；二是相同数量和相同性质的要素，仅由于构成方式的不同，也可构成不同的系统；三是相同的要素，仅由于数量的不同，也可构成不同的系统。

一般来讲，在给定的一个系统中，系统的关系主要有以下三种：一是系统内部各部分（要素、子系统）之间的关系，即系统内部关系；二是系统内部每部分（要素、子系统）与该系统之间的关系，即整体与个体的关系；三是系统本身与外部环境之间的关系，即系统内部与外部的关系。

系统功能是系统与外部环境相互联系和作用的外在活动形式或外部秩序，它是系统与外部环境相互联系和作用过程的秩序和能力。任何一个系统功能的发挥，都不仅取决于这个系统各组成部分或要素对该系统的作用大小，而且取决于系统的各种关系对该系统所产生的影响大小。

为了进一步理解系统的内涵，还应注意以下几个问题：
① 在给定的一个系统中，任何一个组成部分或要素的性质或行为都将影响整个系统的性质和行为。
② 在给定的一个系统中，每一部分对整体的影响并不全是直接对整体施加影响，还可通过该部分对其他部分的作用来影响整体。
③ 在给定的一个系统中，任何一个组成部分或要素不可能成为这个系统中孤立的子系统，并实现系统的整体功能。
④ 任何一个系统不能独立地存在，必须处于一定的环境之中，即处于比它更大的系统之中。

2. 系统的模式和特征

（1）系统的模式。任何一个系统都是由输入、处理、输出三个部分组成的，如果再加上反馈部分就构成了一个完备的系统。系统模式图如图 2-1 所示。

从图 2-1 中可以看出：任何一个系统都处于一定的环境之中。对于人造系统，系统与外部环境的联系是通过劳动力、劳动手段、资源、能量、信息等对系统产生作用来实现的，表现为外部环境对系统的"输入"。同时，外部环境会因资源有限、需求的波动、社会技术的不断进步及其他各种变化因素的影响，对系统加以限制或约束，表现为外部环境对系

的"干扰"。系统以其自身所拥有的各种手段和特定功能,在外部环境的某种干扰作用下,对外部环境的输入进行必要的转化活动,使之成为对外部环境有用或有价值的产品或劳务,并提供给外部环境使用,这就是所谓系统的"输出",这里的转化过程就是系统的"处理"。此外,输出的结果不一定是理想的,可能偏离预期目标,因此要将输出结果返回到输入部分,以便调整和修正系统的活动,这个过程称为"反馈"。

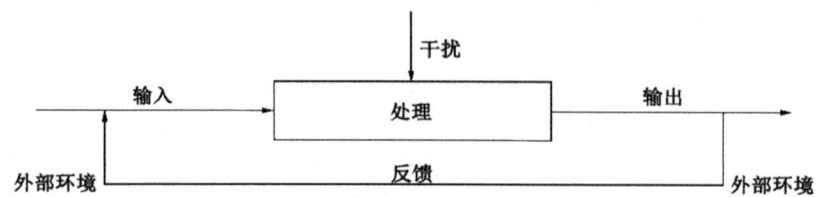

图 2-1　系统模式图

（2）系统的特征。从系统的概念和模式中可以看出系统具有以下几个特征。

① 整体性。系统的整体性是指系统必须是由两个或两个以上有一定区别又有一定联系的要素构成的整体。这种集合体的功能不是各要素功能的简单叠加,而是按照逻辑统一性要求组成的整体功能。系统中任何一个要素的功能都不能代替系统的整体功能,有效系统的各要素总和能带来"整体大于部分"的效果。

② 关联性。系统的关联性是指系统本身的构成要素之间存在着相互作用和相互依赖的内在联系。这种内在联系使得系统内任一要素的变化都会影响其他要素。

③ 目的性。任何一个系统都是以实现某种功能为目的的,有着极其明确的目标。

④ 动态性。系统的动态性是指系统处于不断变化和运动之中,即系统要不断输入各种能量、物质和信息,通过转化处理,输出满足人们某种期望的要求。系统就是在这种周而复始的变化和运动中生存和发展的,人们也正是在系统的动态发展中实现对系统的管理和控制,以便发挥系统功能的。

⑤ 环境适应性。系统总是处于一定的环境之中,受环境的约束和限制。当环境发生变化时,系统的功能就会受到影响,甚至会改变系统的目标。因此,系统必须具有自我调节能力,以适应环境的各种变化。这种自我调节的"应变能力"就是系统的环境适应性。

3. 系统工程及系统工程方法

系统工程是系统思想在应用领域的重要实践。和物流科学一样,系统工程也是由多种学科相互渗透、相互影响的交叉科学,同样面临着为达到系统目标而在各个要素之间、要素与整体之间及系统与外部环境之间进行权衡的问题,其中既包含技术问题又包含管理问题。由于系统本身的复杂性,对系统的分析和处理必须按照科学的方法和步骤进行,这就是所谓的系统工程方法。

下面介绍具有一定代表性的系统工程的"三维结构",美国工程师霍尔提出的"三维结构"将系统的整个管理过程分为前后紧密相连的 6 个阶段和 7 个步骤,同时考虑了完成这些阶段和步骤所需的各种专业知识。该结构由时间维、逻辑维和知识维组成,如图 2-2 所示。

第 2 章 物流系统

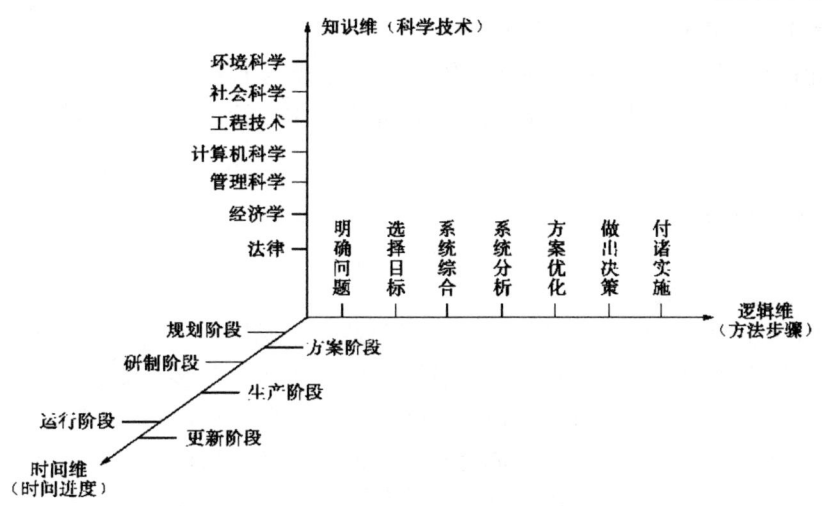

图 2-2 霍尔提出的"三维结构"

(1) 时间维。在"三维结构"中，时间维表示从规划到更新，按时间顺序排列的系统工程全过程，共分为以下 6 个阶段。

① 规划阶段：对将要开展研究的系统进行调查，明确研究目标，并在此基础上提出自己的设计思想和初步方案，制定出系统工程活动的方针、政策和规划。

② 方案阶段：根据在规划阶段提出的若干个设计思想和初步方案，从社会、经济、技术、可行性等方面进行综合分析，提出具体方案并选择一个最佳方案。

③ 研制阶段：以计划为行为指南，把人、财、物组成一个有机整体，使各环节、各部门围绕总目标，实现系统的研制方案，并制订生产计划。

④ 生产阶段：生产、研制、开发出系统的零部件及整个系统。

⑤ 运行阶段：系统安装后，完成系统的运行计划，使系统按预定的目标或在事先确定的范围内运行。

⑥ 更新阶段：完成系统的评价，在现有系统运行的基础上，加以改进和更新，使系统更有效地工作，同时为进入下一个研究周期准备条件。

(2) 逻辑维。"三维结构"中的逻辑维是指每个阶段所要进行的工作步骤，这是在运用系统工程方法思考、分析和解决问题时所应遵循的一般程序。

① 明确问题：尽可能全面地收集资料，了解问题，包括实地踏勘和测量、分析需求、预测市场等工作。

② 选择目标：针对所要解决的问题、解决问题的程度、要达到什么效果等确定标准，即所谓的目标，以便以后进行比较和评价。

③ 系统综合：收集并综合能达到预期目标的各种方案，并对每种方案进行必要的说明。

④ 系统分析：应用系统工程方法对各种方案进行评价、分析、比较。

⑤ 方案优化：依据对各种方案的比较结果进行选择，找出能达到目标的最佳方案或最满意的方案。

⑥ 做出决策：确定最佳方案或最满意的方案。

⑦ 付诸实施：执行所确定的方案。

（3）知识维。"三维结构"中的知识维是指在完成以上各项工作过程中所需的专业知识，包括环境科学、社会科学、工程技术、计算机科学、管理科学、经济学、法律等各方面的知识。

2.1.2 物流系统概述

1. 物流系统的构成

物流系统是由运输、储存、装卸、搬运、包装、流通加工、配送、信息处理等各个环节组成的。物流系统的输入是指运输、储存、装卸、搬运、包装、流通加工、配送、信息处理等环节所消耗和使用的劳务、设备、材料等资源，经过转化处理，变成全系统的输出，即物流服务。整体优化的目的就是在满足一定要求的条件（如服务水平、成本、投资额）下，使输入最少，作为输出的物流服务效果最佳。

由物流的概念可以看出，物流既包括生产过程中的物流活动，又包括流通过程中的物流活动。所以，物流系统的范围是很广的。物流过程始于生产厂的原材料购进，经过生产过程形成可供销售的半成品、成品，并运送至成品库，经过包装后分送到各流通中心（中间仓库），再转销至各消费者，终于生活消费或生产消费。由此可见，物流系统的范围横跨生产、流通和消费三个领域。所以，可以对物流系统做出这样的归纳：物流系统以客户服务为中心，即"一个中心"；物流系统的管理是一个过程管理，这个过程始于原材料，终于最终顾客，即原材料与最终顾客是"两个边界"；物流系统横跨生产、流通和消费三个领域。

随着科学技术的不断进步，生产的社会化、专业化程度和物流技术水平的不断提高，物流系统的边界必将不断地向内深化和向外扩展，其内涵和外延难以分清，呈现出一种模糊状态。但是，如果研究的物流系统被确定在一个特定的空间、时间或系统的某一功能领域内，那么物流系统就会具有较明显的界域。例如，流通过程中的销售物流，它是以订货采购的方式输入所需要销售的物品，通过装卸、搬运、运输等活动的处理，直接以销售形式输出给消费者，或者先通过装卸、搬运、运输、验收、入库、储存保管、流通加工、配送等活动的转化处理，再以销售的形式输出给消费者的一个过程体系。

但是，物流系统范围的大小，是受主、客观因素影响的。就物流本身的发展而言，可归结为经济动因和军事动因两大主要因素，但也不能排除管理水平的提高和其他相关科学技术水平的进步等因素。这里所讨论的物流系统范围的大小，在主观上受物流系统管理者的管理水平和其他辅助管理技术水平的影响，如一个管理者的管理决策能力和辅助决策工具的功能所不能及的物流系统，显然是管不好也管不了的；在客观上受系统本身和外部环境的影响，如效益背反关系明显的两个因素最好放在同一个系统内考虑，而相互之间的关系相对简单或间接的地方最适宜作为边界用来划分不同的物流系统。

2. 物流系统的关系

物流系统的关系包括物流系统内部各要素之间的关系、物流系统与外部环境之间的关系等。

（1）物流系统内部各要素之间的关系。

① 物流系统服务水平和物流成本之间的关系。各物流服务环节之间存在制约关系，

物流服务中一个环节出现问题，将影响其他环节功能的正常发挥。图 2-3 所示为库存费用和缺货率的关系示意图。

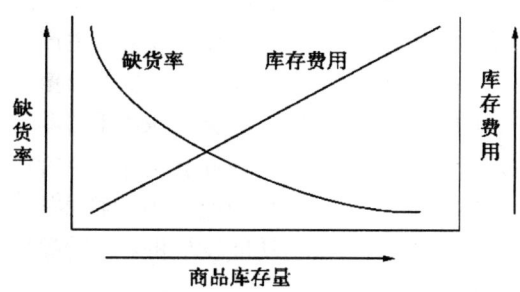

图 2-3　库存费用和缺货率的关系示意图

② 不同物流功能子系统服务能力之间的约束关系。各子系统的能力如果不匹配，物流系统的整体能力将受到影响。例如，搬运、装卸能力很强，但运输能力不足，会产生设备和人力的浪费；搬运、装卸环节薄弱，车船到达站港时不能及时卸货，也将带来巨大的经济损失。

③ 不同物流功能子系统成本之间的约束关系。例如，为了降低库存采取小批量订货，会因运输次数增加而导致费用上升，运费和保管费之间有制约关系。

④ 同一物流功能子系统服务能力与成本之间的约束关系。任何子系统功能的增加和完善都必须投入资金。例如，信息系统功能的增加，必须购置硬件和开发计算机软件；增加仓库的容量和提高进出库速度，往往要建更大的库房并实现机械化、自动化。因此，在实际中必须综合考虑其经济性。由此可见，物流系统内部各要素之间存在着相互依赖、相互作用和互为条件的关系，如图 2-4 所示。

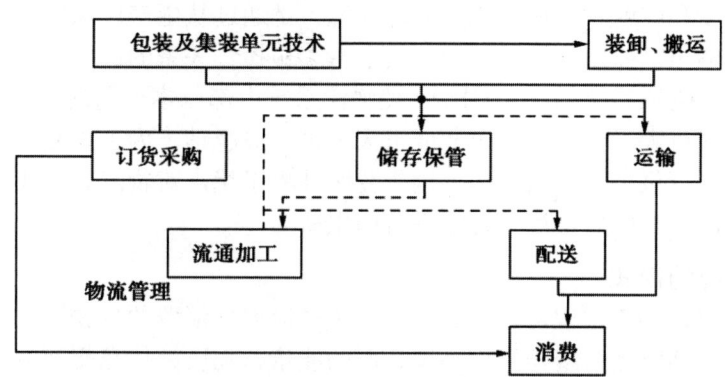

（说明：图中虚线部分是指只有少数货物需要经过流通加工）

图 2-4　物流系统内部各要素关系图

（2）物流系统与外部环境之间的关系。物流系统不是一个孤立的系统，而是一个与外部环境紧密相连的开放的系统。物流产品的需求量、供应量、运输量和资金拥有量等制约着物流系统活动，并与其他社会、经济、政策及科学技术等因素共同构成了一个复杂的社会环境关系，如图 2-5 所示。

从图 2-5 中可以看出，作为物流功能的运输，与运输量的大小有很大关系，而运输量的大小受设备能力、输送能力和收容能力等因素的直接影响，此外，它还受物流基础设施的影响。这就是说，运力是物流系统的约束条件之一。供应量是指在社会再生产过程中，能够提供的物质产品的数量，物质产品是物流活动的物质基础，也是物流系统的直接对象。也就是说，如果没有足够数量的物质产品供应，就难以保证生产和生活消费的需要。因此，供应的物品从数量、质量、品种规格、配套性和及时性方面制约着物流系统功能的发挥。需求量反映社会对物质产品的需求情况，做好社会需求的科学预测，是保证物流系统得以正常运行的一个基本条件，影响着物流系统满足社会需求作用的实现。资金拥有量体现着物流系统本身能量的大小，它是影响物流系统功能大小的物质条件。同时，社会、经济、政策及科学技术等外部因素，也是物流系统功能发展的约束条件。

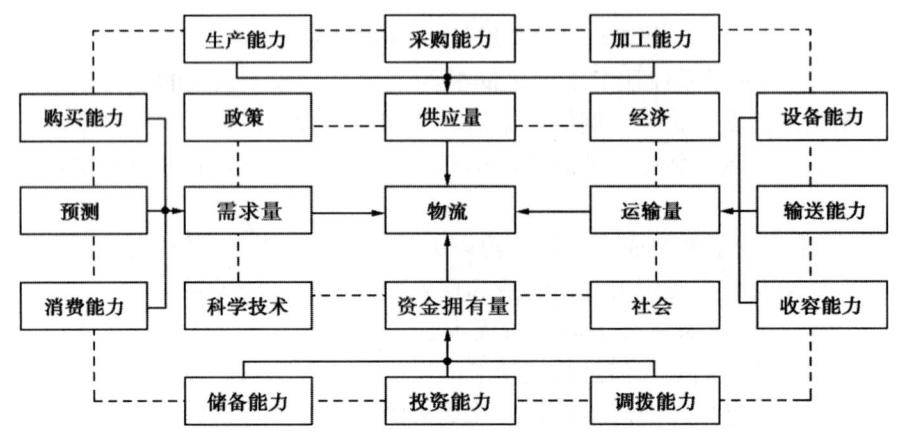

图 2-5　物流系统与外部环境关系图

物流系统与外部环境的这种复杂关系，使物流系统研究和涉及的方面十分广泛，因而增加了研究的难度和广度。物流系统与外部环境，是通过从生产厂家的产品输入，经过转化又向消费市场输出，并以信息反馈的形式发生"交换"关系的。同时外部环境的各种约束条件也不时地对物流系统加以"干扰"，使物流系统内部原本平衡的状态受到破坏，产生产销脱节现象，或供大于求形成积压，或求大于供形成脱销。为了恢复、保证物流系统的平衡状态，必须协调供、产、储、运、销，克服外界干扰，对物流系统实行有效管理，不断提高物流系统的应变能力，增强物流系统的生命力。

3. 物流系统的模式

在流通领域里，物流过程可以看成一个由生产流通到消费的各物流要素相互作用和相互依存的过程（包括物流系统与外部环境之间的能量、物质、信息交换）；在生产领域里，物流过程是一个不断投入原材料、设备、劳动力，经过加工处理，产出满足社会需要的产品或服务的投入与产出过程。就物流过程的每个环节来讲，物流系统同样是一个投入与产出系统。每个环节都要从外部环境中吸收一定的能源、资源（人、财、物），并以输入的形式投入，经过转化处理，直接或间接地产出一定的产品或服务，再以输出的形式向外界提供，来满足社会的某种需求。

因此，物流系统是一个从外部环境中不断输入要素，经过转化处理，不断输出产品或服务的循环过程，这就是物流系统的基本模式，如图 2-6 所示，包括物流系统的输入、输出、处理、限制和制约、反馈功能。

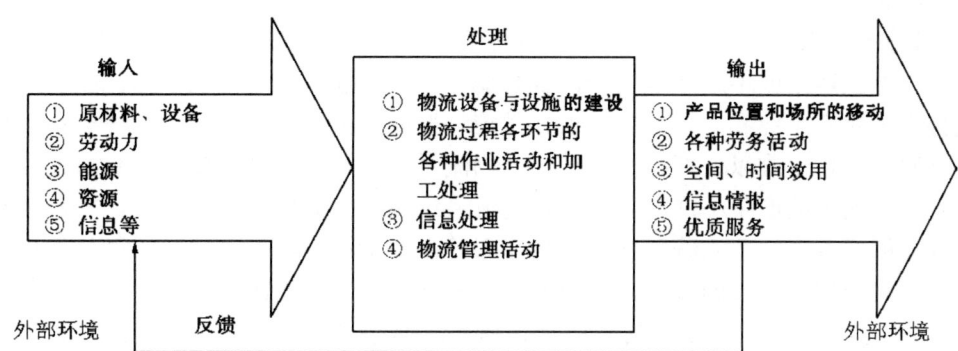

图 2-6 物流系统模式图

输入：是指通过提供原材料、设备、劳动力等对某一系统发生作用，输入要素包括原材料、设备、劳动力、能源、资源、信息等。

处理：是指物流本身的转化过程，从输入到输出之间所进行的生产、供应、销售、服务等活动中的物流业务活动称为物流系统的处理或转化。具体内容包括：物流设备与设施的建设；物流过程各环节的各种作业活动和加工处理，如储存、运输、包装、装卸、搬运等；信息处理；物流管理活动。

输出：是指物流系统以其本身所具有的各种手段和功能，对输入要素进行各种处理后所提供的物流服务。具体内容包括：产品位置和场所的移动；各种劳务活动，如合同的履行及其他服务等；空间、时间效用；信息情报；优质服务。

限制和制约：是指外部环境对物流系统的约束，包括资源条件限制、能源限制、资金和生产能力限制、价格影响、需求变化影响、仓库容量制约、装卸和运输能力制约、政策变化影响等。

反馈：是指将输出反馈给输入，进行调整的过程，反馈过程的依据包括各种物流活动分析报告，各种统计报告数据，国内外市场信息与有关动态等。

4. 物流系统的特征

物流系统是新的系统体系，它具有系统的一般特征。同时，物流系统是一个十分复杂的系统要素、系统关系系统，这使物流系统又有其自身的特点，具体表现在以下几个方面。

（1）复杂性。首先，物流系统的对象异常复杂。物流系统的对象是物质产品，既包括生产资料、消费资料，又包括废弃物品等，遍及全部社会物质资源，将全部国民经济的复杂性集于一身。其次，物流系统拥有大量的基础设施和庞大的设备，而且种类各异。为实现系统的各种能力，必须配有相应的物流设施和设备，如交通运输设施，车站、码头和港口，仓库设施和货场，各种运输工具，装卸、搬运设备，加工机械，仪器、仪表等。再次，物流系统的关系复杂。物流系统各个子系统间存在着普遍的复杂联系，各要素关系也较为复杂，不如某些生产系统那样简单。而且系统结构要素间有非常强的"背反"现象，常被称为"交替损益"或"效益背反"现象。物流系统中许多要素在按新观念建立系统之前，早就是其他系统的组成部分，因此往往较多地受原系统的影响和制约，而不能完全按物流系统的要求运行，对要素的处理稍有不慎，就会出现系统总体恶化的结果。最后，物流系统与外部环境联系极为密切和复杂。物流系统不仅受外部环境条件的约束，而且这些约束条件多变、随机性强。

（2）动态性。其一，物流系统与生产系统的一个重大区别在于生产系统按固定的产品、固定的生产方式连续或不连续地生产，少有变化，系统稳定时间较长，而一般的物流系统总是连接多个生产企业和用户，随需求、供应、渠道、价格的变化，系统内要素及系统的运行经常发生变化，难以长期稳定。其二，物流系统信息情报种类繁多，数据处理工作量大，而且信息流量的产生不均匀。其三，物流系统属于中间层次系统范畴，本身具有可分性，可以分解成若干个子系统，同时，物流系统在整个社会再生产中又主要处于流通环境中，因此，它必然受更大的系统，如流通系统、社会经济系统的制约。

（3）广泛性。物流系统涉及面广、范围大，既有企业内部物流、企业间物流，又有城市物流、社会物流，还包括国际物流，物流系统几乎渗透到人们工作、生活的各个领域。

因此，在对物流活动进行研究时，只有综合考虑物流系统的上述特征，才能建立一个高效、低耗的物流系统，实现系统的各种功能。

5. 物流系统的服务功能

物流系统的服务功能可以从宏观和微观两个层次来考察。这里主要分析物流系统的微观服务功能，而且考察的角度不同也会有不同的结果。但从物流系统的对外输出来看，它主要是对外提供各种与物资流通有关的服务。因此，根据它所提供的服务性质不同可分为基本服务功能和增值服务功能。

物流系统的基本服务功能是任何一个物流系统都必须具备的功能，如运输、储存、装卸、搬运、包装、流通加工、信息处理等。物流系统的增值服务功能是为了满足顾客的要求，在基本服务功能的基础上延伸出来的相关服务功能。它要求对物流系统进行必要的改进以达到增值服务的目的。物流系统的增值服务功能主要有以下几种。

（1）增加便利性的服务功能。有人把这种服务功能戏称为"使人变懒的服务功能"，它是指一切能够简化手续、简化操作的增值服务功能。这里的简化并不是指服务内容的简化，而是指通过对物流系统的必要调整，用简洁的手段或方法去深化服务内容。例如，傻瓜照相机既简单又好用的特征无疑增加了客户价值。所以，以客户为中心，提供一条龙的全过程服务并辅以对客户进行必要的提示，使客户能享受简单化、高质量的服务，这会增加客户价值并能提高物流系统的竞争能力。

（2）加快反应速度的服务功能。这是一种以时间为核心的服务功能，它一方面可以加快流通速度，提高流通效率；另一方面可以为客户提供 JIT 服务，降低客户的运作成本，加强与客户的合作，为降低供应链整体的成本、适应日趋复杂多变的市场需求创造条件。

（3）降低成本的服务功能。通过降低物流服务的成本而获得增量利润，称为发掘"第三利润源"。物流系统的效益背反关系的主要表现形式之一就是物流服务水平与物流成本的背反关系，即伴随着物流成本的提高，物流服务水平的提高却越来越缓慢。因此，一方面要选择一个合适的物流服务水平与物流成本之间的匹配点；另一方面，要在不降低或少降低物流服务水平的前提下努力降低成本，提高物流系统的效率。

（4）延伸的服务功能。物流服务的延伸可有两个含义：其一，是指从基本服务功能向增值服务功能的延伸；其二，是指物流服务的内涵的延伸，即提高物流服务的层次。从第三方物流发展到提供信息咨询服务的第四方物流，直至提供人才培训服务的第五方物流，这样，有利于我们站在更高的层次上规划物流问题，在更大的范围内整合物流系统，增加物流系统的集成度，达成物流系统之间的无缝连接。

6. 物流系统化

（1）物流系统化的含义与特点。

物流活动一端连接着生产，另一端连接着消费，因此物流系统是一个复杂的系统。物流系统是在一定的时间和空间里为进行物流活动，由物流人员、物流设施、待运物资和物流信息等要素构成的具有特定功能的有机整体。对物流系统进行系统综合、系统分析和系统管理等的一系列过程叫作物流系统化。由物流系统化的含义可知，物流系统化有以下特点。

① 生产、流通企业以物流系统化为总目标进行物流革新，重新构造微观物流系统。物流系统化是作为微观物流组织者的生产、流通企业进行物流系统革新的总目标，要将生产、包装、装卸、运输、储存、配送、流通加工、信息处理等这些以前分开管理的物流活动作为一个总体系统来构造、组织和管理。

② 构造的是子系统相互协调、共同发挥总功能的物流系统。物流系统化谋求的是在物流系统目标之下的子系统的协调，因而着重研究的是各子系统之间的联系、影响、制约关系，即各子系统的功能与总体系统目标之间的关系。

③ 物流系统化以硬件为基础，以软件为主体。物流系统化把生产、包装、装卸、运输、储存、配送、流通加工、信息处理等作为一个系统来构造、组织和管理，是根据本企业物流特性，结合可利用自有及社会物流设施、物流服务，通过物流系统分析和费用、效益分析，发现目前物流系统的问题，提出改进物流系统的方案，重新构造出适合本企业物流特性，以最低的物流总成本完成要求的物流服务的物流系统。

（2）物流系统化的目标。

① 较好的服务性，较低的缺货率，较少的货损货差。

② 适当的成本，可持续发展的能力；既能满足现在社会经济发展的需求，又能满足以后社会经济发展的需求，并且对社会的负面影响应尽量小。

③ 快捷性。按照用户指定的时间和地点迅速送达。方法：将物流设施建在需求地区附近，或者利用有效的运输工具和合理的配送计划，有效地利用面积和空间；由于土地成本将越来越高，因此应逐步发展立体设施和物流机械，求得空间的有效利用。

④ 规模适当化，包括物流设施集中与分散适当，机械化与自动化程度合理利用，以及库存控制。库存过多不仅需要更多的保管场所，而且会产生库存资金积压，造成浪费，因此需要根据生产与流通的需求变化对库存进行控制。安全库存看似朋友实为敌人，其可防止预测错误或工作流程的中断，但不幸的是它会增加成本，同时会产生提早于实际的需求信息从而影响工作的可信度。所以安全库存应该尽量减少，并应以最灵活的方式存在于公司中，一般可将安全库存设置于原材料一级。

⑤ 要发挥物流系统的作用，就要把从生产到消费过程的货物量作为一个连续流动的物流量来看待，缩短物流路线或流程，使物流作业合理化、现代化，从而降低总成本。

2.2 物流系统分析

2.2.1 物流系统分析的概念

物流系统是由多种功能要素组成的集合,各要素之间相互联系、相互作用,形成众多的功能模块和各级子系统,使整个系统呈现出多层次结构,体现出固有的系统特征。

物流系统分析是从系统最优出发,在选定系统目标和准则的基础上,分析构成系统的各级子系统的功能、特点及它们之间的关系和影响。

物流系统分析的目的在于通过分析、比较各种替代方案的有关技术经济指标,得出决策者形成正确判断所必需的资料和信息,以便获得最优系统方案。物流系统分析步骤图如图2-7所示。

图2-7 物流系统分析步骤图

2.2.2 物流系统分析的作用

为了说明物流系统分析的作用,需要先分析物流系统的建立过程。物流系统的建立过程一般可分为系统规划、系统设计和系统实施三个阶段,如图2-8所示。

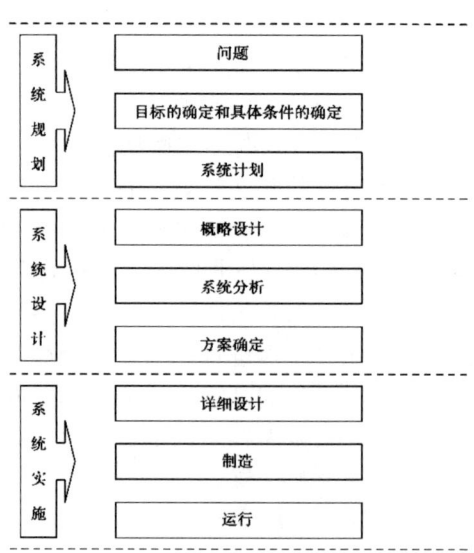

图2-8 物流系统的建立过程图

（1）系统规划阶段：定义系统的概念、明确建立系统的必要性，在此基础上明确目的和确定目标，同时提出系统应具备的环境条件和约束条件。简单地说就是提出问题，建立元素和约束条件。

（2）系统设计阶段：首先对系统进行概略设计，即制订各种替代方案；然后进行系统分析，分析的内容包括系统目标、替代方案、费用、效益、系统模型和评价标准等；最后在系统分析的基础上确定系统设计方案，据此对系统进行详细设计，即提出模式和解决方案。

（3）系统实施阶段：首先对系统设计中一些与系统有关的关键项目进行试验，在此基础上进行必要改进，然后正式投入运行，即实施和改进。

物流系统分析在整个系统的建立过程中处于非常重要的地位，它起到承前启后的作用，特别是当系统中或系统所处的环境中存在着不确定因素或相互矛盾的因素时，更需要进行系统设计或在设计过程中尽可能增强系统对环境的适应能力，只有这样才能保证获得最优或最满意的设计方案。

2.2.3　物流系统分析的基本原则、要素及特点

1. 物流系统分析的基本原则

（1）外部条件与内部因素相结合的原则。一个企业的物流系统，不仅会受到企业内部各种因素的影响，而且会受到社会经济动向及市场环境的影响。

（2）当前利益与长远利益相结合的原则。在进行物流系统分析时，决策者既要考虑当前利益也要考虑长远利益，二者要统筹兼顾。

（3）子系统与整个系统相结合的原则。在分析物流系统时，要以整个系统的效益为重，同时兼顾子系统的效益。

（4）定量分析与定性分析相结合的原则。进行物流系统分析不仅要进行定量分析还要进行定性分析，要遵循"定性—定量—定性"这一循环往复的过程。

2. 物流系统分析的要素

（1）系统目标。系统目标是决策的出发点。为了正确地获得决定最优化的物流系统方案所需的各种有关信息，要充分了解建立物流系统的目的，同时还要确定物流系统的构成和范围。

（2）替代方案。一般情况下，实现某一目标，总会有几种可采取的方案或手段。要在分析研究的基础上，选择一种最合理的物流系统。

（3）系统模型。系统模型是对实体物流系统的抽象描述，它可以将复杂的问题化为易于处理的形式，有利于各种方案的分析和比较。

（4）费用和效益。费用和效益是分析、比较与抉择方案的重要依据。用于方案实施的实际支出就是费用，达到目的所取得的成果就是效益。一般情况下，费用应当小于效益。

（5）评价标准。评价标准是物流系统分析中用于确定各种方案优先顺序的标准。通过评价标准对各方案进行综合评价，确定出各方案的优先顺序。评价标准一般根据物流系统的具体情况而定，费用和效益的比较是评价各方案的基本手段。常见的评价标准是由一组评价指标所组成的，如图 2-9 所示。

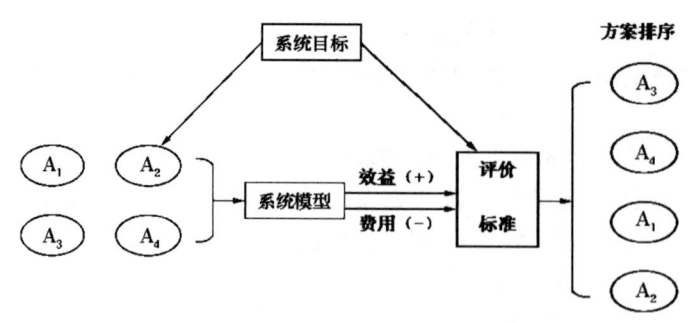

图 2-9 物流系统分析结构

3. 物流系统分析的特点

（1）追求整体目标最优。在一个物流系统中，处于各个层次的子系统都具有特定的功能目标，只有彼此分工合作，才能实现系统整体目标最优。

（2）以特定问题为对象。物流系统中有许多问题含有不确定因素，而系统设计就是针对这种不确定的情况，研究解决问题的各种方案及其可能产生的结果。

（3）运用定量方法。在许多复杂的情况下，需要有精确可靠的数据资料作为科学决策的依据，当利用数学模型有困难时，就要借助结构模型解决法或计算机模拟。

（4）凭借价值判断。由于所提供的资料中有许多不确定因素，而客观环境也会发生各种变化，因此在进行物流系统设计的时候，还要凭借各种价值观念进行判断和选择。

2.2.4 物流系统分析的步骤

（1）明确问题，确定系统目标。物流系统分析首先要明确所要解决的问题，以及问题的性质、重点和关键所在，恰当地划分问题的范围边界，了解问题的历史、现状和发展趋势，在此基础上确定系统目标。物流系统分析是针对所提出的具体目标而展开的，由于实现系统功能的目标是靠多方面因素来保证的，因此系统目标也是由若干个目标组成的。在多目标情况下，要考虑各个目标的协调和平衡，保持目标的整体性、可行性和经济性。

（2）收集资料，分析问题。在明确问题，确定系统目标之后，还必须广泛收集与问题有关的一切资料，包括历史资料和现实资料、文字资料和数据资料，尤其要重视反映各要素相互联系和相互作用的资料。在分析和整理资料的基础上，尽量搞清楚所要解决的问题受哪些内、外部因素的制约和影响，它们的主次关系如何，各自有什么特点和规律，它们之间的联系是怎样的。对这些问题分析得越透彻，物流系统分析工作成功的把握就越大。

（3）建立模型。建立模型是对于系统目标相关因素之间的关系进行描述，可根据不同的表达方式、方法的需要选择不同的模型。通过模型的建立，可确认影响系统功能和目标的主要因素及其影响程度，确认这些因素的相关程度、总目标和分目标的达成途径及其约束条件。

（4）系统评价及其优化。运用确定的评价标准，主要从技术和经济两个方面对各种方案进行比较和评价，权衡各方案的利弊，包括应用系统优化的理论和方法，如运筹学、系统工程方法等，对若干种可行方案的模型进行仿真和优化计算，寻找最优解，从而为选择最优方案提供足够的信息。

物流系统分析工作不是一蹴而就的，往往由于在某个步骤中出现问题，需要返回到前面的步骤，甚至返回到确定系统目标阶段，重新开始。只有这样，才能保证为决策提供足够、准确的信息，进而保证决策的准确性和科学性。

2.2.5 物流系统分析的内容

根据物流系统分析的基本含义，物流系统分析的主要内容有系统目标、系统结构、替代方案、费用和效益、系统模型、系统优化、评价标准等。在这里，结合物流系统状况，从以下几个方面来介绍物流系统分析的内容。

（1）系统目标的分析与确定。系统目标既是建立物流系统的依据，又是物流系统分析的出发点。正确地把握和理解系统目标和要求，是进一步分析物流系统的基础和导向。

因此，系统目标的确定也是一个非常重要的问题，它是建立物流系统或改进物流系统过程中难度最大的一个步骤。系统目标不明确，往往会出现这样两种结果：一是在细致的分析过程中发现系统目标本身存在的问题并加以修正，这样也能达到预期的结果；二是由于系统目标的错误，并且未能在分析过程中发现，物流系统分析工作的效率越高得到的效果越差。物流系统的特性决定了系统目标的多元性和多层次性，这就增加了系统目标确定的困难程度。

关于系统目标，有人将其定义为"以最低的成本对物品做适时、适地的运送"。实际上，如果按这个目标来建立物流系统，几乎是不可能的。因为要做到适时、适地的运送，必须以最佳的服务和最佳的销售为前提，这就需要有大量的存货、先进的运输工具和优良的物流设施，由此必然会造成成本的增加，而最低的成本要求低廉的运费、最少的存货量及尽可能低的其他物流费用等，这样必定会降低物流系统的服务质量。因此，最佳的服务和最低的成本这两者同时满足是难以实现的。

所以，系统目标应建立在合适的仓储设施、零售店、工厂、存货水平、运输方式，以及其他物流环节的规模和情报信息处理系统的基础上，使物流部门在提供某一水平服务下的收益与物流费用达到适度的平衡，或相匹配，也就是以尽可能少的物流费用支出获得最大限度地满足各种需求的服务水平。

系统目标还可用物流系统的输入与输出的比例来表示，物流系统的基本输出是为顾客服务。物流系统的输入是指运输、储存、搬运、装卸、物流情报分析、物流加工等环节所消耗的劳务、设备、材料等资源，这些都构成了物流费用（成本）。

对一个物流系统的效益进行评价，必然是以物流系统的输出效果与输入成本相比较为依据的。因此，物流系统的目标可用如下公式表示：

MAX [(提供各种水平顾客服务的年收益-物流各环节的作业成本)/物流系统年投资额]

（2）物流系统的构成分析。物流系统的构成分析主要包括层次构成分析、业务活动构成分析及功能构成分析。这些构成分析各不相同，但都是对物流系统的构成进行分析，只是分析的角度不同，因此它们之间也存在一定的联系。

① 物流系统的层次构成分析。按物流活动信息的传递方向和加工程度，同时考虑物流系统运行过程中各管理层次的任务来分析，物流系统主要包括战略规划、决策分析、管理控制和业务处理四个层次。

在整个物流系统的活动中，物流系统本身所生成的信息是从业务处理过程中产生后向上传递到管理控制层，并经过该层管理人员的利用和加工后再往战略决策层传播，经战略管理人员的再次加工和综合,最终成为战略规划和决策人员做出决策的重要依据。因此,物流信息具有再生性。

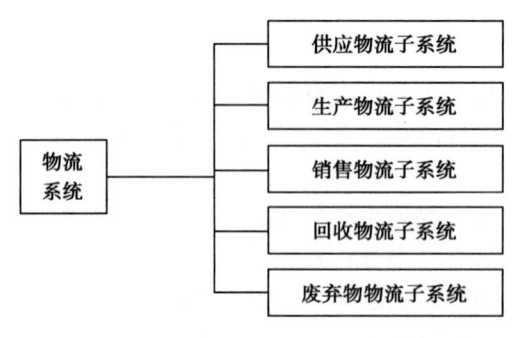

图 2-10 物流系统的业务活动构成示意图

② 物流系统的业务活动构成分析。这是按照物流活动业务性质不同分类并进行分析的。根据物流活动业务性质不同,物流系统可分为供应物流子系统、生产物流子系统、销售物流子系统、回收物流子系统和废弃物物流子系统,如图 2-10 所示。

③ 物流系统的功能构成分析。物流系统的功能构成分析,主要是通过分析物流过程的各项活动,对物流系统的功能进行定义,形成功能区域,从而形成功能系统。

一个物流系统内部各构成要素都具有相应的功能,并且依据各功能之间的内在联系形成功能体系,从而为系统的设计、开发提供条件。在系统内部各功能的联系中,有两种关系:第一种是上下关系,第二种是并列关系。前者是指在一个功能系统中某些功能之间存在着目的与手段的关系,如甲功能是乙功能的目的,则乙功能就是甲功能的手段,与此同时,乙功能有可能成为丙功能的目的,丙功能又是实现乙功能的手段。一般地,把起目的作用的功能称为上位功能,而把起手段作用的功能称为下位功能。上位功能与下位功能的关系是相对的,因为一个功能对它的上位功能来说是手段,而对它的下位功能来说是目的。后者是指在一个上位功能之下往往存在若干个相对独立而又相互联系的功能,从而形成一个功能区域,构成一个功能子系统。

根据功能间的这种上下关系和并列关系,可用一个属性图表示物流系统功能分析的结果。

物流系统的整体功能就是提供物流的空间效用和时间效用。为了达到这个目的,需要进行一系列的物流活动,即包装、装卸、搬运、运输、储存、保管、流通加工、废弃物回收与处理,以及与此相联系的情报信息处理等。所有这些功能对于整体功能来讲,起的都是手段的作用,同时,这些起手段作用的功能有可能成为下一层次起目的作用的功能。例如,运输功能的发挥,需要提高效益、保证安全、节约运费,这时运输功能就称为目的功能,而后者则称为手段功能。通过对物流系统功能进行分析,可构成一个物流系统的功能系统,如图 2-11 所示。

(3) 物流系统的综合分析。

① 物流系统的有序性和动态性分析。物流系统之所以能成为一个整体,发挥较高的效用,就在于它的构成的有序性。物流系统的有序性主要表现在系统构成的层次性上。前面在讨论物流系统的分类时,将物流分为宏观物流和微观物流。宏观物流是连接生产领域和消费领域的桥梁和纽带,微观物流是宏观物流得以顺畅进行的基础,宏观物流和微观物流各子系统的功能,形成了整个社会经济大系统的有机整体。宏观物流为微观物流提供最佳的输入,而微观物流则对有效的输入进行合理的转化,为宏观物流提供最佳的输出。物流系统就是在这样一种复杂交替的输入—转化—输出的运行中,为整个社会经济大系统提供最佳经济效益的。

第2章 物流系统

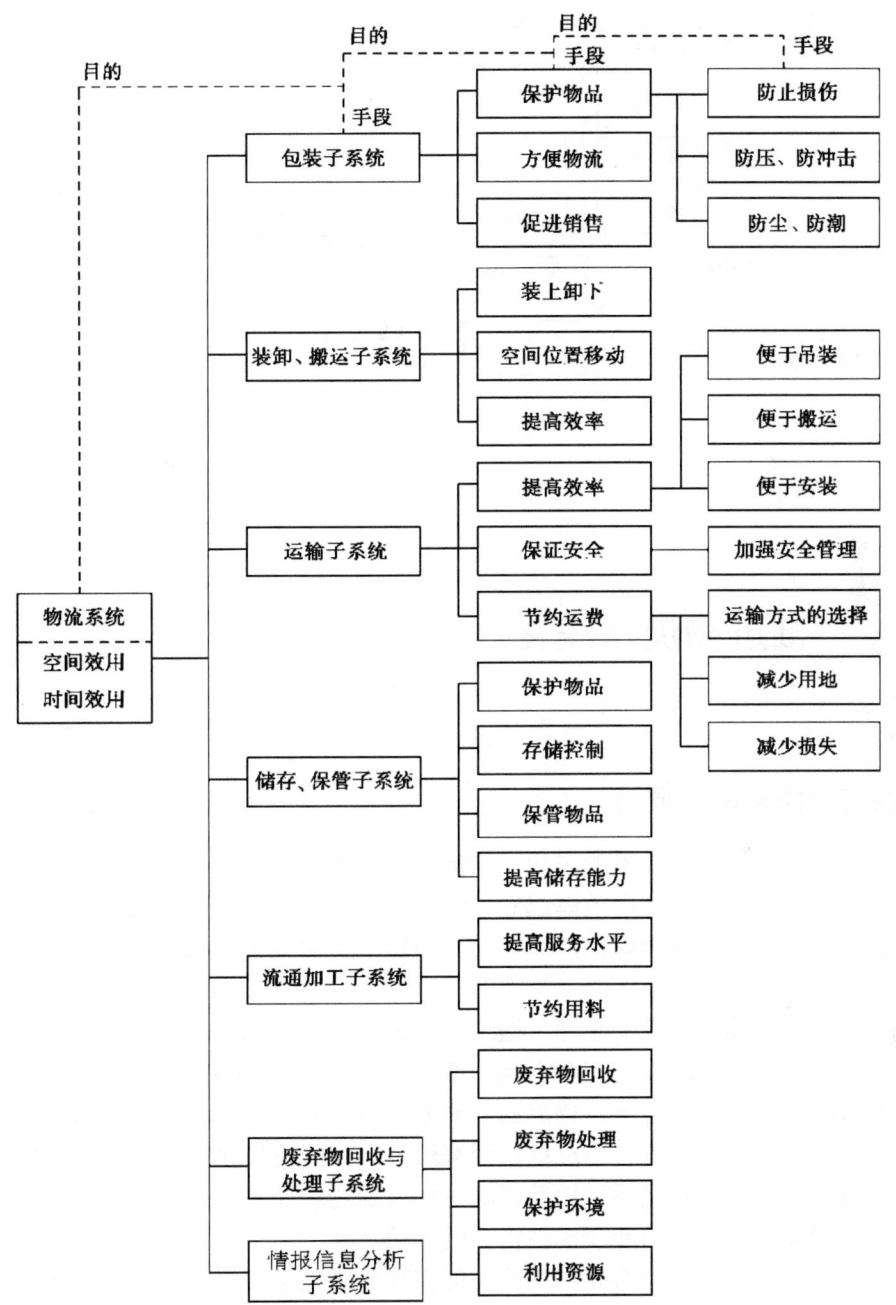

图 2-11 物流系统的功能系统示意图

② 物流系统的整体性和结构形式分析。物流系统的整体性和结构形式是从不同的角度进行分析的。无论是微观物流系统还是宏观物流系统，都要由供应物流子系统、生产物流子系统、销售物流子系统、回收物流子系统及废弃物物流子系统构成，都需要经过物流的各项活动，都存在一定的组织结构、信息加工和传递途径，才能完成物流的活动。物流系统的整体结构如图 2-12 所示。

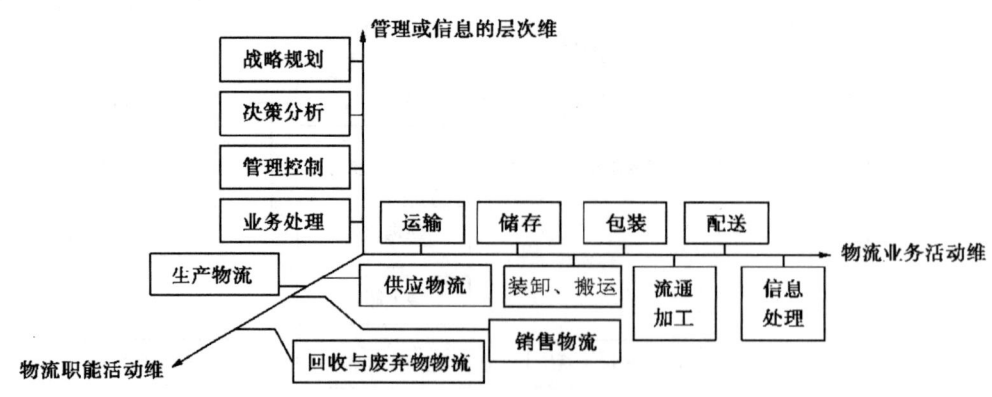

图 2-12 物流系统的整体结构

2.3 推进物流系统化

2.3.1 物流系统化的必要性

随着时代的发展和科学技术的进步，物流的作用越来越重要。物流作为国民经济的动脉，对促进经济增长，提高社会效率起着关键的作用。要使物流充分发挥其职能，使其不断完善和优化就必须使物流合理化，而物流合理化的关键是物流系统化，所以物流必须走系统化的道路。

物流通常是由运输、储存、装卸、搬运、包装、流通加工、配送、信息处理八种功能构成的。这八种功能相互联系、相互影响、相互制约，特定的功能有机组合、协调运行、共同产生的新的总功能就是物流。物流的本质要求将运输、储存、装卸、搬运、包装、流通加工、配送、信息处理作为一个总体系统来管理，按照总体系统的总功能去协调各子系统，从而使各子系统在相互联系、相互影响、相互制约中保持协调一致，在发挥各种特定功能的基础上形成系统的总功能，实现物品的流动。

众所周知，实现物品流动必须具备的功能客观地决定了只有实现物流系统化，才能实现物流合理化。物流是通过把运输、储存、装卸、搬运、包装、流通加工、配送、信息处理，综合地、有机地一体化为一个系统来管理而第一次开辟物流合理化道路的。物流系统化是人们认识社会再生产中物品流动过程的一种观念革新，正是在这种观念革新的基础上，人们才总结出了物流这一概念。

因此，物流系统化是对物流本性的深刻揭示，人们将按照物流的本性、系统化的理论和方法去重新考察、重新构造已有的运输、储存、装卸、搬运、包装、流通加工、配送、信息处理功能，将它们作为一个系统来管理，由此产生以物流系统化为总目标的物流革新。

2.3.2 物流系统化的方法

1. 物流总成本法

物流系统是一个庞大而复杂的系统，它包含许多子系统，各子系统又相互联系、相互制约，存在着效益背反的关系，当以物流总成本最低为目标来协调各子系统时，物流总成本将分解到各子系统上，构成各子目标，通过子系统的优化及重新分解物流总成本到各子系统上的系统协调过程，最终可以找到使物流总成本最低的物流系统最优或次优状态。尽管这时各子系统并不一定是独立时成本最低状态，但物流系统取得了物流总成本最低的优化状态。由此可见，以物流总成本最低为目标能够实现物流系统化，在难以将物流固定费用、变动费用都以数学方式描述时，物流总成本法就成为推动物流系统化的根本方法。

2. 物流系统化的其他方法

物流系统是由运输、储存、装卸、搬运、包装、流通加工、配送、信息处理各个环节所组成的。可以把物流系统简单地概括为节点部分和线路部分。如果将运输手段称为方式，把港口、货站这种运输手段换载的基地（仓库、流通中心，有时还包括工厂）称为节点，把构成运输手段通路的铁路、公路、水路称为连线，那么物流系统化可以说是完善连线，使节点与线路更优化，按照运输需求，从制度、运行、技术上有效利用方式的特性，选择最优方式进行组合，在这种条件下，物流系统化的方法如下。

（1）提高运输效率的方法：联合一贯制运输，集装箱直达列车运输，共同运输，定时配送。

（2）提高节点功能的方法：复合终端，流通中心，配送中心，流通加工基地，自动化仓库。

（3）装卸合理化的方法：集装箱化、托盘化、装卸机械化。

（4）提高信息功能的方法：使用计算机，并逐步形成计算机联机系统，实现信息系统化。

此外，推进我国的物流系统化发展还应该集中力量完成如下基础工作。

（1）加强物流基础设施建设，包括连线的建设及节点与方式的现代化。需要国家统一规划、统一布局综合运输网络和配送中心、物流中心及流通中心。

（2）制定统一的托盘尺寸，大力推进托盘化。没有这个基础工作就谈不上包装标准化，也谈不上装卸合理化基础上的物流系统化。

（3）研究开发我国的商品条码和商品交易票据的标准化。这是最终实现物流系统化的信息系统化基础，没有这个基础自然谈不上信息系统化，也就无法实现物流系统化。

3. 物流系统优化的 10 项基本原则

对于大多数企业来说，物流系统优化是其降低供应链运营总成本的最显著的商机所在。但是，物流系统优化过程不仅要投入大量的资源，而且是一项需要付出巨大努力，克服困难和精心管理的过程。

美国的货运计划解决方案供应商 Velant 公司的总裁和 CEO Don Ratliff 博士集三十余年为企业提供货运决策优化解决方案的经验，在 2002 年美国物流管理协会年会上提出了"物流系统优化的 10 项基本原则",并认为通过物流决策和运营过程的优化,企业可以获得降低 10%～40%物流成本的商业机会。这种成本的节约必然转化为企业投资回报率的提高。

在目前激烈的市场竞争和通货紧缩的经济环境下,Don Ratliff 博士提出的物流系统优化的 10 项基本原则无论是对正在寻找新的经济增长点的制造业和批发零售业企业来说,还是对正在努力提升服务水平争取更大市场份额的第三方物流(3PL)企业(包括物流和供应链管理应用软件供应商和集成商)来说,均具有非常实际的操作性的指导意义。实际上,Don Ratliff 博士所给出的物流系统优化的 10 项基本原则本身就是物流管理理念和物流管理技术有机结合的企业物流管理系统的基本构架。

(1)目标(Objectives)——设定的目标必须是定量的和可测评的。制定目标是确定预期愿望的一种方法。要优化某个事情或过程,就必须确定怎样才能知道目标对象已经被优化了。使用定量的目标,计算机就可以判断一个物流计划是否比另一个更好。企业管理层就可以知道优化的过程是否能够提供一个可接受的投资回报率(Return On Investment)。例如,一项送货作业可能被确定的目标是日常分摊的资产使用成本、燃料和维修成本,以及劳动力成本之和最小,这些成本目标既是定量的,也容易测评。

(2)模型(Models)——模型必须忠实地反映实际的物流过程。建立模型是指把物流运营要求和限制条件翻译成计算机能够理解和处理的某种东西。例如,建立一个模型来反映货物是如何通过组合装上卡车的。这是一个非常简单的模型,通过发货的总质量或总体积就能够忠实地反映某些货物的装载要求,如大宗液体货物。然而,如果总质量或总体积模型被用于往拖车上装载新汽车,则该模型就会失效,因为它不能充分地反映实际的物流情况,如用"可运载 45 000 磅汽车"来描述拖车的载货能力就是不合理的,因为拖车所能够装运汽车的数量取决于汽车的外形、拖车的结构和其他一些因素。在这种情况下,如果使用简单的总质量或总体积模型,许多计算机认为载荷合适的方案却无法实际装车,而实际上更好的装载方案会由于计算机认为不合适而被放弃。所以,如果模型不能忠实地反映装载的过程,则由优化系统给出的装车解决方案要么无法实际执行,要么在经济上不合算。

(3)数据(Data)——数据必须准确、及时和全面。数据驱动了物流系统的优化过程。如果数据不准确,或有关数据不能及时地输入系统优化模型,则由此产生的物流方案就是值得怀疑的。对必须产生可操作的物流方案的物流系统优化过程来说,数据也必须全面和充分。例如,如果卡车的体积限制了载荷,那么使用每次发货的质量数据就是不充分的。

(4)集成(Integration)——系统的集成必须全面支持数据的自动传递。因为对物流系统优化来说,要同时考虑大量的数据,所以系统的集成是非常重要的。例如,要优化每天从仓库向门店送货的过程就需要考虑订货、客户、卡车、驾驶员和道路条件等数据。人工输入数据的方法(即使只输入很少量的数据)也会由于太费时间和太容易出错而不能对物流系统优化形成支持。

(5)表述(Delivery)——系统优化方案必须以一种便于执行、管理和控制的形式来表述。由系统优化技术给出的解决方案,除非现场操作人员能够执行,管理人员能够确认预期的投资回报已经实现,否则就是不成功的。现场操作要求指令要简单明了,容易理解和执行。管理人员则要求系统优化方案及其实施效果在时间和资产利用等方面的关键标杆信息更综合、更集中。

(6) 算法（Algorithms）——算法必须灵活地利用独特的问题结构。不同系统优化技术之间最大的差别就在于算法的不同（借助计算机的过程处理方法通常能够找到最佳系统优化方案）。关于物流系统的一个无可辩驳的事实是每种系统优化技术都具有某种特点。为了在合理的时间段内给出系统优化方案必须借助算法来进一步开发系统优化技术。因此，关键的问题如下。

① 这些不同系统优化技术的特定问题结构必须被每个优化物流系统的分析人员认可和理解。

② 所使用的算法应该具有某种弹性，使得它们能够被"调整"到可以利用这些特定问题结构的状态。物流系统优化问题存在着大量可能的解决方案（如对于 40 票零担货运的发货来说，存在着 1 万亿种可能的装载组合）。如果不能充分利用特定的问题结构来计算，则意味着要么算法将根据某些不可靠的近似计算给出一种方案，要么计算的时间极长（也许为无限长）。

(7) 计算（Computing）——计算平台必须具有足够的容量，能在可接受的时间段内给出系统优化方案。因为任何一个现实的物流系统优化问题都存在着大量可能的解决方案，所以任何一个具有一定规模的问题都需要相当的计算能力支持。这样的计算能力应该使得系统优化技术既能够找到最佳系统优化方案，也能够在合理的时间内给出最佳系统优化方案。显然，对在日常执行环境中运行的系统优化技术来说，它必须在几分钟或几小时内给出系统优化方案（而不是花几天的计算时间）。采取动用众多计算机同时计算的强大的集群服务和并行结构的算法，可以比使用单体 PC 或基于工作站技术的算法更快地给出更好的系统优化方案。

(8) 人员（People）——负责物流系统优化的人员必须具备建模、数据收集和系统优化方案设计所需的技术专长和领导经验。系统优化技术是"火箭科学"，希望火箭发射后能够良好地运行而没有"火箭科学家"来保持它的状态是不可能的。这些专家必须确保数据和模型的正确性，必须确保技术系统按照设计的状态工作。现实的情况是，如果缺乏具有适当技术专长和领导经验的人的组织管理，复杂的数据模型和软件系统要正常运行并获得必要的支持是不可能的。没有他们的大量工作，物流系统优化就难以达到预期的目标。

(9) 过程（Process）——商务过程必须支持优化并具有持续的改进能力。物流系统优化需要应对大量在运营过程中出现的问题。系统目标、规则和过程的改变是系统的常态。所以，不仅要求系统化的数据监测方法、模型结构和算法等能够适应变化，而且要求它们能够捕捉机遇并促使系统变革。如果不能在实际的商务运行过程中对系统优化技术实施监测、支持和持续的改进，就必然导致系统优化技术的潜力不能获得充分的发挥，或者只能使其成为"摆设"。

(10) 回报（ROI）——投资回报必须是可以证实的，必须考虑技术、人员和操作的总成本。物流系统优化从来不是免费的午餐，它要求大量的技术和人力资源投入。要证实物流系统优化的投资回报率，必须把握两件事情：一是诚实地估计全部的优化成本；二是将系统优化技术给出的解决方案逐条与标杆替代方案进行比较。

在计算成本的时候，企业对使用系统优化技术的运营成本存在着强烈的低估现象，尤其是在企业购买的是"供业余爱好者自己开发使用"基于 PC 软件包的情况下。这时要求企业拥有一支训练有素的使用者团队和开发支持人员在实际运行的过程中调试技术系统。

在这种情况下，有效使用系统优化技术的实际年度运营成本极少有低于技术采购初始成本（如软件使用许可费、工具费等）的情况。如果系统优化方案的总成本在第二年是下降的，则很可能该方案的质量也会成比例地下降。

在计算回报的时候，要确定系统优化技术的使用效果，必须做三件事：一是在实施系统优化方案之前根据关键绩效指标（Key Performance Indicators）测定基准状态；二是将实施系统优化方案以后的结果与基准状态进行比较；三是对系统优化技术的绩效进行定期评审。

要准确地计算投资回报率必须采用良好的方法来确定基准状态，必须对所投入的技术和人力成本有透彻的了解，必须测评实际改进的程度，还必须持续地监测系统的行为绩效。但是，因为绩效数据很少直接可得，而且监测过程需要不间断地实施，所以几乎没有哪个公司能够真正了解其系统优化方案的实际效果。

物流系统化，就是把物流的各环节（或各子系统）联系起来，视为一个大系统，进行整体设计和管理，以最佳的结构、最好的配合，充分发挥其系统功能的效用，实现整个物流合理化。

随着科技的进步和生产的发展，一些工业发达国家在市场剧烈竞争的条件下逐步认识到物流系统的开发和研究的重要性，并把它视为"第三利润源"，这是有一定道理的。因为在一个发达的经济社会中，为了适应大规模生产、大规模流通和大量消费的需要，已不能静止地、孤立地去对待这些问题，而必须把社会再生产的过程、生产、分配、流通、消费看成一个有机的整体，并且它们是相互制约、相互依存的。例如，在国民经济大系统中，虽然生产发展很好，但流通不畅，会给社会经济发展带来不利影响；流通工作很好，生产发展停滞，同样会给社会经济发展带来不利影响。

在物流系统中，这个道理也适用。实现物流合理化，是对物流系统整体而言的，不只是要求物流过程中某一环节合理化。要把物流系统的各种功能或各子系统联系起来，进行综合分析、研究，以谋求物流大系统的整体经济效益。对物流大系统来说，各子系统之间，存在着互相制约、互相依存的关系，有时甚至是矛盾的。例如，在包装环节，如果片面地强调节省包装材料和包装费用，少用包装材料或用低质代用材料，虽然包装环节费用降低了，但由于包装质量差，在运输、装卸和搬运过程中，造成货物破损错乱，从物流系统全过程来看，反而是一种浪费。

因此，物流系统功能各环节，即各子系统之间，既是独立的，又是互相联系、互相制约的。各子系统之间，要紧密衔接、互相适应，特别是前一环节（工序）要为后一环节创造条件。各环节要为物流大系统取得最好的、整体的经济效益创造条件，这才是真正的物流系统化。

Chapter 2 第 2 章 物流系统

案例分析

青岛啤酒的物流系统目标

青岛啤酒集团于 1998 年第一季度提出了以"新鲜度管理"为系统目标的物流管理系统思路,开始建立新的物流管理系统。当时该啤酒的年产量不过 30 多万吨,但是库存就高达 1/10,维持在 3 万吨左右。

这么高的库存引发了几个问题:占压了相当多的流动资金,资金运作的效率低;需要有相当数量的仓库来储存这么多的产品,当时的仓库面积有 7 万多平方米;库存数量大,库存分散。还经常出现局部仓库爆满、局部仓库空闲的问题,同时没有办法完全实现先进先出,使一部分啤酒储存期过长,新鲜度下降甚至变质。

那怎么解决这些库存问题呢?青岛啤酒集团并没有把压缩库存作为物流系统的直接目标,而是把"新鲜度管理"作为物流系统的直接目标。这个目标的提出,不但能够达成库存降低、流动资金占压减少、损耗降低的目的,更重要的是面向消费者的实际需要,在实现消费者满意的新鲜度目标的同时,达到解决库存问题的目的。

青岛啤酒集团新鲜度管理的物流系统目标提出:让青岛人民喝上当周酒,让全国人民喝上当月酒。实施方法:进行以提高供应链运行效率为目标的物流管理改革,建立集团与各销售点物流、信息流和资金流全部由计算机网络管理的快速信息通道和智能化配送系统。

他们首先成立了仓储调度中心,重新规划全国的分销系统和仓储活动,实现统一管理和控制。由提供单一的仓储服务,到进行市场区域分布,进行流通时间等全面的调整、平衡和控制,成立独立法人资格的物流有限公司,以保证按规定的要求,以最短时间、最少环节和最经济的运行方式将产品送至目的地。这样就实现了全国的订货,产品从生产厂直接运往港、站;省内的订货,从生产厂直接运到客户仓库。同时对仓储的存量规定做了大幅度压缩,规定了存量的上限和下限,低于下限发出要货指令,高于上限不再安排生产,这样使仓库成为生产调度的"平衡器"。

一般物流系统的目标包括以下几个。

(1)服务目标:物流是流通的一部分,它主要起到连接生产与再生产、生产与消费的作用,提供的是一种服务。物流服务的内容比较广泛,主要包括运输、储存、流通加工、包装等。

(2)快速性目标:快速性是货物转移过程中的基本要求。在为现代生产服务的过程中,先进的生产管理方法必须与有效物流结合起来。

(3)经济性目标:这种经济性不仅反映在时间的节约上,还在于消除一切不必要的劳动和环节,所以节约总体来说是降低系统的投入,并提高相对产出。

(4)规模化:以物流规模作为物流系统的目标,追求"规模效益"是有效提高生产效率的一个重要手段。由于物流系统存在很多不确定性,因而在很多情况下,难以形成标准的规模化格式,这是我们未来要解决的问题。

(5)库存调节:实现对库存的有效调节是物流系统的一个重要目标,库存与企业物流环节息息相关。在物流领域中对库存的有效调节主要体现在正确确定库存方式、库存数量、库存结构等方面。

由物流系统的五大目标可以看出,对现代大多数生产型企业来讲,库存过大是急待解决的问题,青岛啤酒集团的新鲜度管理,实际上是对仓储系统的改进,仓储系统的设置要在满足客户需要的前提下考虑整个物流系统的总成本,分散的库存虽然能更好地满足此库存附近客户的需要,但是企业会为此支付更多的成本,有效的仓储系统应该是一个具有网络结构层次的体系,数量、规模和选址都是要考虑的内容。所以该公司首先成立了仓储调度中心,重新规划全国的分销系统和仓储活动,实现了统一管理和控制。由提供单一的仓储服务,到进行市场区域分布,节约了成本,提高了服务质量。

思考分析

(1)青岛啤酒集团通过何种途径实现新鲜度管理的物流系统目标?

(2)青岛啤酒集团的物流系统目标有何特点?同一般的物流系统目标有何联系?是否矛盾?

问题提示

成立了仓储调度中心,重新规划全国的分销系统和仓储活动,实现了统一管理和控制,建立集团与各销售点物流、信息流和资金流全部由计算机网络管理的快速信息通道和智能化配送系统。成立独立法人资格的物流有限公司,以保证按规定的要求,以最短时间、最少环节和最经济的运行方式将产品送至目的地。同时对仓储的存量规定做了大幅度压缩,规定了存量的上限和下限,使仓库成为生产调度的"平衡器"。

青岛啤酒集团提出"新鲜度管理"的物流系统目标,该目标以啤酒新鲜度为衡量标准,以加快物流仓储周转速度和调配管理为手段,提高供应链运行效率。通过新鲜度管理,对仓储系统进行整体改进,在满足客户需要的前提下,考虑整个物流系统成本,为顾客提供更优质的服务。从根本上来说,青岛啤酒集团的物流系统目标和一般的物流系统目标是一致的,并不矛盾。

重要概念

系统　物流系统　系统功能　要素　系统工程

习题 2

一、填空题

1."系统"一词来源于_____语,是指为了达到某种_____目标,由若干相互_____的部分有机结合,并具有特定_____的有机整体。系统强调各部分共同致力于_____的实现而建立的_____合作的关系。

2. 系统由_____、_____、_____三要素组成。

Chapter 2
第 2 章 物流系统

3. 物流系统基本功能包括_____、_____、_____、_____、_____、_____、_____和_____；物流系统的增值服务功能包括_____、_____、_____、_____。

4. 物流系统分析的基本原则有_____、_____、_____、_____。

5. 物流系统分析的目的在于通过分析、比较各种替代方案的有关技术_____，得出决策者形成正确判断所必需的_____，以便获得最优_____。

6. 根据物流系统的第二大系统特征要素，正确的物流定义应该为：在正确的_____内，以正确的_____，将正确_____和正确_____的货物，送至正确的_____。

7. 物流系统是_____经济大系统的一个_____或_____部分，其目标是获得最大的_____和_____经济效益。设计物流系统时的基本目标是_____服务的。

二、选择题

1. 通过提供资源、能源、设备、劳动力等手段对某一系统发生作用，统称为外部环境对物流系统的（　　）。

　　A．输入　　　　　B．转化（处理）　　　　C．输出　　　　　D．服务

2. 物流系统的物质基础要素主要有（　　）。

　　A．物流设施　　　　　　　　　　　B．物流装备
　　C．物流工具　　　　　　　　　　　D．信息技术及网络
　　E．组织及管理

3. 物流系统的支撑要素主要包括（　　）。

　　A．体制、制度　　　　　　　　　　B．法律、规章
　　C．行政、命令　　　　　　　　　　D．标准化系统

4. 物流系统化有助于企业正确认识物流内在和外在的联系，（　　）是物流系统研究的核心所在。

　　A．应用最低的物流成本
　　B．提高物流生产率
　　C．创造物流单项功能要素以外的增值价值
　　D．加快系统的转化（处理）

5. 在物流过程中，主要环节是物品的（　　），它们是物流的两个中心职能活动。其他各构成要素都是围绕这两项活动进行的。

　　A．储存　　　　　B．运输　　　　　C．配送　　　　　D．信息化

三、问答题

1. 物流系统的基本特征有哪些？
2. 物流系统分析的步骤有哪些？
3. 物流系统分析包含哪些基本内容？
4. 物流系统建立过程可分为哪三个阶段？
5. 请写出物流系统的一般模式。
6. 如何理解物流系统中存在的制约关系？
7. 简述物流系统分析的基本原则。
8. 物流系统分析的要素主要包括哪些？

第 3 章

物流的主要作业活动

学习目的与要求

- 掌握物流的主要作业活动；
- 全面准确地把握运输、仓储、配送等主要作业的概念、作用和特点；
- 了解运输的主要作业原理和业务管理程序；
- 了解仓储作业的技术、仓储作业流程；
- 掌握配送的作业流程，了解配送中心的功能与作用；
- 掌握不合理运输、仓储、配送的形式，了解运输、仓储、配送合理化的途径。

3.1 物流运输

3.1.1 物流运输的含义

1. 物流运输的概念

按物流的概念，物流是指"物"的物理性运动，这种运动不但改变了物的时间状态，而且改变了物的空间状态。运输承担改变物的空间状态的主要任务，运输是改变物的空间状态的主要手段。我国国家标准《物流术语》（GB/T 18354—2006）将运输定义为：用专用运输设备将物品从一个地点向另一地点运送。其中包括集货、分配、搬运、中转、装入、卸下、分散等一系列操作。

在物流的诸多环节中，运输环节具有中心地位。运输虽然不产生新的物质产品，但却能实现产品在空间上或时间上的转移，创造场所价值或时间价值，所以说运输是物流过程最主要的组成部分。运输是实现物资空间位移的手段，也是物流活动中的核心环节。就物流而言，组织运输工作应该贯彻及时、准确、安全、经济的基本原则。

（1）及时。及时是指按照货主规定的时间把产品运往目的地。缩短运输时间的主要手段是实现运输现代化。除选择现代化运输工具以外，关键要做好产品在不同运输工具之间的衔接工作。如果衔接不好，往往会发生有了货而没有运输工具，或者有了运输工具却又没有货的现象；也容易产生由于短途运输和长途运输没有衔接好，运输工具等候产品的现象。

（2）准确。准确是指要防止发生产品短缺、错放等意外事故，保证把产品准确无误地运达目的地。商业部门经营的特点是品种繁多、规格不一。一件产品从企业交货到客户手中，须经过不少环节，稍有疏忽就会发生偏差。运输途中出现产品短缺会使客户蒙受经济损失。有时运输的产品出现溢余的现象，也应该作为差错注意防止。

（3）安全。安全是指在运输过程中保证产品的完整和安全。在产品运输过程中，防丢失和防火是保证安全的重点。有相当一部分的产品容易发生燃烧，还有一部分是易燃危险品，因此必须十分注意防火安全，严禁夹带危险品运输，严格遵守防火制度，做好消防安全工作。在运输途中，还要防止产品遭到水损，在车站、码头和仓库中存放的产品，都有遭受暴雨、洪水、台风侵袭的可能，要采取积极措施，加强检查，保证产品安全，避免事故的发生。

（4）经济。经济是指以最经济合理的方法运输产品，降低运输总成本。运输费用在物流费用中占据相当大的比重，因此节省运输费用是降低运输总成本和物流费用最主要的方法。节省运输费用的主要途径是开展合理运输，即选择最经济合理的运输路线和运输方式，尽量减少运输环节，缩短运输里程，力求用最少的运输费用把产品运达目的地。

2. 运输原理

运输原理是指导运输管理和营运的最基本的原理，是每次运输或配送中降低成本、提高经济效益的途径和方法。

（1）规模原理。规模原理是指随着运输工具一次装载量的增大，单位重量货物运输成本下降。这是因为当转移一票货物的有关固定费用按整票货物的重量分摊时，一票货物越重，分摊到单位重量上的成本越低。货物转移的固定费用包括接受运输订单的行政管理费用、定位运输工具装卸的时间费用、开票及设备费用等。铁路运输和水路运输的运输工具一次装载量大，其规模经济相对于一次装载量小的汽车、飞机等运输工具要好；整车运输由于利用了整个车辆的运输能力，固定费用也低，因此单位重量货物运输成本也低于零担运输。单位重量货物运输成本与运输工具一次装载量的关系如图 3-1 所示。

既然单位重量货物运输成本与运输工具一次装载量有关，那么在运输工具容积一定的情况下，货物密度也会影响运输成本。密度低的货物可能无法达到运输工具的额定载重量，单位重量货物运输成本就高。单位重量货物运输成本与货物密度的关系如图 3-2 所示。解决低密度货物运输成本高的问题，办法是通过包装来增加货物密度。

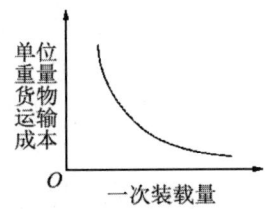

图 3-1　单位重量货物运输成本与运输工具一次装载量的关系

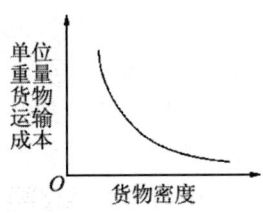

图 3-2　单位重量货物运输成本与货物密度的关系

运输可在满足用户要求的前提下，通过选用一次装载量大的运输工具和对密度低的货物通过包装提高密度，达到降低运输成本的目的。

（2）距离原理。距离原理是指随着一次运输距离的增加，运输成本的增加会变得越来越缓慢，或者说单位运输距离运输成本降低。单位运输距离运输成本与一次运输距离有关，如图3-3所示。从图3-3中可以看出两点：第一，在一次运输距离为零时，单位运输距离运输成本并不为零，这是因为存在一个与货物提取和交付有关的固定费用；第二，运输成本的增加随一次运输距离的增加而减缓，即递减原理，这是因为随着一次运输距离增加，与货物提取和交付有关的固定费用分摊到单位运输距离上的部分减少。

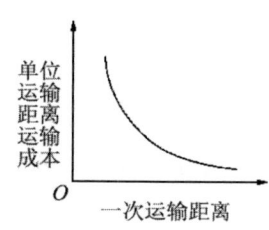

图3-3 单位运输距离运输成本与一次运输距离的关系

根据距离原理，长途运输的单位运输距离运输成本低，短途运输的单位运输距离运输成本高。配送一般属于短途运输，而且受多批次、少批量需求的限制，运量不可能大，运输工具的装载率也较低，因此单位运输距离运输成本肯定高于一般运输。配送可以通过优化配货和运输路线，尽可能降低本身的运输成本，更重要的是配送可以降低库存、缩短到货提前期，以及为用户提供更多的服务，从而降低整个物流系统的成本和提高社会效益。

（3）速度原理。速度原理是指完成特定的运输所需的时间越短，其效用价值越高。首先，运输时间缩短，实际是单位时间里的运量增加，与时间有关的固定费用，如管理人员的工资、固定资产的使用费、运输工具的租赁费等分摊到单位运量上的部分减少；其次，由于运输时间短，产品在运输工具中停滞的时间缩短，从而使到货提前期缩短，有利于降低库存和存储费用。因此，快速运输是提高运输效用价值的有效途径。快速运输不仅包括提高运输工具的行驶速度，还包括提高其他辅助作业，如分拣、包装、装卸、搬运及中途换乘等的速度及使它们更好地衔接。快速的运输方式当然是影响快速运输的重要因素，但是运输速度快的运输方式一般运输成本较高，如铁路运输成本高于水路运输，航空运输成本最高。因此，在通过选择高速度的运输方式来实现快速运输时，应权衡一下运输速度与运输成本之间的关系，在运输方式一定的情况下，应尽可能加快各环节的速度，并使它们更好地衔接。

3.1.2 运输的功能

运输提供了产品位移和产品储存两大功能。

1. 产品位移

无论产品处于何种形式（原材料、零部件、装配件、半成品或制成品），也不管是在制造过程中将被转移到下一阶段，还是实际上更接近最终的顾客，运输都是必不可少的。运输的主要功能就是使产品在价值链中来回移动。运输通过改变产品的地点与位置而创造价值，是增加产品的空间效用；运输使产品在需要的时间内到达目的地，是增加产品的时间效用。运输利用的是时间资源、财务资源和环境资源，只有当运输确实提高了产品的价值时，该产品的移动才是有意义的。

运输的主要目的就是利用最低的时间、财务和环境资源成本，将产品从原产地转移到

第 3 章 物流的主要作业活动

规定地点。此外,产品丢失、损坏的费用也必须降到最低,同时产品转移所采用的方式也必须能满足顾客所提出的要求。

2. 产品储存

对产品进行短时储存也是运输的职能之一,即将运输工具作为暂时的储存场所。如果转移过程中的产品需要储存,而短时间内产品又要重新转移,那么卸货和装货的成本也许会超过产品储存在运输工具中的费用,这时便可考虑采用此法。只不过产品是移动的,而不是处于闲置状态的。例如,当交付的货物处于转移之中,而最初的运输目的地被改变时,产品需要短时储存,那么采取改道则是产品短时存储的一种方法。

实现产品短时储存的第二种方法是改道,一般在交付的货物处在转移过程中,原始的运输目的地被临时改变时会采用此法。例如,假定某类产品最初计划从北京运送到上海,但是在交付过程中确认广州对该产品的需求量更大,或有更大的仓储能力,于是该产品就有可能改道将广州作为最终目的地。

3.1.3 运输的分类

现代运输方式可按运输工具、运输线路、运输作用、运输协作程度及中途是否换载进行分类。

1. 按运输工具分类

按运输工具分类,有六种基本的运输方式,它们分别是铁路运输、公路运输、水路运输、航空运输、管道运输和集装箱运输。各种运输方式的含义、系统组成部分及优缺点和技术经济特征分别如表 3-1、表 3-2 和表 3-3 所示。

表 3-1 各种运输方式的含义

运输方式	运输方式的含义
铁路运输	使用铁路设施、设备运送货物的一种运输方式
公路运输	在公路上使用机动车辆或人力车、畜力车等非机动车辆载货运输的一种运输方式
水路运输	使用船舶(或其他水运工具),在江、河、湖、海等水域运送货物的一种运输方式
航空运输	使用飞机或其他飞行器运送货物的一种运输方式
管道运输	使用由大型钢管、泵站和加压设备等组成的运输系统完成物料输送工作的一种运输方式
集装箱运输	将多种多样的杂货集装为具有统一长、宽、高规格的箱体内进行运输的方式

表 3-2 各种运输方式的系统组成部分及优缺点

运输方式	系统组成部分	优 点	缺 点
铁路运输	线路、机车、车辆、信号设备和车站	运量大,速度快,成本低,全天候,准时	基建投资额较大,运输范围受铁路线路限制
公路运输	道路、车辆和车站	机动灵活,可实现门到门运输,无须转运或反复搬运,是其他运输方式完成集疏运的手段	成本较高,容易受气候和道路条件的制约,准时性差,货物安全性较低,对环境污染较大
水路运输	船舶、港口和航道	运量大,运距长,成本低,对环境污染小	速度慢,受港口、气候等因素影响大
航空运输	航空港、航空线网和机群	速度极快,运输范围广,不受地形限制,货物比较安全	运量小,成本极高,站点密度小,需要与公路运输方式配合,受气候因素影响大

续表

运输方式	系统组成部分	优点	缺点
管道运输	管线和管线上的各个站点	运量大，运费低，能耗低，较安全可靠，一般不受气候环境影响，劳动生产率高，货物零损失，不污染环境	只适用于输送原油、天然气、煤浆等货物，通用性差
集装箱运输	集装箱及铁路、公路、水路等系统	运量大，运距长，成本低，对环境污染小，可实行门到门、门到站场、站场到门、站场到站场的运输	速度慢，受港口、气候等因素影响大

表3-3 各种运输方式的技术经济特征

分 类	铁路运输	公路运输	水路运输	航空运输	管道运输
运输成本	成本低于公路运输	成本高于铁路运输、水路运输和管道运输，仅比航空运输成本低	成本一般较铁路运输低	成本最高	成本与水路运输接近
速度	长途快于公路运输，短途慢于公路运输	速度较慢	速度最慢	速度极快	速度快，不间断
能耗	能耗低于公路运输和航空运输	能耗高于铁路运输和水路运输	能耗低，单位能耗低于铁路运输，更低于公路运输	能耗极高	能耗最低，在大批量运输时能耗与水路运输接近
便利性	机动性差，需要其他运输方式的配合和衔接，才能实现门到门的运输	机动灵活，能够进行门到门的运输	需要其他运输方式的配合和衔接，才能实现门到门的运输	难以实现门到门的运输，必须借助其他运输工具进行集疏运输	运送货物种类单一且管线固定，运输灵活性差
投资	投资额大，建设周期长	投资额小，投资回收期短	投资额小	投资额大	建设费用比铁路运输低60%左右
运输能力	运输能力大，仅次于水路运输	载重量不高，运送大件货物较为困难	运输能力最大	只能承运小批量、体积小的货物	运输量大
对环境的影响	占地多	占地多，环境污染严重	占地少	占地少	占地少，对环境无污染
适用范围	适用于大宗低值货物的中、长距离运输，也适用于大批量、时间性强、可靠性要求高的一般货物和特种货物的运输	适用于近距离、小批量的货运，或水运、铁路难以到达地区的长距离、大批量货物的运输	适用于运距长、量大、对送达时间要求不高的大宗货物的运输，也适合集装箱运输	适用于价值高、体积小、对送达时间要求高的特殊货物的运输	适用于单向、定点、量大的流体状且连续不断的货物的运输

2. 按运输线路分类

按运输线路分类，有干线运输、支线运输、二次运输、厂内运输等。各种运输方式的概念、地位和特点如表3-4所示。

第 3 章　物流的主要作业活动

表 3-4　各种运输方式的概念、地位和特点

运 输 方 式	概　　念	地　　位	特　　点
干线运输	利用铁路、公路的干线，大型船舶固定航线进行长距离、大批量运输	主体	速度快、成本低
支线运输	与干线相接的分支线路上的运输	是干线运输与收、发货地点之间的补充性运输	运输距离近，运量较小，速度慢
二次运输	干线、支线运输到站后，站与用户仓库或指定地点之间的运输	补充性	运量小
厂内运输	工业企业范围内，直接为生产过程服务的运输	搬运	运量小、便捷

3. 按运输作用分类

按运输作用分类，可分为集货运输和配送运输。

（1）集货运输。集货运输是指将分散的货物集聚起来集中运输的一种方式。它是干线运输的补充性运输，多是短距离、小批量的运输。

（2）配送运输。配送运输是指将节点中已经按用户分配好的货物分别送到各个用户处的运输方式。其发生在干线运输之后，是干线运输的补充和完善。由于发生在末端，多是短距离、小批量、多频次的运输。

4. 按运输协作程度分类

（1）一般运输。一般运输是指孤立地采用不同运输工具或同类运输工具而没有形成有机协作关系的运输方式，如单纯的汽车运输、火车运输。

（2）联合运输。联合运输是指使用同一种运输凭证，由不同的运输方式或不同的运输企业进行有机衔接接运送货物，利用每种运输方式的优势，发挥不同运输工具效率的一种运输方式，如铁海联运、公铁联运、公海联运等。联合运输可简化托运手续，加快运输速度，节省运费。

（3）多式联运。多式联运是指根据实际要求，将不同的运输方式组合成综合性的一体化运输，通过一次托运、一次计费、一张单证、一次保险，由各运输区段的承运人共同完成货物的全过程运输，即将全过程运输作为一个完整的单一运输过程来安排的一种运输方式。多式联运是联合运输的一种现代形式，在国内大范围物流和国际物流领域中被广泛采用，典型的多式联运有国际集装箱多式联运等。

5. 按中途是否换载分类

（1）直达运输。直达运输是指利用一种运输工具从起运车站、港口一直到达终点车站、港口，中途不经过换载，不入库储存的运输方式。直达运输不仅可避免中途换载所出现的运输速度减缓、货损增多、费用增高等一系列弊端，而且能缩短运输时间、加快车船周转、降低费用。

（2）中转运输。中转运输是指在货物运往目的地的过程中，在途中的车站、港口、仓库进行转运换装的一种运输方式。它可将干线、支线运输有效地衔接，可以化整为零或集零为整，方便用户，提高运输效率。

3.1.4 运输方式的选择

1. 影响运输方式选择的因素

一般来讲，运输方式的选择受运输产品的种类、运输数量、运输距离、运输时间、运输成本五个方面因素的影响。当然，这些因素不是相互独立的，而是紧密相连、互相决定的。如果要对影响运输方式选择的因素进行具体分析的话，可以将其分成两种类型：一种是不可变量类型，另一种是可变量类型。在上述五个方面的因素中，运输产品的种类、运输数量和运输距离是由产品自身的性质和存放地点决定的，属于不可变量。由不同运输方式相互竞争导致的运输时间与运输成本的变化必然带来所选择的运输方式的改变。

2. 适应运输的小批量化

今后，我国的产业结构重点将从农业转向工业，在工业中也将是加工、组装产业的比重不断高过原材料产业。因此逐步增加了批量相对较小的成品、半成品的运输。国民生活水平的提高、消费的多样化也造成了运输产品的多品种、小批量化。与这种运输小批量化相对应的是各运输部门的分担运输首先发生了变化。一般的倾向是批量最小的用飞机，其次按汽车、火车、船舶运输的顺序，批量低次增大。各种运输工具、运输方法的变化，反映着小批量货物运输市场正在迅速扩大。

3. 适应运输准确性的要求

在以往，产品运输的中心问题是如何快速运输大量产品。因此，运输业致力于缩短运输和装卸时间。但从运输产业经济环境的变化来看，运输速度的提高虽有很大的作用，但总是未达到临界状态。例如，铁路部门虽历经数次提速，但运行时间不准确，货物没有准确的到站时间，也不能随时查询货物的在途情况。因此，在货物运输过程中，不能只要求运输速度快，还应要求及时、准确地按客户需要的品种和批量运输。为达此目的，客户开始重视对运输工具的选择，加强协调生产时间和货物批量运输之间的关系，以获取最佳的收益。对物流产业来说，运输服务就是商品。同其他产业一样，也必须重视降低商品的生产成本。总之，运输服务质量的优劣将决定运输企业今后的生存与发展。

3.1.5 运输合理化

1. 运输合理化的含义

运输合理化就是在一定产销条件下，货物的运输数量、运输距离、流向和中转环节合理，能以最适宜的运输工具、最低的运输费用、最少的运输环节、最佳的运输线路、最快的运输速度，将产品从原产地转移到规定地点。

2. 运输合理化的原则

运输合理化的基本原则就是尽可能提高运输效率、降低运输成本。

（1）避免运力选择不当。运力选择不当主要有以下三种情况。

① 弃水走陆。在同时可以利用水运及陆运时，不利用成本较低的水运或水陆联运，而选择成本较高的铁路运输或公路运输使水运的优势不能发挥。

② 铁路或大型船舶的过近运输。铁路或大型船舶运输方式在长距离、大运量条件下

有优势，否则单位运输距离运输成本将会增加。

③ "大马拉小车"，即对运输工具的承载能力选择不当。

（2）避免不合理运输。在物流作业中不合理运输主要有以下三种情况。

① 单程空驶，是指由组货计划不周、车辆调度不当造成起程或返程空车无货载行驶，这将导致运力浪费。

② 舍近求远，是指放弃距离较近的运输路线而选择距离较远的运输路线，如迂回运输、重复运输等。

③ 无效运输，是指运送了不需要的物质，如在运送物品时附带的杂质、边角碎料、未进行干燥处理的物品内含的水分等，如果在起运地进行必要的流通加工，把上述不必要的物质清除，就能避免运力的浪费。

3. 运输合理化的有效措施

（1）提高运输工具实载率。实载率是在单车、单船运输时，作为判断装载是否合理的重要指标。实载率也可指车船统计指标，即一定时期内车船实际完成的货物周转量占车船载重吨位与行驶里程之乘积的比率，是按全部营运车辆一定时期内的总行程计算的载重能力利用程度的指标。提高实载率可充分利用运输工具的额定能力，减少车船空驶和不满载行驶时间，减少浪费。

实载率的两种计算方法如下。

① 实载率（%）=行程利用率×吨位利用率

行程利用率（%）=有载行程/总行程

吨位利用率（%）=实际完成货运量/车船载重量

② 实载率（%）=货物周转量/(车船载重吨位×总行程)

（2）提高车船技术装载量。物品在车船上配装、承载、堆码的方法和技巧，称为物品装载技术。运用物品装载技术在各种运输工具上进行装载业务的质量，称为物品装载质量。提高物品装载技术和质量，一方面要最大限度地利用车船载重吨位；另一方面要充分利用车船装载容积，既要装足车船核定吨位，又要装满车船容积，主要做法包括以下几种。

① 合理选择车船。根据物品的不同属性对运输工具的要求，选择适合装运的车船。

② 实行物品轻重搭配。这种做法就是把轻泡物品与实重物品配装在同一车船上。这样既能装满车船容积，又可避免车船超载，也就是说可以充分利用车船载重量，少用车船多装货。

③ 采用合适的包装形状。在保证物品质量和运输安全的前提下，尽量压缩物品包装体积，采用方便整齐排列的包装尺寸（使用标准包装模数）等，可以使装载容积充分利用。

④ 选择物品装载排列方法。要对具有不同特点的物品进行科学装载。要巧装密摆，做到码得稳、间隙小，还要注意物品安全，做到大不压小、重不压轻、木箱不压纸箱等。

（3）推广先进实用的运输方式。货运方式近年有很大的发展，特别是在公路运输方面，其他运输方式也存在相应的配套设施。货运方式主要有以下三种。

① 集装箱运输。集装箱是具有一定强度、刚度和统一规格，在货物运输中专供周转使用的大型容器。集装箱运输是把一定数量的单件物品装到集装箱内，以集装箱为单位进

行运输，在更换运输工具时不用倒装。集装箱运输具有"高速、高效、安全、经济"的优点，由于集装箱运输不点件计收，交接凭箱口铅封，不易冒领，中转方便，目前被世界各国广泛使用。

② 散装运输。散装运输是指采用特殊、密封、专用车型对粮食、化肥、水泥等粉粒状货物不做包装进行运输。这样不但可以减少包装费用，还能减少货损、货差，并且防止环境污染。

③ 冷藏运输。冷藏运输是指运用各项技术设备，通过冷藏、保温、防寒、通风等方法，对易腐、鲜活货物进行运输，这样虽然提高了运输成本，但能更好地满足消费者的需要，因此能提高运输收入，提高运输效益。

（4）尽量多采用减少动力投入、增加运输能力的措施。

① 提倡铁路运输的"满载超油"，即在机车能力允许的情况下，多加挂车皮，以达到不增加机车情况下的运输量的增加。

② 水运拖排和拖带法。对于竹、木等物资的运输，可利用它们本身的浮力进行运输，省去运输工具本身的动力消耗。

③ 顶推法。这是我国内河货运采取的一种有效的方法，将内河驳船编成一定队形，由机动船顶推前进，其优点是冲阻力小，顶推量大，速度较快，运输成本低。

④ 汽车挂车法。其原理与船舶拖带、为车加挂基本相同，都是在充分利用现有动力基础上增加运输量。

（5）发展社会化运输体系。社会化运输是货运企业对外进行开放式的打破各自为政状况的服务。实行社会化运输可以统一安排运输工具，避免对流、倒流、空驶等动力、运力不当和不合理状况，实现运输的规模化。

（6）尽量发展直达运输。当一次运输量和客户一次需求量达到一整车时，直达运输的优势最为突出。直达运输可建立起稳定的产销关系和运输系统，有利于提高运输的计划水平和运输效率。

（7）"四就直拨运输"。"四就直拨运输"即运输管理机构预先筹划，直接就厂、就站（或码头）、就库、就车船将物品分送给客户，可减少不必要的装卸、搬运和仓储等环节，有效降低物流成本。

3.2 物流仓储

3.2.1 仓储的概念、功能与分类

1. 仓储的概念

仓储是指通过仓库对物品进行储存和保管。储存是指保护、管理、储藏物品；保管是

指对物品进行保存和数量、质量管理控制。仓储是商品流通的重要环节之一，也是物流活动的重要功能之一。仓储活动是连接生产和消费的纽带和桥梁，消除了生产者之间、生产者与消费者之间在商品生产与消费地理上的分离和时间上的不一致，保证了社会再生产的顺利进行。

2. 仓储的功能

（1）仓储是社会生产顺利进行的必要过程。现代社会生产的重要的特征是专业化和规模化，劳动生产率极高，产量巨大。绝大多数产品都不能被立即消费，需要通过仓储的手段进行储存。仓储一方面避免生产过程被堵塞，保证生产过程能够继续进行；另一方面提供合理的原材料储备，保证及时供应，满足生产的需要。

（2）调节生产和消费的时间差别，维持市场稳定。人们需求的持续性与产品的季节性、批量性生产和集中供给之间存在时差矛盾。要对集中生产的产品进行储存，一方面集中生产的产品若即时推向市场，则短时期必然造成产品供给大于需求，使产品价格大幅度降低；反之，在非供应季节，产品的市场供应量少而价格高。通过将产品储存起来，均衡地向市场供给，可稳定价格，有利于生产的持续进行。

（3）保持产品的使用价值。生产出的产品在消费之前必须保持其使用价值，否则其将被废弃。通过仓储对产品进行保护、养护、管理，防止其损坏而丧失使用价值；或者进行处理、加工后，再进行仓储，这样不仅有利于产品的保存，还可提高产品的附加值，促进产品的销售，增加收益。

（4）衔接流通过程。产品从生产到消费，不断经过分散、集中、分散过程，需要通过仓储进行集货、候车、配载、包装、分散等，需要在仓储过程中进行整合、分类配送等处理和存放。

（5）仓储是市场信息的传感器。任何产品的生产都必须满足社会的需要，生产者需要把握市场需求的动向，仓储产品的变化是了解市场需求极重要的途径。

（6）仓储是开展物流管理的重要环节。仓储是物流的重要环节，仓储的成本是物流成本最重要的组成部分。开展物流管理必须特别重视对仓储的管理。

（7）提供信用保证。存货人把商品存放在仓库，购买人可以到仓库查验商品，双方在仓库进行转让交割。另外仓单是有价的实物交易凭证，可作为金融工具，可使用仓单进行质押。

3. 仓储的分类

按仓储在再生产中的作用可将仓储划分为生产仓储、流通仓储、国家仓储。按仓储的经营主体可将仓储划分为企业自营仓储、营业仓储、公共仓储。按仓储的对象可将仓储划分为普通商品仓储和特殊商品仓储。按仓储的功能可将仓储划分为储存仓储、配送仓储、运输转换仓储和保税仓储。

3.2.2 仓库的主要作业

1. 进货

（1）进货检查。

（2）商品检查。将进货商品与进货清单进行核对（数量核对和质量检查）。

（3）入库准备。入库准备，包括贴保管条码。
（4）商品入库。把商品置放在其保管条码所指定的保管场所内，并记入账本或输入计算机。

2. 保管

（1）正常保管。①数量管理，保证库存数量与账本存量相符；②质量管理，保证库存质量不变，并掌握是否存在长期滞留物，及时提示进行处理。
（2）发货准备。按客户要求进行包装和贴付条码。

3. 发货

（1）备货。
（2）分拣、包装，按客户订单分拣小件商品并进行包装。
（3）制作单据，制作发货与运送单据。

3.2.3 仓储合理化

仓储合理化主要包括库存结构的合理化，库存时间的合理化，库存空间的合理化，采用有效的储存定位系统，采用有效的监测清点方式，采用现代储存保养技术等。

1. 库存结构的合理化

一般来说，企业的库存物资品种繁多，每个品种的价格不同且库存数量也不等。有的物资品种不多但价值很高，而有的物资品种很多但价值不高。由于企业的资源有限，为了使有限的时间、资金、人力、物力等企业资源能得到更有效的利用，应对库存物资进行分类，将管理的重点放在重要的库存物资上，进行分类管理和控制，即依据库存物资的重要程度的不同，分别进行不同的管理和控制。这就是 ABC 分类法的基本思想。

ABC 分类法就是将库存物资按照重要程度分为特别重要的库存（A 类库存）、一般重要的库存（B 类库存）和不重要的库存（C 类库存）三个等级。然后针对不同的级别分别进行管理和控制。ABC 分类法包括两个步骤：一进行分类；二进行分类化管理。

对库存物资进行分类的标准通常采用其占用资金金额占库存资金总额的比例和其品种数占库存品种总数的比例这两个指标。具体来说，A 类库存品种数少但资金占用多，其品种数约占库存品种总数的 5%～20%，而其占用资金金额占库存资金总额的 60%～70%；C 类库存品种数多但资金占用少，其品种数约占库存品种总数的 60%～70%，而其占用资金金额占库存资金总额的 15%以下；B 类库存介于两者之间，其品种数约占库存品种总数的 20%～30%，而其占用资金金额占库存资金总额的 20%左右。

但这种分类方法仍存在一定缺陷。如果按金额来区分，则可能发生某个品种虽然被归为 C 类库存但却是生产过程中不可缺少的重要部件，一旦发生缺货则会造成生产的中断。为了弥补按金额大小分类方法的不足，发展出了重要性分析（Critical Value Analysis，CVA 法。）CVA 法的基本点是按照工程人员主观的认定对每个库存物资品种进行重要度打分，评出的分数称为分数值，再依据分数值的大小将库存物资品种划分为最高优先级、高优先级、中优先级和低优先级四个级别。

2. 库存时间的合理化

采取有效的先进先出方式，保证每个储存对象的储存期不致太长，主要措施有以下三个方面。

（1）贯通式货架系统。利用货架的每层形成贯通的通道，从一端存入物品，从另一端取出物品，物品在通道中自行按先后顺序排队，不会出现越位的现象，保证先进先出。

（2）"双仓法"储存。给每个储存对象都准备两个仓位或货位，轮流进行储存与取出，规定必须在一个货位取光后才可补充，也能保证先进先出。

（3）计算机存取系统。采用计算机管理，在存放时输入时间记录，编入一个简单的按时间顺序输出的程序，在取货时计算机就能按时间给予指示，以保证先进先出。

3. 库存空间的合理化

提高储存密度，提高仓容利用率，这样可以相对降低储存成本，减少土地占用，主要措施有以下三个方面。

（1）采取高垛的方法，增加储存的高度。例如，采用高层货架仓库及全自动堆垛机，可比一般堆存方法大大增加储存高度。

（2）缩小仓库内通道宽度，以增加储存有效面积。采用窄巷式通道，配以轨道式装卸车辆，能减少车辆运行宽度要求；采用侧叉车等以减少转弯宽度。

（3）减少仓库内通道数量以增加储存有效面积，具体方法有采用密集型货架、各种贯通式货架，采用不依靠通道的天桥吊车装卸技术等。

4. 采用有效的储存定位系统

储存定位是指对储存对象的储存位置采用科学的方法反映，如"四位数定位"是传统手工管理中采用的科学方法（利用计算机检索会更快）。四位数指四个号码，含义分别是序号、架号、层号、位号，这就使每个货位都有固定编号，在物品入库时，把位置编号记录在账，提货时按编号指示，很快就可以把物品找出来。这样做还可以避免对储存对象固定定位，可采取自由定位，进货时充分利用空余货位，而不需要专位待货，也有利于提高仓库的储存利用率。

5. 采用有效的监测清点方式

监测清点的具体方式有以下三种。

（1）"五五化"堆码。这是传统手工管理中采用的科学方法，在储存物品堆垛时，有意以"五"为基本计数单位，堆成总量为"五"的倍数的垛形。这样在平时清点时，有经验者可过目成数，大大加快了人工清点速度，而且可减少差错。

（2）光电识别系统。在货位上设置光电识别装置，该装置对被存物品进行扫描，并将准确数量自动显示出来，这种方式无须人工清点就能准确掌握库存的实际数量。

（3）电子计算机监控系统。用电子计算机指示存取，可以防止出现人工存取所容易发生的差错。在被存物品上采用条码认寻技术，使识别计数和计算机连接，每存取一件物品，识别装置自动识别条码并将信息输入计算机，计算机自动做出存取记录，这样只需向计算机查询，就可以了解所存物品的准确数量，而无须再建立一套监测系统。

6. 采用现代储存保养技术

（1）气幕隔潮。在潮湿地区或雨季，室外湿度高且持续时间长，仓库内如想保持较低的湿度，就必须防止库内外空气频繁交换。"气幕"就是在库门上方安装鼓风设施，使之在门口处形成一道气流。由于这道气流有较高压力和流速，在门口便形成一道气墙，可有效防止库内外空气频繁交换,防止湿气侵入,而不会阻止人与设备出入。

(2)气调储存。通过调节和改变环境空气成分,抑制被存物品的化学变化和生物变化,抑制害虫生存及微生物活动,达到保持被存物品质量的目的。

具体方法:可以在密封环境中更换配合好的气体;可以充入某种成分的气体;可以抽去或降低某种气体成分等。气调储存对于有新陈代谢作用的水果、蔬菜、粮食等物品的长期保质、保鲜储存很有效。例如,粮食可长期储存,苹果可储存3个月。气调储存对于防止生产资料在储存期的有害化学反应也有一定作用。

(3)塑料薄膜封闭。塑料薄膜虽不能完全隔绝气体,但是能隔水、隔潮。用塑料薄膜封垛、封袋、封箱,可有效地形成封闭小环境,阻止内外空气交换,完全隔绝水分。用这个方法对水泥、化工产品、钢材等做防水封装,可防变质和锈蚀。

3.3 物流配送

配送是物流企业的重要功能,配送功能完成的质量及其达到的服务水平,直观而具体地体现了物流企业对需求的满足程度。通过高效的配送活动,可以降低企业的总物流成本,提高物流效率和物流服务水平。配送中心是企业实现配送功能的具体场所,配送中心的效率直接影响到配送的效果,进而对整个企业的经营管理产生促进或阻碍作用。

3.3.1 配送的概念与特点

1. 配送的概念

我国国家标准《物流术语》中对配送的定义为:在经济合理区域范围内,根据客户要求,对物品进行拣选、加工、包装、分割、组配等作业,并按时送达指定地点的物流活动。

配送概念中的几个要点:配送是资源配置的一部分,它是经济体制的一种形式;配送的资源配置是接近客户的配置;配送的实质是送货;配送是现代送货;配送是"配"与"送"有机结合的形式;配送是市场经济形式;配送以客户要求为出发点;配送是按时送达指定地点的物流活动。

2. 配送的特点

(1)配送不仅仅是送货。
(2)配送是送货、分货、配货等活动的有机结合体。
(3)配送的全过程有现代化技术和装备的保证。
(4)配送是一种专业化的分工方式。
(5)配送以用户要求为出发点。

3. 配送的功能

在社会再生产运动中，配送有如下特殊的功能。

（1）推行配送制有助于物流运动实现合理化。

（2）推行配送制有利于合理配置资源。

（3）推行配送制有利于开发和应用新技术。

（4）推行配送制可以降低物流成本，促进生产快速发展。

（5）推行配送制能够充分发挥专业物流组织的总和优势，有效地解决交通问题。

4. 配送与物流的异同

物流包括八大功能，分别是运输、储存、配送、装卸、搬运、包装、流通加工、信息处理。其中前三个是物流的主要功能，后五个是物流的辅助功能。无论是主要功能还是辅助功能，都是物流系统中不可缺少的部分，只有共同协作，才能构成完整的物流体系。在物流的三个主要功能中，运输功能是物流系统的核心功能，它可以实现物质实体由供应点向客户空地点的移动，它解决了商品供应在空间上与需求不一致的问题。储存功能就是对物品进行存放，解决的是商品供应在时间上与需求相矛盾的问题。配送功能是物流系统由运输派生出的功能。以往配送常被理解为面向本市、本地区的小范围、短距离、小批量运输。其实，在一些交通条件好、交通发达、货物运输能力强的国家，配送的活动范围早已超越城市界限，如美国的沃尔玛公司就是采用先进的通信网络对各城市的门店进行配送的。

从物流整个环节来看，配送处于"末端运输"位置，是物流系统的终端，它是直接与门店联系的部分。所以配送功能完成的质量及其达到的服务水平，直观而具体地体现了物流企业对需求的满足程度。因此，配送是物流的主要功能之一，但不能就此说配送是物流的主要组成部分。因为，配送只是物流的终端，占着很小的一部分。同时它具有自己的独立性，并且本身就是一个多项目、多环节的物流活动。从一次配送活动中，可以看出配送包含物流的所有功能，如运输、集货、储存、分拣、配装等，有些还附带加工功能，而且在配送的过程中始终贯穿着收集信息的操作。从这些方面来讲，配送实际上就是一个物流过程，只不过是小范围、微型的物流罢了。

3.3.2 配送的分类

1. 按配送组织者不同分类

（1）商店配送。商店配送的组织者是商业或物资的门市网点，主要负责商品零售。这类门市网点一般规模不大，但经营品种齐全，除经营日常零售业务以外，还根据客户要求，将商店经营的品种配齐，或代客户外订、外购一部分商店平时不经营的商品，与商店经营品种一起配齐运送给客户。

（2）配送中心配送。配送中心配送的组织者是专职配送中心，配送规模大、库存量大。由于是专业性配送中心，与客户之间存在固定配送关系，因此可实行计划配送，配送的商品有一定的库存量。

（3）仓库配送。仓库配送是以一般仓库为据点来进行配送的。由于不是专业配送中心，因此配送规模较小。

（4）生产企业配送。生产企业配送的组织者是生产企业，直接由本企业进行配送而无须再将产品运到配送中心。生产企业配送是直达运送，有一定的优势，但并不是配送的主体。

2. 按配送商品种类及数量不同分类

（1）单（少）品种、大批量配送。当生产企业所需的物资品种较少或只需某个品种物资，而需求量较大、较稳定时，可实施此种配送方式。此种配送方式由于单（少）品种、大批量配送，常采用整车运输，内部组织工作简单、成本低。

（2）多品种、小批量、多频次配送。这是一种满足顾客多样性需求，在配送上按照客户的要求，随时改变配送物资的品种和数量，或增加配送次数的配送方式。

（3）配套成套配送。这是一种满足装配企业的生产需要，按其生产进度，将各种零配件、部件、成套设备定时送达生产线进行组装的配送方式。

3. 按配送时间及数量不同分类

（1）定时配送。按规定时间或时间间隔进行的配送称为定时配送。这种服务方式，由于时间确定，便于客户根据自己的经营情况按照最理想的时间进货，也便于客户安排接货力量（人员、设备）。对配送供给企业而言，也便于其安排工作计划，有利于实行共同配送，可降低成本。定时配送的主要形式是日配送。尤其在城市内的配送中，日配送占的比例较大。

（2）定量配送。定量配送是按事先约定的数量进行配送的一种配送方式。由于数量固定，备货工作有较强的计划性，操作比较简单，因此较容易管理。由于时间没有严格控制，可以将不同客户所需物品凑齐整车后进行合理配装、配送。

（3）定时定量配送。定时定量配送是按照规定的配送时间和配送数量进行配送的一种配送方式。兼有定时、定量两种配送方式的优点，是一种精密配送的服务方式。此种配送方式计划难度较大、成本高，只在客户有特殊要求时采用。

（4）定时定线路配送。定时定线路配送是在规定的运行路线上，制订配送车辆运行时间表，按运行时间表进行配送的一种配送方式。客户可以按照配送企业规定的路线及规定的时间选择这种配送服务，并在指定时间到指定位置去接货。此种配送方式有利于配送企业有计划地安排车辆及驾驶人员，并可实行共同配送，易于管理且配送成本低。

（5）即时配送。即时配送是完全按客户突然提出的配送要求随即进行配送的一种配送方式，这种配送方式主要应对客户突发性配送需求，是一种有很高灵活性的应急配送方式，配送成本很高。

4. 按加工程度不同分类

（1）加工配送。加工配送是指和流通加工相结合的配送方式。当现成产品不能满足客户需求时，可按客户要求对产品进行简单加工后，再配送给客户。流通加工与配送的结合，不仅使流通加工更具有针对性，而且使物流企业通过流通加工增值取得收益。

（2）集疏配送。集疏配送是只改变产品数量组成形态而不改变产品本身物理、化学性质，与干线运输相配合的配送方式。

5. 按经营形式不同分类

（1）销售配送。销售配送是指销售企业作为销售战略的一环所进行的促销型配送。这种配送方式随机性较强，而计划性较差。

（2）供应配送。供应配送是指客户为了自己的供应需要所采取的配送方式。此种配送方式是由客户或客户集团组建配送据点，集中组织大批量进货，然后向本企业配送或向本企业集团的若干企业配送。

（3）销售—供应一体化配送。销售—供应一体化配送是指对于基本固定的客户和基本确定的配送产品，销售企业可以在自己销售的同时，承担客户有计划供应者的职能，既是销售者，又是客户的供应代理人，起到客户供应代理人的作用。

（4）代存、代供配送。代存、代供配送是指用户将属于自己的货物委托给配送企业代存、代供，有时还委托代订，然后组织对自己的配送。

3.3.3 配送在经营中的作用

配送就是企业在建立配送中心的基础上（有时需要供应商或第三方物流企业组织配送），对各门店实行统一备货和送货的过程，它代表了现代商品流通的发展趋势。随着企业的发展，以及企业寻求新的利润源的需要，配送越来越发挥着重要的作用。配送的作用主要体现在以下五个方面。

（1）完善了输送过程及整个物流系统。
（2）提高了末端物流的经济效益。
（3）集中型库存可使企业实现低库存或零库存。
（4）简化手续，方便用户。
（5）提高了供应保证程度。

3.3.4 配送模式

配送模式是企业对配送所采取的基本战略和方法。根据国内外的发展经验及我国配送理论与实践，目前主要形成了自营配送、共同配送、互用配送、第三方配送等配送模式。

企业选择何种配送模式主要取决于以下几方面的因素：配送对企业的重要性、企业的配送能力、市场规模与地理范围、保证的服务及配送成本等。一般来说，企业配送模式的选择方法主要有矩阵图决策法、比较选择法等。

1. 自营配送模式

自营配送模式是企业物流配送的各个环节由企业自身筹建并组织管理，实现对企业内部及外部货物配送的模式。

自营配送模式的优点：有利于企业供应、生产和销售的一体化作业，系统化程度相对较高。既可满足企业内部原材料、半成品及成品的配送需要，又可满足企业对外进行市场拓展的需求。

自营配送模式的不足之处：企业为建立配送体系的投资规模将会大大增加，当企业配送规模较小时，配送的成本和费用也相对较高。

2. 共同配送模式

（1）共同配送模式的含义。共同配送是物流配送企业之间为了提高配送效率及实现配送合理化所建立的一种功能互补的配送合作。进行共同配送的核心在于充实和强化配送的功能。共同配送的优势在于有利于实现配送资源的有效配置，弥补配送企业功能的不足，促使企业配送能力的提高和配送规模的扩大，更好地满足客户需求，提高配送效率，降低配送成本。

（2）共同配送模式的原则。共同配送的核心在于充实和强化配送的功能，提高配送效率，实现配送的合理化和系统化。共同配送模式应遵守的原则：坚持功能互补的原则；坚持平等自愿的原则；坚持互惠互利的原则；坚持协调一致的原则。

（3）共同配送的实施步骤。

① 选择联合对象。
② 组建谈判小组，做好谈判准备。
③ 签订合作意向书及合同，并进行公证。
④ 组建领导班子，拟定管理模式。
⑤ 正式运作。

3. 互用配送模式

互用配送模式是几个企业为了各自的利益，以契约的方式达成某种协议，互用对方配送系统而进行配送的模式。其优点在于企业不需要投入较多的资金和人力就可以扩大自身的配送规模和范围，但需要企业有较高的管理水平及与相关企业的组织协调能力。互用配送模式比较适用于电子商务条件下的 B2B 交易方式。

与共同配送模式相比较，互用配送模式的特点表现为以下几个方面。

（1）共同配送模式旨在建立配送联合体，以强化配送功能为核心，为社会服务，而互用配送模式旨在提高自己的配送功能，以企业自身服务为核心。

（2）共同配送模式旨在强调合作的共同作用，而互用配送模式旨在强调企业自身的作用。

（3）共同配送模式的稳定性较强，而互用配送模式的稳定性较差。

（4）共同配送模式的合作对象必须是经营配送业务的企业，而互用配送模式的合作对象既可以是经营配送业务的企业，也可以是非经营配送业务的企业。

4. 第三方配送模式

随着物流产业的不断发展及第三方配送体系的不断完善，第三方配送模式已成为工商企业和电子商务网站进行货物配送的一个首选模式和方向。第三方配送模式的运作方式如图 3-4 所示。

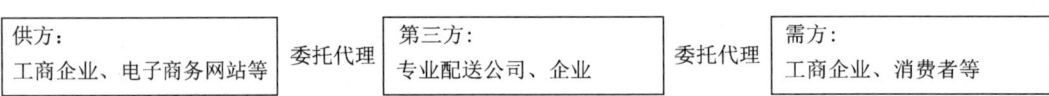

图 3-4　第三方配送模式的运作方式

3.3.5　配送的流程

1. 配送的基本环节

（1）备货。备货是指准备货物的一系列活动，它是配送的准备工作和基础环节。备货的意义是如果备货不及时或不合理，则会增加配送成本，降低配送的整体效益。备货的具体活动内容是筹集货物和储存货物。

（2）理货。理货包括货物分拣、配货和包装等活动。其中货物分拣一般采取两种方式来操作：一种是摘取式，另一种是播种式。

（3）送货。送货是配送活动的核心，也是备货和理货工序的延伸，其实质就是货物的运输或递送。

（4）配送加工。配送加工是指配送企业在配送系统中，按客户的要求，设立加工场所进行加工活动。

2. 配送的基本流程

（1）一般流程。配送的一般流程是进货→储存→分拣→配货→送货。每个流程的作业内容如下所述。

① 进货。进货即组织货源，其方式有两种：第一，订货或购货，表现为配送主体向生产商订购货物，由后者供货。第二，集货或接货，表现为配送主体收集货物，或者接收客户所订购的货物。前者货物的所有权属于配送主体，后者货物的所有权属于客户。

② 储存。储存即按照客户要求并依据配送计划对购到或收集到的各种货物进行检验，然后分门别类地储存在相应的设施或场地中，以备分拣和配货。储存作业一般包括这样几道程序：运输→装卸→验收→入库→保管→出库。储存作业依产品性质、形状不同而形式各异，有的利用仓库进行储存；有的利用露天场地储存；特殊商品（如液体、气体）则需要储存在特制的设备或容器中。

③ 分拣、配货。分拣和配货是同一个工艺流程中的两项有着紧密关系的经济活动，有时这两项活动是同时完成的（如散装物的分拣和配货）。在进行分拣、配货作业时，少数场合以手工方式进行操作，更多场合采用机械化和半机械化方式进行操作。

④ 送货。在送货工序中，包括这样几项活动：搬运、配装、运输和交货。其作业程序为配装→运输→交货。送货是配送的终结，故在送货工序中除要圆满地完成货物的移交任务以外，还必须及时进行货款的结算。在送货工序中，运输是一项主要的经济活动。因此，在进行送货作业时，选择合理的运输方式和使用先进的运输工具，对于提高送货质量至关重要。

（2）特殊流程。在实践中，某些有特殊性质、形状的货物，其配送活动有许多独特之处。例如，液体状态的物料的配送就不存在配货工序；金属材料和木材等生产资料的配送常常需要附加加工工序。因此，在配送的一般流程基础上，又产生了配送的特殊流程。配送的特殊流程一般有以下几种形式。

① 食品的配送：进货→储存→分拣→送货。
② 煤炭等散货的配送：进货→储存→送货。
③ 木材、钢材等原材料的配送：进货→加工→储存→分拣→配货→配装→送货。
④ 机电产品中的散件、配件的配送：进货→储存→加工→储存→装配→送货。

3.3.6 配送中心

我国国家标准《物流术语》中规定，从事配送业务且具有完善信息网络的场所或组织，应基本符合下列要求：

（1）主要为特定客户或末端客户提供服务；
（2）配送功能健全；
（3）辐射范围小；
（4）提供高频率、小批量、多批次配送服务。

配送中心的规划、建立与运营，在企业的物流系统中起着重要的作用。配送中心是提高企业组织化程度、实现集约化经营、实现流通现代化的有利形式。

1. 配送中心的功能

配送中心的功能可以从经济和服务两个方面来考察。配送中心在物流系统中的价值体现在它对整个系统的贡献上，即配送中心是建立在成本—效益的基础上的。如果配送中心的使用可以降低企业的物流总成本，那么配送中心就产生了经济利益，也说明了配送中心存在的合理性。配送中心对物流总成本的贡献是通过效益互换体现出来的。配送中心基本的经济功能主要有四个：集中、整理分类、加工和储存。

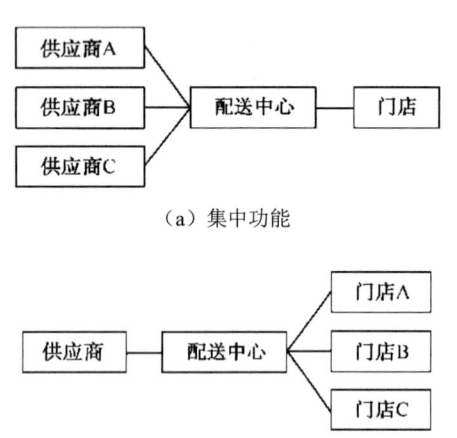

图 3-5 配送中心的集中、整理分类功能

① 集中。配送中心的集中功能如图 3-5（a）所示，原来供应商 A、B、C 分别将商品送至目标门店，现在通过配送中心接收供应商要送到某一特定门店的商品，然后把它们整合成单一的一次运输，其好处就是能减少运输费用，同时避免门店收货时发生的拥挤现象。

② 整理分类。大多数供应商是对多个门店送货的，这些门店可以同属于一个企业，也可以分属于不同企业。在没有配送中心的情况下，供应商只能小批量装载，分别将商品运至指定门店。如果有配送中心，就可以在这里将商品整理分类成个别的订货，并安排当地的运输部门负责递送至门店，如图 3-5（b）所示。由于长途运输转移的是大批量的商品，供应商的运输成本相对较低，连锁商店商品的进价也可以降低，同时对于大量运输的跟踪也不太困难。

流通型的配送中心在这方面的优势更明显。目前，许多零售连锁商店广泛采用交叉站台作业来快速补充货物、快速转移商店存货。在这种情况下，配送中心先接收多个供应商整车运来的货物，然后按门店地点进行分配，接着将商品放置在去特定门店的托盘上，最后通过配载达到车辆的合理容积，将这些商品运送到门店去。在整个过程中，商品交叉经过配送中心。配送中心的经济利益体现在从供应商到配送中心的满载运输，以及从配送中心到门店及客户的满载运输上。对于流通型的配送中心，其经济利益更加明显，由于商品不需要储存，还降低了商品在配送中心的搬运和储存成本。此外，由于所有的车辆都进行了充分装载，因此更有效地利用了站台设施，使站台利用率达到了最大限度。

③ 加工。一方面，配送中心通过对商品的加工，能够扩大经营范围和提高配送水平，满足客户需要；另一方面，进行加工可以提高商品的价值，从而提高连锁商店的经济效益。

④ 储存。有些商品的品种有限或生产具有季节性,所以对商品进行储存是很重要的。例如,玩具是全年生产的,但在儿童节和圣诞节期间销售量大,为了防止缺货,常常在节日之前就要开始储备。与此相反,农产品在特定的时间里收获,但却全年消费。所以进行一定的储存可以提供存货缓冲,使配送活动在采购和顾客需求的限制条件下提高效率。

除了经济利益,在物流系统中,通过配送中心还可以获得间接利益。这些利益也许不会降低成本,但可使整个物流系统在空间和时间方面提高效率,改善服务。例如,在靠近顾客的地方增加一个配送中心,在经济上增加了成本,但是由于加快了递送速度,提高了递送频率,使门店的库存大为降低,大大提高了服务水平,增加了企业的市场份额、收入和毛利,从而增加了企业的总利润。在这种情况下,配送中心就创造了服务利益。另一个服务利益源于企业形象。通过配送中心配送与供应商直接配送相比,能更快地对门店的需求做出反应,提供的递送服务也更快。所以配送中心的服务,可以提高连锁企业的形象,从而使连锁企业市场份额提高,利润增加。

2. 配送中心的作业流程

配送中心的作业流程是规划配送中心的基础。根据作业流程的不同,配送中心可以分为流通型、储存型、虚拟型等多种类型。企业可以按照商品的不同配送要求,建立不同类型的配送中心,这在物流战略上有着重大意义。

(1)配送中心的作业内容。配送中心的作业内容主要有收货、验收入库、储存、分拣、配货、配装、加工、送货和信息处理等。

① 收货。收货是配送中心运作周期的开始。它包括订货和接货两个过程。配送中心收到并汇总门店的订货单后,首先要确定配送货物的种类和数量,然后查询配送中心现有库存中是否有所需的现货。如果有现货,则转入分拣、配货工序;如果没有现货或虽然有现货但数量不足,则要及时向采购部门发出订单,进行订货。通常,采购部门向供应商发出订单以后,在商品资源宽裕的条件下,供应商会根据订单的要求很快组织供货。配送中心接到通知后,就会组织有关人员接货,要先在送货单上签收,继而对货物进行检验。

② 验收入库。采用一定的手段对接收的货物进行检验,包括数量的检验和质量的检验。若与订货合同要求相符,则可以转入下一道工序;若不符合合同要求,配送中心将详细记录差错情况,并拒绝接收货物。按照规定,质量不合格的商品将由供应商自行处理。经过验收之后,配送中心的工作人员随即要按照类别、品种将其分开,分门别类地存放到指定的仓位和场地,或直接进行下一步操作。

③ 储存。储存主要是指常备储存,它的目的是保证销售需要,但要做到合理库存,还要确保商品不发生数量和质量变化。还有一种储存形态是暂存,是在具体执行日配送时,按拣选配货要求,在理货场地所做的少量储存准备,或是在拣选配货之后,形成的待发送货物的暂存,其作用主要是调节拣选配货与送货的节奏,暂存时间不长。

④ 分拣、配货。分拣、配货是配送中心的工作人员根据信息中心打印出的要货单上标出的商品、要货时间、储存区域,以及装车配货要求等,将货物挑选出来的一种活动。

分拣方法一般分为摘果方式和播种方式。摘果方式是工作人员托着集货箱在排列整齐的仓库货架间巡回走动,按照配货单上指出的品种、数量、规格挑选出门店需要的商品并放到集货箱内,最后存放到暂存区以备装车。播种方式是工作人员将需要配送的同一种货物,从配送中心集中搬运到发货场地,然后根据各用户对该种货物的需求量进行二次分配。

⑤ 配装。为了充分利用载货车厢的容积和提高运输效率,配送中心常常把同一条送货路线上不同门店的货物组合、配装在同一辆载货车上。

在配送中心的作业流程中安排组配作业,把多家门店的货物混载在同一辆车上进行配载,不但能降低送货成本,而且可以减少交通流量,改善交通拥挤状况。一般对一家门店配送的商品集中装载在一辆车上,可以减少配送中心对门店的配送次数,同时有利于环境保护。

⑥ 加工。加工主要是指对生鲜品进行切、剁、去除老叶等作业,或给服装等加贴标签,对促销品进行捆绑等简单的操作。

⑦ 送货。送货是配送中心作业的最终环节,也是配送中心作业的一个重要环节。送货包括装车和递货两项活动。在一般情况下,配送中心都使用自备的车辆进行送货作业。同时,它也借助社会上专业运输组织的力量,联合进行送货作业。此外,为适应不同超市的需要,配送中心在进行送货作业时,常常做出多种安排:有时按照固定时间、固定路线为固定用户送货;有时不受时间、路线的限制,机动灵活地进行送货作业。

⑧ 信息处理。信息处理主要是指配送中心与客户进行信息沟通,在配送的各个环节传递信息,如接收门店订货信息并进行处理,打印拣选单等。另外,为保障配送中心整体的正常运作,在业务上还需要进行信息处理、业务结算和退货、废弃物处理等作业。

(2) 配送中心的作业流程规划。配送中心的作业流程可规划为一般流程、流通型(或中转型)配送流程、加工配送型配送流程和批量转换型配送流程。

① 一般流程。配送中心的一般流程图如图3-6所示,但并不是所有的配送都按此流程进行。配送不同类型的商品,其作业流程长短不一,内容也不尽相同,但作为一个整体,作业流程又是统一的。

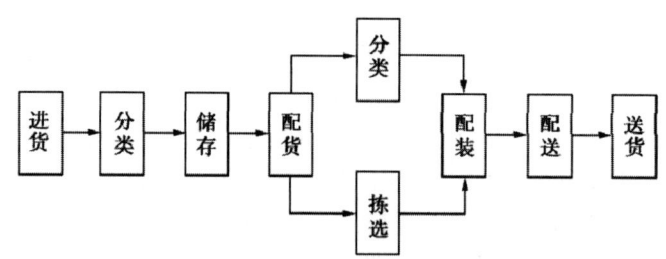

图3-6 配送中心的一般流程图

这种流程配送干货为主,主要包括:服装、鞋帽、日用品等小百货;家用电器等机电产品;图书和印刷品和其他杂品。这类产品的特点:有确定的包装,尺寸不大,因此可以对它们进行混装、混载;品种、规格繁多,门店的需求又是多品种、小批量的,所以要进行理货和配货。

一般流程中没有或很少有加工的环节。其重要特点是分拣、配货、配装的难度较大,这和这类产品品种、规格繁多而需求则是多品种、少批量的有关。每个门店需求的种类多而单种数量少,配送又很频繁,这就必然要求有较复杂的分拣、配货及配装工作。

② 流通型配送流程。流通型配送专以配送为职能,只有为一时配送备货的暂时储存,而无大量储存。暂存区设在配货场地,配送中心不单设储存区。这种配送中心的主要场所都用于理货、配货。许多采用 JIT 制的连锁企业都采用这样的配送中心,前门进货、后门出货。它要求各方面要很好地协调,而且对技术要求较高,尤其是信息技术。

③ 加工配送型配送流程。加工配送型配送中心有多种模式。随加工方式不同,其流程也有所区别。典型的加工配送型配送流程图如图 3-7 所示。

在这种流程中,商品以少品种或单一品种、大批量方式进货,商品很少或无须分类储存。加工一般按客户要求进行,加工后便直接按客户要求送货。所以,这种配送中心有时不单设储存、分拣或配货环节,而加工及加工后暂存是主要的作业环节,占较多的空间。

④ 批量转换型配送流程。在批量转换型配送中心中,商品以单一品种、大批量方式进货,在配送中心转换成小批量。典型的批量转换型配送流程图如图 3-8 所示。

图 3-7　典型的加工配送型配送流程图　　　　图 3-8　典型的批量转换型配送流程图

3. 典型的连锁超市配送中心配送流程

典型的连锁超市配送中心服务于零售商业,它从许多供应商那里大量进货,又以小批量形式配送到门店。它兼备一般配送中心、流通型配送中心、加工配送型配送中心、批量转换型配送中心的职能。当然连锁企业的配送中心可以不止一个,根据需要配送中心可以是综合型的,也可以是具有专门流程、分别为不同配送流程商品服务的多个配送中心的组合。连锁超市销售的商品主要可以分为食品和非食品两大类,所以针对它们的不同特点,在配送中心应采用不同的配送流程。

食品一般都有保质、保鲜的要求,有时还要对一些食品进行半加工或全部加工。据此,把食品配送流程分为三类,如图 3-9 所示。

(1) 保质期较短或对保鲜要求较高的食品,如点心类食品、肉制品、水产品,要求能够快速送货,因此这类食品的配送过程中不存在储存工序,在进货工序之后紧接着是分拣和配货等工序(第二类配送)。

(2) 保质期较长的食品,一般在进货后安插储存工序,有时放在冷库中储存(第一类配送)。这类食品的配送流程与干货的配送流程差不多(第一类配送)。

(3) 鲜菜、鲜肉和水产品等保质期较短的食品,中间通常要有加工工序。实际操作工程如下:大量货物集中到仓库后,先进行初加工,包括将大块的货物分成小块,对货物进行等级划分,蔬菜去根、去老叶,鱼类去头、去内脏,配制成半成品等,然后进行从储存到送货的各道工序。

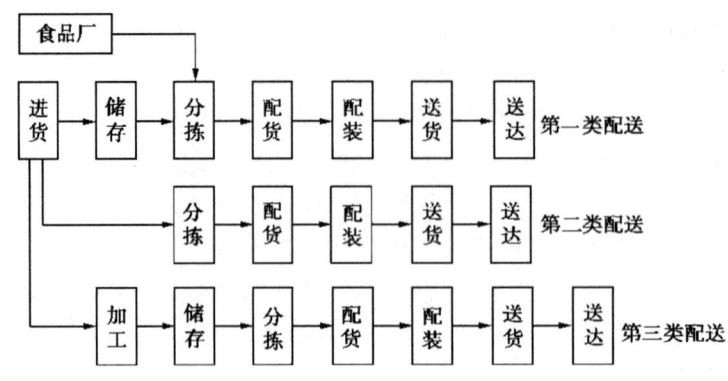

图 3-9 食品配送流程

3.3.7 配送合理化

对于配送的决策优劣,很难有一个绝对的评价标准,所以不能简单处之。例如,企业效益是配送的重要衡量标准,但是在决策时常常要考虑各个因素,有时要做赔本买卖。所以,配送的决策是全面、综合的决策。在决策时要避免不合理配送出现而造成的损失,尽量做到配送合理化。

1. 不合理配送的表现形式

配送的决策是全面、综合的决策,在决策时要避免不合理配送出现而造成的损失,但有时某些不合理现象是伴生的,要追求大的合理,就可能伴生出小的不合理,所以这里只是单独论述不合理配送的表现形式,但要防止绝对化。

(1) 资源筹措的不合理。配送是利用较大批量筹措资源,通过筹措资源的规模效益来降低资源筹措成本,使配送资源筹措成本低于用户自己筹措资源的成本,从而取得优势的。如果不是集中多个用户的需求进行批量筹措资源,而仅为某一两个用户代购、代筹,对用户来讲,不仅不能降低资源筹措成本,相反还要多支付一笔配送企业的代筹、代办费,因而是不合理的。

资源筹措不合理还有其他表现形式,如配送量计划不准确,资源筹措过多或过少,在进行资源筹措时不考虑建立与资源供应者之间长期稳定的供需关系等。

(2) 库存决策不合理。配送应充分利用集中库存总量低于各用户分散库存总量的情况,从而大大节约社会财富,同时降低用户实际平均分摊的库存负担。因此,配送企业必须依靠科学管理来实现一个低总量的库存,否则就会出现只进行了库存转移而未解决库存降低问题的不合理。配送企业库存决策不合理还表现在库存量不足,不能保证随机需求,失去了应有的市场等方面。

(3) 价格不合理。总体来讲,配送的价格应低于不实行配送而用户自己进货时产品购买价格加上用户自己提货、运输、进货之成本总和,这样才会使用户有利可图。有时由于配送有较高服务水平,价格稍高用户也是可以接受的,但这不能是普遍的原则。如果配送价格普遍高于用户自己进货价格,损伤了用户利益,就是一种不合理的表现。如果价格制定得过低,使配送企业处于亏损状态运行,也是不合理的。

(4) 配送与直达的决策不合理。一般的配送总是增加了环节,但是环节的增加可降低用户平均库存水平，以此不但抵消了增加环节的支出，还能取得剩余效益。但是如果用户使用批量大，可以直接通过社会物流系统均衡批量进货，较之通过配送中转送货可能更节约费用，所以在这种情况下，不直接进货而通过配送方式送货就属于不合理范畴。

（5）送货中不合理运输。配送与用户自提相比，尤其在有多个小用户的情况下，可以集中配装一车货物送到几家，这比一家一户自提可大大节省运力和运费。如果不能利用这一优势，仍然是一户一送，而车辆达不到满载（即时配送过多、过频时会出现这种情况），就属于不合理配送。此外，不合理运输的若干表现形式在配送中都可能出现，会使配送变得不合理。

（6）经营观念的不合理。在配送实施中，有许多经营观念不合理的情况，使配送优势无从发挥，相反损害了配送企业的形象。这是在开展配送时尤其需要注意的不合理现象。例如，配送企业利用配送手段向用户转嫁资金、库存困难，在库存过高时，强迫用户接货，以缓解自己的库存压力；在资金紧张时，长期占用用户资金；在资源紧张时，将用户委托资源挪作他用，从中获利等。

2. 配送合理化概述

（1）配送合理化的判断标准。

① 库存标准。库存是判断配送合理与否的重要标准，具体指标有以下两个。

- 库存总量。在一个配送系统中，库存从分散于各个用户转移给配送中心，配送中心库存量加上实行配送后各用户库存量之和应低于实行配送前各用户库存量之和。

此外，从用户角度判断，实行配送前后各用户库存量也是判断配送合理与否的标准。库存总量是一个动态的量，上述比较应当是在一定经营的前提下进行的。在用户生产取得发展之后，库存总量的上升则反映经营的发展，只有去除这一因素，才能对库存总量是否下降做出正确判断。

- 库存周转。由于配送企业的调剂作用，以低库存保持高的供应能力，库存周转一般总是快于原来各企业库存周转。

此外，从用户角度判断，实行配送前后各用户库存周转也是判断配送合理与否的标准。为取得共同比较基准，以上库存标准都以库存储备资金计算，而不以实际物资数量计算。

② 资金标准。总体来讲，实行配送应有利于资金占用降低及资金运用的科学化。具体判断指标如下。

- 资金总量。进行资源筹措所占用流动资金总量随储备总量的下降及供应方式的改变必然有一个较大的降低。
- 资金周转。从资金运用方面来讲，由于整个节奏加快，资金充分发挥作用，同样数量的资金过去需要较长时期才能满足一定供应要求，在实行配送之后在较短时期内就能达到此目的。所以资金周转是否加快是衡量配送合理与否的标准。
- 资金投向的改变。资金是分散投入还是集中投入，是资金调控能力的重要反映。在实行配送后，资金应当从分散投入的改为集中投入的，以增加调控作用。

③ 成本和效益标准。总效益、宏观效益、微观效益、资源筹措成本都是判断配送合理与否的重要标准。对于不同的配送方式，有不同的判断侧重点。

例如，配送企业、用户都是各自独立且以利润为核心的，因此不但要看配送的总效益，还要看对社会的宏观效益及配送企业和用户的微观效益。不顾及任何一方，都必然会出现不合理。又如，如果配送是由用户自己组织的，配送主要强调保证能力和服务性，那么效益主要从总效益、宏观效益和用户的微观效益来判断，不必过多顾及配送企业的微观效益。

由于总效益及宏观效益难以计量，在实际判断时，常以按国家政策进行经营、完成国家税收及配送企业和用户的微观效益来判断。

对于配送企业而言（在投入确定了的情况下），企业利润反映配送合理化程度；对于用户而言，在保证供应水平或提高供应水平（产出一定）前提下，供应成本反映配送合理化程度。

④ 供应保证标准。实行配送，各用户最担心的是供应保证程度降低，这是一个心态问题，也是承担风险的实际问题。关于配送的重要一点是，必须提高而不是降低对用户的供应保证能力，这样才能实现配送合理化。供应保证能力可以从以下几个方面判断。

- 缺货次数。在实行配送后，对各用户来讲，该到货而未到货会影响用户生产及经营，因此缺货次数必须下降。
- 配送企业集中库存量。对每个用户来讲，只有其数量所形成的供应保证能力高于配送前单个企业供应保证能力，从供应保证来看才算合理。
- 即时配送的能力及速度。这是用户出现特殊情况的特殊供应保证方式，这一能力必须高于未实行配送前用户紧急进货能力及速度。

特别需要强调一点，配送企业的供应保证能力是一个科学、合理的概念，而不是无限的概念。具体来讲，如果供应保证能力过高，超过了实际的需要，则属于配送不合理。所以追求供应保证能力也是有限度的。

⑤ 社会运力节约标准。末端运输是目前运能、运力使用不合理、浪费较大的领域，因而人们寄希望于通过配送来解决这个问题。运力使用的合理化是依靠送货运力的规划和整个配送系统的合理流程及与社会运输系统合理衔接实现的。送货运力的规划是任何配送中心都需要花力气解决的问题，而其他问题有赖于配送及物流系统的合理化，判断起来比较复杂。可以简化判断如下。

- 社会车辆总数减少，而承运量增加为合理。
- 社会车辆空驶减少为合理。
- 一家一户自提自运减少，社会化运输增加为合理。

⑥ 人力物力节约标准。配送的重要观念是以配送代劳用户自提，因此在实行配送后，各用户库存量、仓库面积、仓库管理人员减少为合理；用于订货、接货、供应的人数减少为合理。只有真正解除了用户的后顾之忧，配送合理化程度才可以说是高水平的。

⑦ 物流合理化标准。物流合理化的问题是配送要解决的大问题，也是衡量配送本身合理化的重要标准。配送必须有利于物流合理化。这可以从以下几个方面判断。

- 是否降低物流费用。
- 是否减少物流损失。
- 是否加快物流速度。

第3章 物流的主要作业活动

- 是否发挥各种物流方式的最优效果。
- 是否有效衔接干线运输和末端运输。
- 是否不增加实际的物流中转次数。
- 是否采用先进的技术手段。

（2）实现配送合理化可采取的做法。

① 推行一定综合程度的专业化自己送。通过采用专业设备、设施及操作程序，取得较好的配送效果并降低配送过分综合化的复杂程度及难度，从而追求配送合理化。

② 推行加工配送。通过加工和配送的结合，充分利用本来应有的中转环节而不增加新的中转环节，从而追求配送合理化。同时，加工借助于配送，加工目的更明确，和用户联系更紧密，更避免了盲目性。这两者有机结合，投入不增加太多却可追求两个优势、两个效益，是配送合理化的重要经验。

③ 推行共同配送。通过共同配送（在核心企业的统筹安排和统一调度下，各配送企业分工协作，联合行动，共同对某一地区或某些用户进行配送），以最近的路程、最低的配送成本完成配送，从而追求配送合理化。

④ 实行送取结合。配送企业与用户建立稳定、密切的协作关系，配送企业不仅成为用户的供应代理人，而且承担用户储存据点，甚至成为产品代销人。在实行配送时，将用户所需的物资送到，再将该用户生产的产品用同一输车运回，这些产品也成了配送中心的配送产品之一，或者代存、代储，免去了生产企业库存包袱。这种送取结合方式，使运力得到充分利用，也使配送企业功能有更大的发挥，从而追求配送合理化。

⑤ 推行准时配送系统。准时配送是配送合理化的重要内容。只有配送做到了准时，用户才有资源把握，可以放心地实施低库存或零库存，可以有效地安排接货的人力、物力，以追求最高效率地工作。另外，保证供应能力，也取决于准时供应。从国外的经验来看，准时供应配送系统是现在许多配送企业追求配送合理化的重要手段。

⑥ 推行即时配送。即时配送是最终解决用户断供之忧，大幅度提高供应保证能力的重要手段。即时配送是配送企业快速反应能力的具体化，是配送企业能力的体现。即时配送成本较高，但它是整个配送过程合理化的重要保证手段。此外，若用户实行零库存，即时配送也是重要保证手段。

本章小结

物流的主要作业活动包括物流运输、物流仓储和物流配送。其中，运输是物流系统设计和管理中的关键环节，其成本可能占物流总成本的 1/3～2/3；仓储对于节约物流成本、使物流管理更加合理化起到非常重要的作用；配送是物流系统的缩影与终端，是物流中一种特殊的、综合的活动形式，作为物流系统的重要环节对于加强物流管理起到决定的作用。

案例分析

沃尔玛的物流配送系统

一、沃尔玛的物流配送系统简介

沃尔玛作为全美零售业年销售收入位居第一的公司，素以精确把握市场、快速传递商品和最好地满足顾客需求著称，这与沃尔玛拥有自己庞大的物流配送系统并实施了严格有效的物流配送管理制度有关，因为这确保了公司在效率和规模成本方面的最大竞争优势，也保证了公司顺利地扩张。

沃尔玛的业务之所以能够迅速增长，是因为沃尔玛在节省成本及物流配送系统方面取得了一些成就，最起码在美国市场上是这样的。与其他竞争者相比，沃尔玛能够给顾客提供更高的价值，这是由于沃尔玛把注意力放在物流配送系统方面，这些也正是沃尔玛的焦点业务。沃尔玛的新任 CEO 就来自物流部门，由此可见物流配送在公司中的重要性。沃尔玛的物流配送系统的现代化，表现在以下几个方面。

1. 设立运作高效的配送中心

从建立沃尔玛折扣百货公司之初，沃尔玛就意识到有效的商品配送是保证公司达到最大销售量和最低成本的存货周转及费用的核心，而唯一使公司获得可靠供货保证及提高效率的途径就是建立自己的配送中心，包括送货车队和仓库，配送中心不仅可使公司可以大量进货，而且通过要求供应商将商品大量集中送到配送中心，再由公司统一接收、检验、配货、送货，比让供应商将商品分散送至各分店更经济。20 世纪 90 年代初，沃尔玛的配送中心达到 20 个，总面积约为 160 万平方米。整个公司销售 8 万种商品，85%都由这些配送中心供应。

2. 采用先进的配送作业方式

沃尔玛在配送运作时，大宗商品通常通过铁路送达配送中心，再由公司卡车送达商店。每店一周约收到 1~3 卡车货物。60%的卡车在返回配送中心途中又捎回沿途从供应商处购买的商品。这样的集中配送为公司节约了大量金钱。据统计，20 世纪 70 年代初沃尔玛的配送成本只占销售额的 2%，比一般零售大公司低了近一半。同时集中配送还为各分店提供了更快捷、更可靠的送货服务，并使公司能更好地控制存货，而竞争对手却只有 50%~65%的商品实行集中配送。

3. 实现配送中心的自动化运行及管理

沃尔玛配送中心的运行完全实现了自动化。每个配送中心面积约为 10 万平方米，相当于 23 个足球场。配送中心的商品应有尽有。每种商品都有条码，由十几千米长的传送带传送商品，激光扫描器和计算机追踪每件商品的储存位置及运送情况，每天能处理约 20 万箱的商品配送。配送中心的一端是装货月台，可供 30 辆卡车同时装货；另一端是卸货月台，有 135 个车位。每个配送中心有 600~800 名员工 24 小时连续作业，每天有 160 辆货车开进来卸货，150 辆车装好货物开出。商品在配送中心停留的时间总计不超过 48 小时。配送中心每年处理商品数亿次，99%的订单正确无误。

4. 具有完善的配送组织结构

沃尔玛为了更好地进行配送工作,非常注意对自己公司的配送组织加以完善。其中一个重要的举措便是公司建立了自己的车队进行货物的配送,以保持灵活性和为一线商店提供最好的服务。沃尔玛为每家分店送货的频率通常是每天一次,而其商争对手凯玛特平均5天一次,塔吉特平均每3~4天一次;沃尔玛的商店通过计算机向总部订货,平均只要两天就可以到货。如果急需,则第二天即可到货,这一速度同业中无人可及。这使沃尔玛相对竞争对手享有极大的优势,货架总能保持充盈,并随时掌握到货时间,其运输成本也总是低于竞争对手。可以说,配送业务管理的成功保证了沃尔玛从一个区域性连锁公司发展为全国性连锁公司,而且一直保持着低成本效率,业绩不断增长,确保了公司的发展,是公司成功的一个重要"武器"。

二、沃尔玛的物流配送系统的具体运作

1. 伙伴合作关系

在物流运营过程中,沃尔玛尽可能降低成本,因为在降低成本之后就可以让利于消费者。沃尔玛的经营策略是"天天平价,始终如一"。在美国,沃尔玛做自己的物流运输和配送,拥有自己的卡车运输车队,用自己的后勤和物流方面的团队,但是在国际上其他地方,沃尔玛就只能求助于专门的物流服务提供商,飞驰公司就是其中之一。飞驰公司是一家专门提供物流服务的公司,它在世界上的其他地方为沃尔玛提供物流方面的支持。飞驰公司成为沃尔玛大家庭中的一员,并百分之百支持沃尔玛的事业,他们共同的目标就是努力做到最好。

2. 全面的物流系统

(1) 为顾客提供快速服务。

在物流方面,沃尔玛尽可能降低成本。为了做到这一点,沃尔玛为自己提出了一些挑战。其中一个挑战就是建立一个"无缝点对点"的物流系统,为商店和顾客提供最迅速的服务。这种"无缝"指的是使整个供应链达到一种非常顺畅的链接,沃尔玛所指的供应链是产品从工厂到商店的货架,这种产品的物流应当尽可能平滑。

(2) 提供给顾客真正需要的服务。

沃尔玛真正的挑战是实现向顾客提供他们所需要的服务。大家都知道,物流业务要求比较复杂,如有的时候可能会有一些产品出现破损,因此在包装方面就需要有一些针对产品的特别的运销能力。因此,对沃尔玛来说,能够提供的产品的种类与质量是非常重要的,沃尔玛似乎已经能够实现这种高质量与多品种的结合,而且对于商场来说,它的成本也是最低的。

(3) 高效的物流循环过程。

整个物流过程既没有结束,也没有开始,它实际上是一个循环的过程,是一个圆圈。在这个循环过程中,任何一点都可以作为开始,而且循环涉及每个点。沃尔玛的物流循环就是从顾客这一点开始的(因为顾客是第一位的)。顾客到一个商店中,购买了一些产品,如果物流循环是比较成功的,那么在他买了产品之后,这个系统就开始自动地进行供货。配送中心相当于一个中枢,将供货方的产品提供给商场。由供应商对配送中心进行补货,这也可以为供应商减少很多成本。

货物送到配送中心需要采用恰当的运输及装卸方式。在沃尔玛的物流中,非常重要的

一点是沃尔玛必须确保商店所得到的产品是与发货单上完全一致的产品，因此沃尔玛整个物流过程都要确保是精确的，没有任何错误的。这样，商店把整个卡车中的产品卸下来就可以了，而不用把每个产品检查一遍。因为他们相信过来的产品是没有任何问题的，这样就可以节省很多时间。沃尔玛在这方面已经形成了一种非常精确的传统，这有助于降低成本，而这些商店在接收到产品以后就直接放到货架上，卖给消费者，这就是沃尔玛物流的整个循环过程。

3. 自动补发系统

沃尔玛之所以能够取得成功，还有一个很重要的原因是沃尔玛有一个自动补发系统。每个商店都有这样的系统，它使得沃尔玛在任何一个时间点都可以知道这个商店中有多少产品，有多少产品正在运输过程中，有多少产品在配送中心等。同时自动补发系统也使沃尔玛可以了解某种产品上周卖了多少、去年卖了多少，而且可以预测沃尔玛将来可以卖多少这种产品。

4. 零售链接系统

沃尔玛还有一个非常好的系统——零售链接系统，该系统可以使供应商们直接进入沃尔玛的系统。任何一个供应商都可以进入这个零售链接系统，从而了解他们的产品在过去任意时间段的销售数据，并且可以在24小时之内进行更新。供应商们可以在沃尔玛每个商店中及时了解有关情况。通过零售链接系统，供应商们就可以根据销售情况，对将来卖货情况进行预测，以决定生产的状况，这样他们产品的成本也可以降低，从而使整个过程是一个顺畅平滑的过程。

5. 物流运输系统

（1）车队的管理。

在物流运输系统中，车队的燃料是相当昂贵的，加之还需要司机，所以车队的管理非常重要。在整个物流过程中，最昂贵的就是沃尔玛运输车队这部分，所以车队省下的成本越多，整个供应链中所节省的成本就越多，让利给消费者的部分也就越多。

沃尔玛的车辆都是自有的，而且司机也是沃尔玛的员工，他们对汽车的选择很严格，沃尔玛采用尽可能大的卡车，大约有16米加长的货柜，而且车中每立方米都填得满满的，有助于沃尔玛节省成本。

沃尔玛采用全球定位系统对车辆进行定位。因此，在任何时候，调度中心都可以知道这些车辆在什么地方，离商店还有多远，同时他们也可以了解到某个产品运输到了什么地方，还有多长时间才能运到商店，并可以精确到小时，提高整个系统的效率。

对于运输车队来说，行驶安全是非常重要的。对此，沃尔玛口号是"安全第一"。在运输过程中，如果其他车上的人需要帮助的话，这些卡车司机也经常提供帮助。司机们都非常遵守交通规则。沃尔玛定期派人到路上进行调查。卡车上面都带有公司的电话号码，如果看到沃尔玛的司机违章，包括闯红灯或者违章驾驶，就可以根据车上的电话号码来进行举报。事实上，很多人打来电话或来信表扬沃尔玛的司机，说他们非常有礼貌，而且非常遵守交通规则，以及经常对其他开车人提供帮助。这些都证明，沃尔玛的司机做得非常好，实际上他们的行动并不是沃尔玛进行的一种公关活动，因为对于沃尔玛来说，卡车不出事故，就是节省公司的费用，就是节省成本。

（2）运输战略和策略。

一些商场只在白天开门，但是物资部门却 24 小时地在进行工作。如果货物晚上送到商店中，这些商店就可以把它们卸下来，而不用占用白天的运营时间。

在配送中心，沃尔玛也和这些供应商定好了时间，而且跟商店之间也是定好时间的，都按照定好的时间表来运行。沃尔玛可以对时间进行很好的管理，这样就可以节省时间、提高效率。这些产品是不用逐个进行检查的。沃尔玛正是因为有这种非常精确、正确的传统，才可以降低成本、节省时间。

（3）运输费用的分担。

沃尔玛的运输成本比由供应商来进行运输要低，如果供应商用沃尔玛的卡车来运输货物，那么这些供应商也可以节省费用，所以供应商采用的办法是采用沃尔玛的运输系统，让沃尔玛自己完成运输，这样供应商就节省很多的费用，而且从厂商到货架的过程，沃尔玛并不会增加运作的成本，合理安排反而会降低运作的成本。如果有些供应商对这个过程不了解，沃尔玛还可以告诉他们怎样进行日程上的安排。供应商遵守时间、提高效率，对双方都是一个很大的帮助，而且最终让消费者来受益。

简而言之，一个比较合理的物流安排可以使运作成本更低、效率更高。沃尔玛采用先进的现代化系统，进行合理的运输安排，使用计算机系统和配送中心，使其零售业务更加成功。沃尔玛正引领着零售业物流运作的潮流，是物流方面的领跑者，这样的物流运作可使供应商与商场双方获得更大的收益，这也体现了一种团体协作精神。

思考分析

（1）沃尔玛的物流配送系统的特色是什么？
（2）沃尔玛是怎么样进行补货的？

问题提示

具有完善的配送组织结构、高效运作的物流系统，恰当地寻求合作伙伴的帮助。

沃尔玛的补货始于消费者购买产品，在消费者购买产品之后，商店的库存量就会减少，物流系统就会结合自动补发系统中的数据，向商店发起供货。接着由供货方进入零售链接系统查询相关数据，对配送中心进行补货，并组织生产。

重要概念

运输　运输方式　仓储　盘点　配送　配送中心

习 题 3

一、填空题

1. 组织运输工作应该贯彻_____、_____、_____、_____的基本原则。
2. 运输提供了_____、_____两大功能。

3. 按仓储在再生产中的作用可将仓储划分为_____、_____、_____。按仓储的经营主体可将仓储划分为_____、_____、_____。按仓储的对象可将仓储划分为_____、_____。按仓储的功能可将仓储划分为_____、_____、_____、_____。

4. 仓库的主要作业包括_____、_____、_____。

5. 监测清点的具体方式有_____、_____、_____三种。

6. 按配送时间及数量不同，配送分为_____、_____、_____、_____、_____。

7. 配送的基本环节包括_____、_____、_____、_____。

二、选择题

1. 运输原理是指导运输管理和营运的最基本的原理，是每次运输或配送中如何降低成本、提高经济效益的途径和方法，具体包括（　　）。

　　A. 规模原理　　　　B. 距离原理　　　　C. 速度原理　　　　D. 成本原理

2. 按运输线路划分，运输有（　　）。

　　A. 干线运输　　　　B. 支线运输　　　　C. 二次运输　　　　D. 厂内运输

3. 某额定吨位为 8 的货车，5 月份完成的货物周转量为 1.2 万吨公里，车公里产量为 4 吨公里，则该货车实载率为（　　）。

　　A. 30%　　　　　　B. 50%　　　　　　C. 75%　　　　　　D. 80%

4. 在车辆运行效率指标中，实载率指标反映了车辆的（　　）。

　　A. 行程利用率　　　B. 载货利用率　　　C. 总行程载货利用率　　　D. 载货行程载货利用率

5. 配送中心有多项基本作业，（　　）作业不是所有配送中心都有的作业。

　　A. 储存　　　　　　B. 分拣　　　　　　C. 进货　　　　　　D. 送货

三、问答题

1. 为什么运输对一国经济如此重要？为什么运输对物流的构成也非常重要？

2. 概括说明物流管理者应该对运输管理和运输服务有哪些了解。

3. 对比铁路运输和卡车运输成本结构的不同之处，试述它们将如何影响各自的运价。

4. 商品储存规划主要包括哪些内容？

5. 仓储合理化的实施要点有哪些？

6. 如何在仓库管理中合理运用条码技术？

7. 物流配送的结构模式有几种？

8. 简述配送的作业流程。

9. 按不同的分类标准进行分类，配送中心可分为哪些类型？各类型的配送中心之间有哪些不同？

10. 应用于配送的现代物流技术主要有哪些？

Chapter 第 4 章

物流的辅助作业活动

学习目的与要求

- 理解包装、装卸、搬运、流通加工的概念与特点；
- 掌握包装、装卸、搬运、流通加工在物流中的作用；
- 掌握包装、装卸、搬运、流通加工的合理化表现；
- 理解包装、装卸、搬运、流通加工中一般存在的问题。

4.1 包装

4.1.1 包装概述

1. 包装的基本概念

我国国家标准《物流术语》对包装有如下定义：为在流通过程中保护产品、方便储运、促进销售，按一定技术方法而采用的容器、材料及辅助物等的总体名称。也指为了达到上述目的而采用容器、材料和辅助物的过程中施加一定技术方法等的操作活动。

现代包装行业已成为世界上许多国家国民经济中一个独立的行业体系，如美国的包装行业在整个国民经济中占第 5 位，仅次于钢铁、汽车、石油、建筑行业；日本、德国、英国每年包装行业产值占国民生产总值的 20%。我国在改革开放以后，随着国内零售和对外出口的快速发展，包装行业发展很快，包装行业产值年平均递增近 10%，包装行业总产值占国民生产总值的比重也在不断上升，我国包装行业已形成比较完整的行业体系。2016 年，我国包装行业总产值突破 1.9 万亿元，规模以上包装企业主营业务收入 1.17 亿元，约占整个包装行业总产值的 62%。从细分市场看，纸包装行业是包装行业最大的子行业，2018 年全年包装行业实现主营业务收入 8595.45 亿元，其中纸及纸板容器包装行业实现主营业务收入 2919.05 亿元，占比约 33.96%。

2. 包装和物流的关系

包装为物流系统的构成要素之一，它既是生产的终点，又是物流的起点，与运输、装卸、搬运、流通加工均有十分密切的关系。合理的包装能通过提高服务水平、降低费用、改善物料而提高储运的效率。物流系统的所有构成要素均与包装有关，同时也受到包装的制约。

3. 包装的分类

（1）按在物流过程中的作用不同进行分类。

① 商业包装（又称销售包装、小包装或内包装）。商业包装是以促进销售为主要目的的包装，这种包装的特点是外形美观，有必要的装潢。商业包装要与顾客的购买量相适应并要满足商店陈设的要求。在物流过程中，商品越接近顾客，越要求包装能起促进销售的作用。

② 运输包装（又称大包装或外包装）。运输包装是以强化输送、保护商品为目的的包装。运输包装的特点是在满足物流要求的基础上使包装费用越低越好，并应在包装费用和物流损失两者之间寻找最佳的结合点。

（2）按包装的大小不同进行分类。

① 单件运输包装。单件运输包装是指在物流过程中作为一个计件单位的包装。常见的有：箱，如纸箱、木箱、条板箱、夹箱、金属箱；桶，如木桶、铁桶、塑料桶、纸桶；袋，如纸袋、草袋、麻袋、布袋、纤维编织袋；包，如帆布包、植物纤维包、合成树脂纤维编织包。此外，还有篓、筐、罐、玻璃瓶、陶缸、瓷坛等。

② 集合运输包装（又称成组化运输包装）。集合运输包装是指由若干单件运输包装组成的一件大包装。常见的有以下几种。

- 集装袋或集装包。集装袋是指用塑料重叠丝编织成的圆形大口袋，集装包是用同样材料编织成的抽口式方形包。
- 托盘。托盘是指用木材、金属或塑料（纤维板）制成的托板。托盘的底部有插口，供铲车起卸用。
- 集装箱。集装箱具有坚固、密封、容量大、可反复使用的特点。

（3）按在国际贸易中有无特殊要求进行分类。

① 一般包装。一般包装是指普通包装，货主对包装无任何特殊的要求。

② 中性包装和定牌包装。中性包装是指在商品内外包装上不注明生产国别、产地、厂名、商标和牌号。定牌包装是指在商品的内外包装上不注明生产国别、产地、厂名，但要注明买方指定商标或牌号。

（4）按对包装的保护技术不同进行分类。

① 防潮包装。

② 防锈包装。

③ 防虫包装。

④ 防腐包装。

⑤ 防震包装。

⑥ 危险品包装。

(5）按包装使用的次数进行分类。
① 一次性包装。一次性包装随商品的销售而消耗、损坏。
② 重复使用包装。包装材料比较牢固，可以回收，并可反复使用。
(6）按包装的耐压程度不同进行分类。
① 硬质包装。包装材料的质地坚硬，能承受较大的挤压力，如木箱、铁箱。
② 半硬质包装。包装材料能承受一定的挤压力，如纸箱等。
③ 软质包装。包装材料是软质的，受压后会变形，如麻袋、布袋等。
(7）按包装的材料不同进行分类。
① 纸制品包装。经过处理，具有韧性、抗压性、弹性和防潮性等特点。
② 纺织品包装。常用于存放小颗粒、粉状的货物。
③ 木制品包装。具有较强的抗挤压和抗冲击的能力，使用范围较广。
④ 金属制品包装。包装强度大，密闭性好，适合于盛装液体货物或较贵重的货物。

4. 包装的主要功能

包装的主要功能是使用适当的材料、容器和技术，使产品安全到达目的地，即在产品运送过程的每一阶段，不论遇到何种外在影响，都能保证产品完好，而且不影响产品价值。在物流中包装主要有以下几种功能。

（1）保护功能。包装的第一项功能便是对产品的保护作用，如避免搬运过程中的脱落、运输过程中的震动或冲击、保管过程中由承受物重造成的破损，避免异物的混入和污染，防潮、防水、防锈、防光，防止因为化学或细菌的污染而出现的腐烂变质，防霉变、防虫害等。

（2）定量功能。按单位定量，形成基本单件或与此目的相适应的单件，即为了满足材料搬运的需要而将产品整理成适合搬动、运输的单元，如适合使用托盘、集装箱、货架、载重汽车、货运列车等运载的单元，缩短作业时间，减轻劳动强度，提高机械化作业的效率。

（3）标识功能。使产品容易识别和计量。

（4）跟踪功能。合理的包装能使物流系统在收货、储存、取货、运输等各个过程中跟踪产品，如将时间、品种、货号、编组号等信息的条码标签贴在产品外包装上供电子仪器识别，能使生产厂家、批发商和仓储企业迅速、准确地采集、处理和交换有关信息，加强对货物的控制，减少在流通过程中的货损货差，提高跟踪管理的能力和效率。

（5）便利功能。合理的包装有利于物流各个环节的处理。例如，对运输环节来说，包装尺寸、质量最好能与运输、搬运设备匹配，以便于搬运和保管；对仓储环节来说，包装应方便保管、移动简单、标志鲜明、容易识别、具备足够的强度。

4.1.2 包装材料

1. 对包装材料的要求

包装材料是形成产品包装的物质基础，是产品包装各种功能的具体承担者，是构成产品包装使用价值最基本的要素。因此，了解包装材料对深入分析、研究产品包装使用价值具有重要意义。

从现代产品包装具有的使用价值来看，包装材料应具有以下几个方面的性能：保护性能、加工操作性能、外观装饰性能、方便使用性能、节省费用性能、易处理性能等。

（1）保护性能。保护性能主要是指保护内装物，防止其变质，保证其质量。对此应研究包装材料的机械强度、防潮及防水性、耐腐蚀性、耐热及耐寒性、透光性、透气性、防紫外线穿透性、耐油性、适应气温变化性、无毒、无异味等。

（2）加工操作性能。加工操作性能主要是指易加工、易包装、易填充、易封合，且效率高、适应自动包装机械操作。对此应研究包装材料的刚性、挺力、光滑度、易开口性、热合性、防静电性等。

（3）外观装饰性能。外观装饰性能主要是指材料的形、色、纹理的美观性，能产生陈列效果，提高产品价值和激发顾客购买欲望。对此应研究包装材料的透明度、表面光泽度、印刷适应性、不因带静电而吸尘性能等。

（4）方便使用性能。方便使用性能主要是指便于开启包装和取出内装物，便于再封闭。对此应研究包装材料的开启性能、不易破裂性能等。

（5）节省费用性能。节省费用性能主要是指经济合理地使用包装材料。对此要研究节省包装材料费用、包装机械设备费用、劳动费用，提高包装效率，减轻自重等。

（6）易处理性能。易处理性能主要是指包装材料要有利于环保，有利于节省资源。对此要研究包装材料的回收再生性等。包装材料的有用性能，一方面来自材料本身的特性，另一方面来自各种材料的加工技术。随着科学技术的发展，新材料、新技术的不断出现，包装材料对产品包装的有用性能的满足程度在不断地提高。

2. 包装材料的选用

常用的包装材料有金属、玻璃、陶瓷、木材、纸、塑料等。

（1）金属材料。用于包装的金属材料有以下几种。

① 镀锡薄板。俗称马口铁，是表面镀有锡层的薄钢板。由于锡层的作用，镀锡薄板除有一般薄钢板的优点以外，还有很强的耐腐蚀性。不同钢基成分和钢板工艺有不同调质加工性能，可加工成各种形状的容器。主要用于制造高档罐容器，如各种饮料罐、食品罐等。

② 涂料铁。涂料铁是指一面涂有涂料的镀锡薄板，涂上涂料有利于盛装各种食品。其主要用于制食品罐。

③ 铝合金。以铝为主要合金元素的各种铝合金，按照其他合金元素种类及含量不同有许多型号，分别可制铝筒、饮料罐、薄板、铝板及型材，可制成各种包装物，如牙膏皮、饮料罐、食品罐、航空集装箱等。也可与塑料等材料复合制成复合薄膜，用作商业小包装材料。铝合金包装材料的主要特点是隔绝水、汽及一般腐蚀性物质的能力较强，强度质量比大，因而包装材料轻、无效包装较少，无毒，外观性能好，易装饰美化。

（2）玻璃、陶瓷材料。玻璃、陶瓷材料的主要特点是有很强的耐腐蚀性能，强度较高，装潢、装饰性能好，因此用于商业包装有宣传、美化的促销作用。玻璃材料用于运输包装，主要存装化工产品，如制成装强酸类产品的大型容器；用于销售包装，主要制成玻璃瓶和平底杯式的玻璃罐，用来存酒、饮料、其他食品、药品、化学试剂、化妆品和文化用品等。

（3）木材。木材是一种优良的结构材料，长期以来一直用于运输包装。木材主要使用板材制作各种包装箱，常用的一般包装木材有杉木、松木等。以木材为原料制成的胶合板、纤维板、刨花板等板材也用于制作包装箱、桶等。

（4）纸及纸制品。纸及纸制品既广泛用于运输包装，又广泛用于销售包装。常用的包装纸制品有以下几种。

① 牛皮纸，可用作铺衬、内包装和外包装，可制成纸袋，还可用作瓦楞纸面层，有较高的强度和耐磨性，柔韧性也好，有一定的防水性。

② 玻璃纸，是透明或半透明的防油纸，用于内包装、小包装和盒外、瓶外封闭包装，有装饰、绝潮隔尘等作用。其主要特点是美观、透明，有很强的装饰性能，缺点是强度较低。

③ 植物羊皮纸，是经硫酸处理的半透明纸，也称硫酸纸，主要用于带一定装饰性的小包装，如用于包装食品、茶叶、药品等，可在长时间存放产品时防止其受潮、干硬、走味。

④ 沥青纸、油纸及蜡纸，由包装原纸经浸渍沥青或油、蜡而制成，有较强的隔水、隔汽、耐磨的保护性能，主要用于个包装、内包装和箱、盒包装内衬，工业品包装中较多采用。

⑤ 板纸，有 3 种类型：以稻草及其他植物纤维为原料的档次比较低的草板纸，又称黄板纸；有多层结构而面层用漂白纸浆制成的高档白板纸；密度较高的箱板纸。草板纸用作包装衬垫物及不讲究外观效果的包装匣、盒；白纸板用于价值较高商品的内包装及中、小外包装；箱板纸用于对强度要求较高的纸箱、纸盒、纸桶。

⑥ 瓦楞纸板，是纸质包装材料中最重要的一种，由面层纸板和芯层瓦楞芯纸黏合而构成。面层纸板主要是由箱板纸制成的。瓦楞芯纸可制成不同形状，按芯的瓦楞高度和密度不同分为 A、B、C、D 4 种类型。工业品包装采用较厚、强度较高的 A、B、C 3 种类型。瓦楞纸板单层强度有限，为扩展其包装适用范围，可将其制成多种层形：仅有 1 层面层和 1 层芯层的单面瓦楞纸板；有 1 层芯层和 2 层面层的 3 层瓦楞纸板；有 3 层面层和 2 层芯层的 5 层瓦楞纸板；有 4 层面层和 3 层芯层的 7 层瓦楞纸板。瓦楞纸板的主要特点是和相同厚度的其他纸制品相比，质量轻、强度性能好，有很好的抗震性及缓冲性，其生产成本也较低。面层有一定装饰和促销作用。

4.1.3 包装容器

1. 包装袋

包装袋是重要的柔性包装容器。包装袋材料是挠性材料，有较高的韧性、抗拉强度和耐磨性。一般包装袋结构是筒管状结构，一端预先封死，在包装结束后再封另一端。包装操作一般采用充填操作。包装袋适用于运输包装、商业包装、内包装、外包装，因而应用较为广泛。包装袋一般分成下述三种类型。

（1）集装袋。这是一种大容积的运输包装袋，盛装质量在一吨以上。集装袋的顶部一般装有金属吊架或吊环等，便于铲车或起重机的吊装、搬运。卸货时可打开袋底的卸货孔，即行卸货，非常方便。集装袋适于装运颗粒状、粉状的货物。集装袋一般多用聚丙烯、聚乙烯等聚酯纤维纺织而成。由于集装袋在装卸、搬运货物方面提供了方便，使装卸效率明显提高，近年来发展很快。

（2）一般运输包装袋。这类包装袋大部分是由植物纤维或合成树脂纤维纺织而成的织物袋，或者是由几层挠性材料构成的多层材料包装袋，如麻袋、草袋、水泥袋等，主要用于包装粉状、粒状和较小的货物。

（3）小型包装袋（或称普通包装袋）。这类包装袋盛装质量较小，通常用单层材料或双层材料制成。某些具有特殊要求的小型包装袋也可用多层不同材料复合而成。小型包装袋使用范围较广，液状、粉状、块状货物和异形物等均可采用这种包装袋。

上述几种包装袋中，集装袋适用于运输包装；一般运输包装袋适用于外包装及运输包装；小型包装袋适用于内包装、个包装及商业包装。

2. 包装盒

包装盒是介于刚性包装容器和柔性包装容器之间的包装容器。包装盒材料有一定的挠性，不易变形，有较高的抗压强度，刚性高于包装袋材料。包装盒结构是规则几何形状的立方体，也可裁制成其他形状，如圆盒状、尖角状，一般容量较小，有开闭装置。包装操作一般采用码入或装填，然后将开闭装置闭合。包装盒整体强度不大，包装量也不适用于运输包装，适用于商业包装、内包装，适合包装块状货物及各种异形物。

3. 包装箱

包装箱是刚性包装容器中的重要一类。包装箱材料为刚性或半刚性材料，有较高强度且不易变形。包装箱结构和包装盒结构相同，只是容积、外形都大于包装盒，两者通常以10升为分界。包装操作主要为码放，然后将开闭装置闭合或将一端固定封死。包装箱整体强度较高，抗变形能力强，包装量也较大，适用于运输包装、外包装，应用范围较广，主要用于包装固体杂货。包装箱主要有以下几种。

（1）瓦楞纸箱。瓦楞纸箱是用瓦楞纸板制成的箱形容器。按瓦楞纸箱的外形结构分类有折叠式瓦楞纸箱、固定式瓦楞纸箱和异形瓦楞纸箱三种。按瓦楞纸箱体的材料分类有瓦楞纸箱和钙塑瓦楞箱。

（2）木箱。木箱是流通领域中常用的一种包装容器，其用量仅次于瓦楞纸箱。木箱主要有木板箱、框板箱和框架箱三种。

① 木板箱。木板箱一般用作小型运输包装容器，能装载多种性质不同的物品。木板箱作为运输包装容器具有很多优点，如有抗碰裂、溃散、戳穿的性能，有较大的耐压强度，能承受较大负荷，制作方便等。但木板箱的箱体较重，体积也较大，其本身没有防水性。

② 框板箱。框板箱是先由条木与人造板材制成箱框板，再经钉合装配而成的。

③ 框架箱。框架箱由一定截面的条木构成箱体的骨架，根据需要也可在骨架外面加木板覆盖。这类框架箱有两种形式，无木板覆盖的称为敞开式框架箱，有木板覆盖的称为覆盖式框架箱。框架箱由于有坚固的骨架结构，因此具有较好的抗震性和抗扭力，有较大的耐压能力，而且其包装量大。

（3）塑料箱。塑料箱一般用作小型运输包装容器，其优点有自重轻、耐蚀性好，可装载多种物品，整体性强，强度和耐用性能满足反复使用的要求，可制成多种色彩以对装载物品进行分类，手握搬运方便，没有木刺，不易伤手。

（4）集装箱。集装箱是由钢材或铝材制成的大容积物流装运容器。从包装角度看，其也属于一种大型包装箱,可归属于运输包装类别,也是大型反复使用的周转型包装容器。

4. 包装瓶

包装瓶是瓶颈尺寸有较大差别的小型容器,是刚性包装容器中的一种,包装瓶材料有较高的抗变形能力,刚性、韧性一般也较高。个别包装瓶材料介于刚性材料与柔性材料之间,包装瓶在受外力时虽可发生一定程度变形,但外力一旦撤除,仍可恢复原来瓶形。包装瓶结构特点是瓶颈内径远小于瓶身内径,且在瓶颈顶部开口。包装操作是填灌,然后将瓶口用瓶盖封闭。包装瓶包装量一般不大,适合美化装潢,主要用于商业包装、内包装。包装瓶主要用于包装液体、粉状物品。包装瓶按外形可分为圆瓶、方瓶、高瓶、矮瓶、异形瓶等若干种。封盖方式有螺纹式、凸耳式、齿冠式、包封式等。

5. 包装罐(筒)

包装罐是罐身各处横截面形状大致相同,罐颈短,罐颈内径比罐身内径稍小或无罐颈的一种包装容器,是刚性包装容器的一种。包装罐材料强度较高,罐体抗变形能力强。包装操作是装填,然后将罐口封闭,可用于运输包装、外包装,也可用于商业包装、内包装。包装罐主要有以下三种。

(1)小型包装罐。其外形是典型罐体,可用金属材料或非金属材料制造,容量不大,一般用于销售包装、内包装,罐体可采用各种方式美化。

(2)中型包装罐。其外形也是典型罐体,容量较大,一般做化工原材料、土特产的外包装,起运输包装作用。

(3)集装罐。这是一种大型罐体,外形有圆柱形、圆球形、椭球形等,卧式的、立式的都有。集装罐往往罐体大而罐颈小,采取灌填式包装操作,灌填作业和排出作业往往不在同一罐口进行,另设卸货出口。集装罐是典型的运输包装容器,适合包装液状、粉状及颗粒状货物。

4.1.4 包装技术

1. 防震包装技术

防震包装技术又称缓冲包装技术,在各种包装技术中占有重要的地位。产品从生产出来到开始使用要经过一系列的运输、保管、堆码和装卸过程,置于一定的环境之中。在任何环境中都会有力作用在产品上,并使产品发生机械性损坏。为了防止产品发生机械性损坏,就要设法减小外力的影响。所谓防震包装就是指为减缓内装物受到冲击和震动,防止其损坏采取一定防护措施的包装。防震包装技术主要有以下三种。

(1)全面防震包装技术。全面防震包装技术是指内装物和外包装之间全部用防震材料填满进行防震的包装技术。

(2)部分防震包装技术。对于整体性好的产品和有内装容器的产品,仅在产品或内包装的拐角或局部地方使用防震材料进行衬垫即可。所用包装材料主要有泡沫塑料防震垫、充气型塑料薄膜防震垫和橡胶弹簧等。

(3)悬浮式防震包装技术。对于某些贵重易损的产品,为了有效地保证其在物流过程中不被损坏,常采用比较坚固的外包装容器,然后用绳、带、弹簧等将被装物悬吊在包装容器内。在物流过程中,无论在什么操作环节,内装物都被稳定悬吊而不与包装容器发生碰撞，从而避免损坏。

2. 防破损包装技术

缓冲包装技术有较强的防破损能力，因而也是防破损包装技术中有效的一类。此外，还可以采取以下几种防破损包装技术。

（1）捆扎及裹紧技术。捆扎及裹紧技术的作用是使杂货、散货形成一个牢固整体，以增加整体性，从而便于处理，还可防止散堆以减少破损。

（2）集装技术。利用集装技术，减少与货体的接触，从而防止其破损。

（3）选择高强保护材料。通过外包装材料的高强度来防止内装物受外力作用而破损。

3. 防锈包装技术

（1）防锈油防锈包装技术。大气锈蚀是空气中的氧气、水蒸气及其他有害气体等作用于金属表面引起化学作用的结果。如果使金属表面与引起大气锈蚀的各种因素隔绝（将金属表面保护起来），就可以达到防止金属大气锈蚀的目的。防锈油防锈包装技术就是根据这一原理将金属涂封防止锈蚀的。

用防锈油封装金属制品，要求油层有一定厚度，油层的连续性好，涂层完整。不同类型的防锈油要采用不同的方法涂封。

（2）气相防锈包装技术。气相防锈包装技术是用气相缓蚀剂（挥发性缓蚀剂），在密封包装容器中对金属制品进行防锈处理的技术。气相缓蚀剂是一种能减缓或完全阻止金属在侵蚀性介质中的损坏过程的物质，它在常温下即具有挥发性。它在密封包装容器中，在很短的时间内挥发或升华出的缓蚀气体就能充满整个包装容器的每个角落和缝隙，同时吸附在金属制品的表面上，从而起到抑制大气对金属的锈蚀作用。

4. 防霉腐包装技术

在运输包装内装运食品和其他有机碳水化合物时，货物表面可能生长霉菌，在物流过程中如遇潮湿，霉菌生长繁殖极快，甚至伸延至货物内部，使其腐烂、发霉、变质，因此要采取特别防护措施。

包装防霉腐的措施通常是采用冷冻包装、真空包装或高温灭菌方法。

冷冻包装防霉腐的原理是减慢细菌活动和化学变化的过程，以延长食物储存期，但不能完全阻止其变质；高温灭菌可消灭引起食品腐烂的微生物，可在包装过程中用高温处理防霉。有些经干燥处理的食品包装，应防止水汽浸入导致食物霉腐，可选择防水汽和气密性好的包装材料，采取真空和充气包装方法。

真空包装也称减压包装或排气包装。这种包装可阻挡外界的水汽进入包装容器，也可防止在密闭的防潮包装内部存有潮湿空气，在气温下降时结露。采用真空包装法，要注意避免过高的真空度，以防损伤包装材料。

防止运输包装内货物发霉，还可使用防霉剂。防霉剂的种类甚多，用于食品必须选择无毒防霉剂。机电产品的大型封闭箱，可酌情开设通风孔或通风窗等相应的防霉措施。

5. 防虫包装技术

包装防虫害常采用驱虫剂，即在包装中放入有一定毒性和臭味的药物，利用药物在包装中产生的挥发性气体消灭和驱除各种害虫。常用驱虫剂有对位二氯化苯、樟脑精等。也可采用真空包装、充气包装、脱氧包装等技术，使害虫无生存环境，从而防虫害。

6. 危险品包装技术

危险品有上千种，按其危险性质，交通运输及公安消防部门规定将其分为 10 类，即爆炸性物品、氧化剂类物品、压缩气体和液化气体、易自燃物品、遇水燃烧物品、易燃液体、易燃固体、毒害物品、腐蚀性物品、放射性物品。有些物品同时具有两种以上危险性能。

对毒害物品，其包装上要有明显的有毒标志。防毒的主要措施是包装严密不漏、不透气。例如，用塑料袋或沥青纸袋包装的物品，外面应再用麻袋或布袋包装，使其与外界隔绝。

对腐蚀性物品，要注意物品和包装容器是否会发生化学反应。对于金属类的包装容器，要在容器壁上涂涂料，防止腐蚀性物品对容器的腐蚀。

对易自燃物品，宜将其装到壁厚不小于 1mm 的铁桶中，桶内壁须涂耐酸保护层，桶内盛水，并使水面浸没物品，桶口严密封闭。例如，遇水容易燃烧的物品应用坚固的铁桶包装，桶内充入氮气，如果桶内不充氮气，则应装置放气活塞。

对于易燃、易爆物品，如有强烈氧化性的、遇微量不纯物或受热即急剧分解引起爆炸的物品，防爆炸包装的有效方法是采用塑料桶包装，然后将塑料桶装到铁桶或木箱中，并应有自动放气的安全阀，当桶内气体压力达到一定值时，能自动放气。

7. 特种包装技术

（1）充气包装。充气包装是采用二氧化碳气体或氮气等不活泼气体置换包装容器中空气的一种包装技术，因此也称为气体置换包装。这种包装技术根据好氧性微生物需氧代谢的特性，在密封的包装容器中改变气体的组成成分，降低氧气的浓度，抑制微生物的生理活动、酶的活性和鲜活物品的呼吸强度，达到防霉、防腐和保鲜的目的。

（2）真空包装。真空包装是将物品装入气密性容器后，在容器封口之前抽真空，使密封后的容器内基本没有空气的一种包装技术。

一般的肉类商品、谷物加工商品及某些容易氧化变质的商品都可以采用真空包装。真空包装不但可以避免或减少脂肪氧化，而且可以抑制某些霉菌和细菌的生长。同时，在对其进行加热杀菌时，由于容器内部气体已排除，因此加速了热量的传导，提高了高温杀菌效率，也避免了在加热杀菌时由于气体的膨胀而使包装容器破裂。

（3）收缩包装。收缩包装就是用收缩薄膜包裹物品（或内包装件），然后对薄膜进行适当的加热处理，使薄膜收缩而紧贴于物品（或内包装件）的包装技术。

收缩薄膜是一种经过特殊拉伸和冷却处理的聚乙烯薄膜，由于薄膜在定向拉伸时产生残余收缩应力，这种应力受到一定热量后便会消除，从而使其横向和纵向均发生急剧收缩，同时使薄膜的厚度增加。其收缩率通常为 30%～70%，收缩力在冷却阶段达到最大值，并能长期保持。

（4）拉伸包装。拉伸包装是 20 世纪 70 年代开始采用的一种包装技术，是由收缩包装发展而来的。

拉伸包装是依靠机械装置在常温下将弹性薄膜围绕被包装件拉伸、紧裹，并在其末端进行封合的一种包装技术。由于拉伸包装不需要进行加热，所以消耗的能源只有收缩包装的 1/20。拉伸包装可以捆包单件物品，也可用于托盘包装之类的集合包装。

（5）脱氧包装。脱氧包装是继真空包装和充气包装之后出现的一种新型除氧包装技术。脱氧包装技术是指在密封的包装容器中使用能与氧气起化学反应的脱氧剂，从而除去包装容器中的氧气，以达到保护内装物的目的。脱氧包装技术适用于某些对氧气特别敏感的物品的包装，如即使有微量氧气也会使物品品质变坏的食品包装。

（6）泡罩包装。泡罩包装是将产品封合在泡罩（透明塑料薄片）与底板（纸板、塑料薄膜等）之间的一种包装技术。

（7）贴体包装。贴体包装是指把透明的塑料薄膜加热到软化程度，然后覆盖在衬有纸板的物品上，抽真空使加热软化的塑料薄膜按物品的形状黏附在其表面，同时也黏附在承载物品的纸板上，冷却成型后形成一种新颖的包装容器。

贴体包装使被包装的物品能整齐、牢固、透明、美观、色彩鲜艳、形体清楚地呈现在"货架"上，使得物品更有魅力，若贴体包装的纸板上印上五彩缤纷的图案和文字，则更能增加物品的吸引力。物品不仅外观一目了然，而且形状手感颇佳。顾客触摸物品外表，会对物品产生一种"亲切感""安全感"。

贴体包装是近年来流行于国际市场的一种包装新形势，也是一种新颖的包装技术。近几年来，这种包装已广泛用于五金、百货、工具、元器件、工艺品、医疗器械、旅游纪念品，在国外十分流行，有些商场特别规定小型物品必须进行贴体包装，才能进入超级市场。

4.1.5 包装合理化

包装有效地保护了物品，方便了储运，在一定程度上增加了物品的价值，但也不可避免地要增加物品的体积和质量，使成本上升。合理的包装要尽量利用包装的优点，减少包装的缺点，更加有利于物流。

1. 包装合理化的要点

包装合理化一方面包括包装总体的合理化，这种合理化往往用整体物流效益与微观包装效益统一来衡量；另一方面包括包装材料、包装技术、包装方式的合理组合及运用。

从多个角度来考察，包装合理化应满足多个方面的要求。因此，在进行合理化包装的过程中应注意以下几个方面的问题。

（1）包装应妥善保护内装物品，使其不受损伤。这就要制定相应的标准，使包装容器的强度恰到好处地保护物品使其免受损伤。除要在运输、装卸时经得住冲击、震动之外，还要具有防潮、防水、防霉、防锈等功能。

（2）包装材料和包装容器应当安全无害。包装材料要避免使用聚氯联苯之类的有害物质，包装容器的造型要避免对人造成伤害。

（3）包装容量要适当，便于装卸。不同的装卸方式决定着包装容量的大小。例如，若采用人工操作的装卸方式，则包装的质量必须限制在手工操作的能力范围内，包装的外形及尺寸也应适合人工操作。在工人权利和健康受保护的今天，为降低人的体力消耗，包装的可填充物的质量一般控制在工人体重的40%较为科学，即男劳动力控制在20~25kg，女劳动力控制在15~20kg比较合适。

（4）对包装容器的内装物要有明确的标志或说明。物品包装物上关于物品质量、规格的标志或说明，要能贴切地表示内装物的形状，尽可能采用条码，以便于出入库管理、保管期间盘点及销售统计。

（5）包装内商品外围空闲容积不应过大。为了保护内装物，难免会使内装物的外围有某种程度的空闲容积，但包装合理化要求空闲容积减小到最小，防止过大包装。一般情况下，空闲容积最好减小到总容积的20%以下。

（6）包装费用要与内装物相适应。包装费用应包括包装本身的费用和包装作业的费用。包装费用必须与内装物相适应，但不同物品对包装要求不同，所以包装费用占物品价格的比率是不相同的。一般来说，对于普通物品，包装费用应低于物品售价的15%，这只是一个平均比率。

（7）包装要便于回收利用或废弃物的治理。应设法减少包装废弃物数量。在制造和销售产品时，就应注意包装的回收利用及其成为废弃物后的治理工作。近年来广泛采用一次性包装材料和轻型塑料包装材料，从方便生活和节约人力角度来看，是现代包装的发展方向，但同时产生了大量难以处理的垃圾，带来了环境污染及资源浪费等社会问题。可循环使用包装的运用，有利于减少污染及浪费。

2. 包装合理化的发展趋势

（1）包装的轻薄化。由于包装只起保护作用，对产品使用价值没有任何意义，因此在强度、寿命、成本相同的条件下，更轻、更薄、更小的包装可以提高装卸、搬运的效率。而且轻、薄、小的包装一般价格比较便宜，如果是一次性包装还可以减少包装废弃物。

（2）包装的单纯化。为了提高包装作业的效率，包装材料及规格应力求单纯化。包装规格还应标准化，包装形状和种类也应单纯化。

（3）包装的标准化。包装的规格和托盘、集装箱关系密切，也应考虑到和运输车辆、搬运机械的匹配，从系统的观点制定包装的尺寸标准。

（4）包装的机械化。为了提高包装作业效率和包装现代化水平，各种包装机械的开发和应用是很重要的。

（5）包装的绿色化。绿色包装是指无害、无污染、符合环保要求的各类包装，主要包括纸包装、可降解塑料包装、生物包装和可食性包装等，它们是包装经营发展的主流。

4.1.6 我国当前商品包装中存在的主要问题及解决方法

1. 主要问题

（1）包装废弃物对环境的危害大。随着我国包装行业规模日益扩大，大量包装废弃物的环境危害也逐渐加大，我国每年包装产量约3000万吨，而包装的回收率还达不到包装总产量的20%。我国每年产生的包装废弃物就有2500多万吨，包装废弃物在质量上占城市固体废弃物的15%，并且正在以每年10%的速度增长。如果不对此进行治理，预测未来十年的城市垃圾产量将达到1.5亿吨，占地将达6万公顷。尤其是近年来广泛使用的一次性轻型塑料包装材料大都是难以降解的塑料，回收利用又很难，因此带来了严重的环境影响。

（2）我国包装行业整体水平仍不够高。在根据商品的特性、运输和储存条件不同来选择包装材料、包装容器和包装方法上存在许多问题。例如，包装材料的性能与内装物的性能不匹配；包装方法比较粗糙，没有真正有针对性地合理保护不同特性的商品。在我国商品包装中，被损现象随处可见，因而对商品本身的销售也带来很多不利的影响。

（3）包装造假。一些不法分子利用商品包装造假，他们往往采用相似的包装设计，或者干脆直接盗用某些知名品牌商品的包装，制造、销售假冒伪劣商品，损害消费者利益，更侵犯了广大合法商家的利益，极大程度地扰乱了市场。

（4）过度包装。有些厂家不在提高商品质量上下工夫，而是把精力放在商品包装上，对商品过度包装，致使包装价格远远高于商品本身的价格，造成浪费；有些厂家在包装上故弄玄虚，使包装与商品本身特性相去甚远，造成不良影响。

以上种种问题说明，我国商品包装不成熟、不规范的现象还比较突出，直接影响到市场经济的发展，因此必须下力气研究、解决这些问题。

2. 解决方法

（1）发展绿色包装。绿色包装是近年来在发展绿色经济的环境下逐步形成的新概念，通常指易降解、易回收、能进行资源有效循环利用的包装。发展绿色包装不仅可以改善人类生活质量，保护人类身体健康，而且可以促进生产发展，增加产品销量，有利于经济可持续发展。为此要开发新型绿色包装材料，取代原有会造成环境污染的包装材料。

（2）在食品包装方面可开发可食性包装。食品包装产业规模占包装产业总规模的70%左右，食品包装废弃物对环境的污染也非常严重。当前，食品包装行业兴起可食性包装，这是解决废弃物问题的好办法。但这方面的研究在我国还刚刚起步，有必要在可食性包装品种开发、性能改良和降低成本上下工夫。

（3）做好包装废弃物的回收和利用工作并建立健全回收体制。注重回收物的再生利用，将回收物分门别类，重新还原为材料，制造新包装。这样既能减少环境污染，又能提高商品包装的经济效益。

（4）提高我国包装行业整体水平。提高包装材料的功能，在包装生产中改进包装设计，节约包装用料，降低包装成本，使包装材料轻量化，减少包装废弃物的产生量。利用现代化的包装生产线，使商品包装更加先进和完善。提倡适度包装，尽量简化包装，在包装容器的设计上力求够用、实用。

（5）用法律来规范商品包装。加强在包装方面的立法工作，用法律手段来约束和打击利用商品包装制假、贩假的行为。同时提高商品包装的防伪技术水平。

4.1.7 集合包装技术

1. 集合包装的概念

集合包装是将一定数量的包装件或产品装到具有一定规格、强度和长期周转使用的更大的包装容器内，形成一个合适的搬运单元的一种包装技术。它包括集装箱、集装托盘、集装袋、滑片集装、框架集装和无托盘集装等。

集合包装既是一种包装方式，又是一种运输方式。它的出现一方面使产品的生产流水线一直延伸到集合包装的完成，更好地满足产品装卸、运输和储存等流通环节的需要；另一方面是对传统的包装运输方式的重大改革，使产品包装运输发生了根本性的变化。

2. 集合包装的作用

集合包装不仅要求运输、装卸的高度机械化，而且要求有一套完整的科学管理方法。它在现代包装运输系统中越来越显示出优越性，发挥着越来越大的作用。

（1）便于实现产品装卸、运输的机械化和自动化。集合包装把零散货物集合成大的包装单元，在流通过程的各环节都可以采用机械化操作，如使用叉式起重车和铲车等，不仅提高了装卸效率，而且大大节省了劳动力，减轻了劳动强度。集合包装还为产品装卸、运输的自动化创造了条件。

（2）简化产品流通环节，加速产品的流通。集合包装的产品能从发货单位仓库直接运到收货单位仓库，无论途中是经过陆路运输还是经过水路运输，都不用搬动集合包装内的产品，从而实现"门到门"的运输。

集合包装能缩短装卸时间，加速产品的流通。例如，通过铁路用 50 吨车厢装运零散货物，需 6 个人装卸 3~4 小时，而用集装箱只需 3 个人装卸 15 分钟；一般万吨级货轮，用传统方式装卸需要半个月，而用集装箱货轮装卸所需时间不会超过一天。

（3）保证产品的运输安全。集合包装把产品密封在包装容器（如集装箱等）内，实际上起了一个强度很大的外包装作用，在运输过程中无论经过多少环节，都不需要搬动集合包装内的产品，从而有效地保护了产品，减少了破损。同时，还能防止产品被盗或丢失。例如，美国集装箱运输的货损率就很小，只有 0.01%。

（4）节省包装费用，降低运输成本。集合包装能节省包装材料。集装箱和托盘等可以反复周转使用。大多数产品改用集合包装后，原来的外包装可以降低用料标准。集合包装可以减少包装操作程序，降低劳动强度，节省包装费用。例如，有的产品用集装箱运输，只要把产品按顺序装到箱内，箱上加上铅封，用叉车装运即可；托盘包装可对整组产品进行捆扎，省去了原来每小箱产品需要捆扎的工序。

集合包装还可以简化运输手续，实行联运，同时提高运输工具的运载率，节省运输费用。集合包装件有些可以露天堆放，节省仓库容积，从而节省仓库储存费用。

（5）促进包装规格的标准化。集合包装要求有一定的规格尺寸，要求每种产品外包装尺寸必须适合在集装箱或托盘上装放，不致造成集合的空位，必须把以前单件搬运的杂货按一定尺寸组成同一规格的货组，以保证杂件货运输、装卸的合理化，从而促进包装的标准化、规格化和系列化。

3. 集装箱集合包装

集装箱是集合包装容器中最主要的形式，它能为铁路、公路和水路运输所通用。它能一次装入若干运输包装件、销售包装件或散装货物。

集装箱是一种包装方式，也是一种运输工具。我国国家标准《集装箱术语》（GB/T 1992—2006）中对集装箱的定义如下。

集装箱是一种供货物运输的设备，应满足以下要求：

（1）具有足够的强度和刚度可长期反复使用；

（2）适于一种或多种运输方式载运，在途中转运时，箱内货物不需换装；

（3）具有便于快速装卸和搬运的装置，特别是从一种运输方式转移到另一种运输方式；

（4）便于货物的装满和卸空；
（5）具有 1m³ 及其以上的容积。
（6）是一种按照确保安全的要求进行设计，并具有防御无关人员轻易进入的货运工具。

早期的集装箱制作材料主要是木材，随着集合包装与集装化运输的发展，其材质更新较快，现代集装箱主要是用钢板、铝合金或玻璃钢制成的。

4.1.8　包装材料的综合利用

包装产业如今已是世界各国的重要产业之一，在有的国家包装产业产值已占到国民生产总值的 5%。这么大的产业，资源消耗量巨大，因而资源回收利用、梯级利用、再循环是包装领域现代化的重要课题。

1. 通用包装

按标准模数尺寸制造瓦楞纸、纸板，以及木制、塑料制通用外包装箱，这种包装箱不用专门安排回收使用，由于其通用性强，无论在何处落地，都可转用于其他包装。

2. 周转包装

有一定数量规模并有较固定供应流转渠道的产品，如牛奶、啤酒、饮料等，可采用周转包装瓶、盒、箱，反复周转使用。

3. 梯级利用

一次使用后的包装物，用毕转作他用或用毕后进行简单处理再转作他用。例如，瓦楞纸箱部分损坏后，切成较小的纸板再制成小箱，或将纸板用作垫衬。有的包装物被设计成多用途的，一次使用完毕之后，可再使用其他功能。例如，设计成水杯状的包装物，使用完毕后转用水杯，这就使资源利用更充分、更合理。

4. 再生利用

对废弃的包装进行再生处理，将其转化为其他用途的产品或将其制成新材料。例如，用废弃包装塑料制再生塑料等。

4.2　装卸、搬运

4.2.1　装卸、搬运的概念和性质

据调查，我国机械工业每生产 1 吨产品，平均需要进行 252 次的装卸、搬运，其成本为加工成本的 15.5%。由此可见，装卸、搬运是物流过程中的一个重要活动。

第 4 章 物流的辅助作业活动

1. 装卸、搬运的概念

装卸是指将物品在指定地点以人力或机械装上或卸下运输设备。搬运是指在同一场所内，对物品进行以水平移动为主的物流作业。有时候在特定场合，单称"装卸"或单称"搬运"都包含了"装卸、搬运"的完整含义。习惯上，在物流领域（如铁路运输）中常将装卸、搬运这一整体活动称作"货物装卸"；在生产领域中常将这一整体活动称作"物料搬运"。

2. 装卸、搬运的性质

在实际操作中，装卸与搬运往往密不可分，两者是伴随在一起发生的。因此，在物流科学中并不过分强调两者的差别而是把它们作为一种活动来对待。搬运的"运"与运输的"运"的区别之处在于，搬运是在同一地域的小范围内发生的，而运输则是在较大范围内发生的。

4.2.2 装卸、搬运在物流中的作用

1. 装卸、搬运是随运输、保管等产生的必要物流活动

装卸、搬运是对运输、保管、包装、流通加工等物流活动进行衔接的中间环节，以及在保管等活动中为进行检验、维护、保养所进行的装卸活动，如货物的装上、卸下、移送、分拣等。在物流活动的全过程中，装卸、搬运活动是频繁发生的，因而也是产品损坏的重要原因之一。对装卸、搬运的管理，主要是对装卸、搬运方式及装卸、搬运机械设备的选择、合理配置、使用，以及使装卸、搬运合理化，尽可能减少装卸、搬运次数，以节省物流费用，获得较好的经济效益。

2. 装卸、搬运活动出现的频率高

在物流过程中，装卸、搬运活动是不断出现和反复进行的，它出现的频率高于其他各项物流活动。每次装卸、搬运活动都要花费很长时间，所以其往往成为决定物流速度的关键。装卸、搬运活动所消耗的人力很多，所以装卸、搬运费用在物流成本中所占的比重也较高。因此，对于提高物流效率，降低物流费用，装卸、搬运是一个重要环节。提高物料运输和存放过程的自动化程度，对改进物流管理、提高产品质量、降低生产成本、缩短生产周期、加速资金周转和提高整体效益有重要的意义。

3. 装卸、搬运是物流系统的构成要素之一

装卸、搬运是为满足运输和保管等物流活动的需要而进行的作业，但是相对运输产生的场所效用和保管产生的时间效用来说，装卸、搬运活动本身并不产生任何效用。然而，在从生产到消费的流通过程中，装卸、搬运是必不可少的作业。装卸、搬运的好坏对物流成本的影响很大，装卸、搬运作业与由物品被破坏、污损造成的损失密切相关，且对货物的包装费用也有一定的影响。因此，实现装卸、搬运的合理化是提高物流效率的重要手段之一。

4.2.3 装卸、搬运的功能和特点

1. 装卸、搬运的基本功能

装卸、搬运有六个方面的功能。

（1）装卸——将物品装上运输机具或从运输机具上卸下。
（2）搬运——使物品在较短的距离内移动。
（3）堆码——对物品或包装货物进行码放、堆垛等有关作业。
（4）取出——从保管场所将物品取出。
（5）分类——将物品按品种、发货方向、顾客需求等进行分类。
（6）理货——将物品备齐，以便随时装货。

2. 装卸、搬运的特点

（1）装卸、搬运是附属性、伴生性的活动。装卸、搬运是在物流每一项活动开始及结束时必然发生的活动，因而被看作其他操作不可缺少的组成部分。例如，一般而言的"汽车运输"，实际包含相随的装卸、搬运活动；仓库中泛指的保管活动，也包含装卸、搬运活动。

（2）装卸、搬运是支持性、保障性的活动。装卸、搬运是一种附属性的活动，但这并不表明它是一种被动的行为。实际上，装卸、搬运对其他物流活动有一定的决定性。装卸、搬运会影响其他物流活动的质量和速度。例如，装车不当会导致运输过程中的损失；卸放不当会导致下一步运动的困难。许多物流活动只有在有效的装卸、搬运支持下，才能实现高水平进行。

（3）装卸、搬运是衔接性的活动。任何其他物流活动的互相过渡，都是以装卸、搬运来衔接的。因此，装卸、搬运往往成为整个物流过程的瓶颈，是物流各功能之间能否形成有机联系和紧密衔接的关键。建立一个有效的物流系统，关键看这一衔接是否有效。比较先进的系统物流联合运输方式就着力解决这种衔接问题。

此外，在进行装卸操作时往往需要接触货物，因此这是在物流过程中造成货物破损、散失、损耗、混合等损失的主要环节。例如，水泥袋破损和水泥散失主要发生在装卸过程中；玻璃、机械、器皿、煤炭等产品在装卸时最容易造成破损或损耗。

4.2.4 装卸、搬运的分类

1. 按装卸、搬运施行的物流设施、设备对象分类

按装卸、搬运施行的物流设施、设备对象分类，可分为仓库装卸、铁路装卸、港口装卸、汽车装卸、飞机装卸等。

（1）仓库装卸。仓库装卸配合出库、入库、维护保养等活动进行，并且以堆垛、上架、取货等操作为主。

（2）铁路装卸。铁路装卸是对火车车皮的装进及卸出。特点是一次作业就实现一车皮的装进或卸出，很少有像仓库装卸时出现的整装零卸或零装整卸的情况。

（3）港口装卸。港口装卸包括码头前沿的装船，还包括后方的支持性装卸。有的港口装卸还采用小船在码头与大船之间"过驳"的办法，因而其装卸的流程较为复杂，往往经过几次装卸及搬运作业才能最后实现船与陆地之间货物过渡的目的。

（4）汽车装卸。汽车装卸一般一次装卸批量不大，由于汽车的灵活性，可以减少甚至减去搬运活动，从而直接、单纯利用装卸作业达到车与物流设施之间货物过渡的目的。

2. 按装卸、搬运的机械类型及机械作业方式分类

按装卸、搬运的机械类型及机械作业方式分类，可分成吊车的"吊上吊下"方式、叉车的"叉上叉下"方式、半挂车或平车的"滚上滚下"方式、"移上移下"方式及"散装散卸"方式等。

（1）"吊上吊下"方式。采用各种起重机械从货物上部起吊，依靠起吊装置的垂直移动实现装卸，并在吊车运行或回转的范围内实现搬运。由于吊起及放下属于垂直运动，因此这种装卸方式属于垂直装卸方式。

（2）"叉上叉下"方式。采用叉车从货物底部托起货物，并依靠叉车的运动进行货物移位，搬运完全靠叉车本身，货物可不经中途落地直接放置到目的地。这种方式垂直运动不大而主要是水平运动，属于水平装卸方式。

（3）"滚上滚下"方式。"滚上滚下"方式主要是指港口装卸的一种水平装卸方式。利用半挂车、平车承载货物上船，到达目的地后再从船上开下，称为"滚上滚下"方式。"滚上滚下"方式需要有专门的船舶，对码头也有不同要求，这种专门的船舶称为"滚装船"。

（4）"移上移下"方式。在两车之间（如火车及汽车）进行靠接，然后利用各种方式不使货物垂直运动，而靠水平移动使货物从一车辆上推移到另一车辆上，称为"移上移下"方式。"移上移下"方式需要使两种车辆水平靠接，因此必须对站台或车辆货台进行改变，并配合移动工具实现这种装卸。

（5）"散装散卸"方式。"散装散卸"方式主要用于对散装货物进行装卸。一般从装点直到卸点，中间不再落地，这是集装卸与搬运于一体的装卸方式。

3. 按被装货物的主要运动形式分类

按被装货物的主要运动形式分类，可分为垂直装卸和水平装卸。

4. 按装卸、搬运对象分类

按装卸、搬运对象分类，可分为散装货物装卸、单件货物装卸、集装货物装卸等。

5. 按装卸、搬运的作业特点分类

按装卸、搬运的作业特点分类，可分为连续作业和间歇作业。连续作业主要是同种货物大批量散装或小件杂货通过输送机械连续不断地作业的装卸、搬运方式。连续作业中间无停顿，货间无间隔。在货物量较大、货物对象固定、货物对象不易形成大包装的情况下适宜采取这种方式。间歇装卸有较强的机动性，装卸地点可在较大范围内变动，主要适用于不固定的各种货物，尤其适用于包装货物、大件货物，散粒货物也可采取此种方式。

6. 按运输机具分类

按运输机具分类，有公路搬运、铁路搬运、船只搬运、飞机搬运等。

7. 按货物的包装形式、形状、样式分类

（1）个别搬运。将包装货物一个一个地搬运。

（2）单元货载搬运。将货物装上托盘或装进集装箱搬运。

（3）散货搬运。散货搬运适用于石油一类的液体货物或小麦一类的颗粒状货物的搬运。

8. 按使用的搬运机械进行分类

按使用的搬运机械进行分类，有输送机搬运、起重机搬运、叉车搬运、装料器及输入器搬运等。

4.2.5 装卸、搬运的承载器具

为提高装卸、搬运的效率和便于机械操作，通常使用集装方式，主要使用托盘和集装箱。

1. 托盘

最典型的托盘是平托盘，其变形体有柱式托盘、架式托盘（集装架）、笼式托盘（集装笼）、箱式托盘、折叠式托盘、轮式托盘（台车式托盘）、薄板托盘（滑板）等。使用托盘是为了使货物能有效地装卸、运输、保管，将其按一定数量组合放置在一定形状的台面上。这种台面有供叉车从下部叉入并将台板托起的叉入口，在这种基本结构的基础上所形成的各种形式的集装器具都可统称为托盘。托盘是一种重要的集装器具，是在物流领域中适应装卸机械化而发展起来的一种集装器具。

托盘的出现促进了集装箱和其他集装方式的形成和发展。现在，托盘和集装箱一起，成为集装系统的两大支柱。

2. 集装箱

集装箱既有包装的功能，又可以起到装卸、搬运承载器具的作用。最典型的集装箱是普通集装箱，其变形体有笼式集装箱、罐式集装箱、台架式集装箱、平台集装箱、折叠式集装箱等。集装箱和其相应的托盘大多在形态上区别并不大，但在规模上相差较大。

除托盘和集装箱以外，其他的集装方式或集装方式的变形体还有集装袋、集装货捆、集装网络、集装罐、集装筒等。

4.2.6 装卸、搬运的合理化

如何使物流合理化是物流企业为提高效率、降低成本、改善服务和提高经济效益所应认真研究的问题。促使物流合理化是一项复杂的系统工程，涉及诸多方面，但一般而言应遵循以下原则。

1. 提高机械化水平的原则

对于劳动强度大、工作条件差、搬运及装卸频繁、动作重复的环节，应尽可能采用有效的机械化作业方式，如采用自动化立体仓库可以将人力作业降到最低程度，从而使机械化、自动化水平得到很大提高。

2. 减少无效作业的原则

当按一定的操作过程完成货物的装卸、搬运时，要完成许多作业。作业即产生费用，因此应采取多种措施，避免无效作业，如减少作业次数、尽可能缩短搬运距离等。

3. 扩大产品单元的原则

为了提高搬运、装卸和堆存效率，提高机械化、自动化和管理水平，应根据设备能力，尽可能扩大货物的物流单元，如采用托盘、集装箱等。目前发展较快的集装箱单元就是一种标准化的大单元装载货物的容器。

4．提高机动性能的原则

移动货物时的机动性大小反映出物流的合理化程度。从物流的合理化角度看，应尽可能使货物处于机动指数高的状态。

5．利用货物自重和减小附加重量的原则

在搬运、装卸和堆存货物时，应尽可能利用货物的自重，以节省能量和投资，如利用地形差进行装货，采用重力式货架堆货等。在保证货物搬运、装卸和堆存安全的前提下，应尽可能减小附加工具的自重和货物的包装重量。

6．各环节均衡、协调的原则

装卸、搬运作业是各作业线环节的有机组成，只有各环节相互协调，才能使整条作业线产生预期的效果。应使装卸、搬运作业各环节的生产效率协调一致，相互适应。因为个别薄弱环节的生产能力决定了整个装卸、搬运作业的综合能力，因此要针对薄弱环节采取措施，提高能力，使装卸、搬运系统的综合效率最高。

7．系统效率最大化原则

在货物的流通过程中，应力求提高包装、装卸、运输、保管等各物流环节的效率。由于各物流环节间存在着效益背反的关系，如果分别独自进行，则物流系统总体效率不一定能够提高，因此要从物流全局的观点来研究问题。

4.3 流通加工

4.3.1 流通加工的概念和性质

1．流通加工的概念

我国国家标准《物流术语》中对流通加工的定义为：根据顾客的需要，在流通过程中对产品实施简单加工作业活动（如包装、分割、计量、分拣、刷标志、拴标签、组装等）的总称。

流通加工是流通中的一种特殊形式，是物流系统构成要素之一。它使产品发生物理或化学变化，通过改变产品的形态或性质而创造价值。它可以促进销售、维护产品质量和提高物流效率，是在流通领域对产品进行的简单再加工。

一般地说，生产的职能是使一件产品产生某种形态从而具有某种使用价值。流通的主要职能是在保持产品已有形态的条件下完成产品所有权的转移，而不是靠改变产品的形态

创造价值。物流的主要作用是实现产品的空间移动。在物流系统中，流通加工不是通过保护流通对象的原有形态实现流通作用的，而是和生产一样，是通过改变或完善流通对象的原有形态来实现流通作用的。流通加工的流程图如图4-1所示。

2. 流通加工的性质

流通加工在现代物流系统中的主要任务是提高物流系统对用户的服务水平，有提高物流效率和使物流活动增值的作用。

（1）流通加工的出现与现代生产方式有关。生产的集中化进一步引起产、需之间的分离，生产和消费之间存在着一定的空间差、时间差。某些人生产的产品供给成千上万人消费，而某些人消费的产品又来自许多生产者。这种少品种、大批量、专业化产品往往不能和消费需求密切衔接，弥补这一分离的方法就是流通加工。在后工业化时代，生产和流通的进程逐渐趋于一体化，物流领域的流通加工也是这种进程的一个表现。流通加工的诞生是现代生产发展的必然结果。

（2）流通加工的出现还与现代社会消费的个性化有关。随着经济增长、国民收入增多，消费者的需求日益多样化，消费的个性化使本来就存在的产需分离变得更严重。生产过程中的加工制造常常满足不了消费者的需求，如果采取增加生产工序的方式，将会使生产的复杂性增加，并且按个性化需求生产的产品难以高效率、大批量流通。于是，加工活动开始部分地由生产过程向流通过程转移，促使在流通领域开展流通加工，在流通过程中形成了某些加工活动。目前，在世界许多国家和地区的物流中心或仓库经营中都大量存在流通加工业务，在美国等物流发达国家流通加工更为普遍。

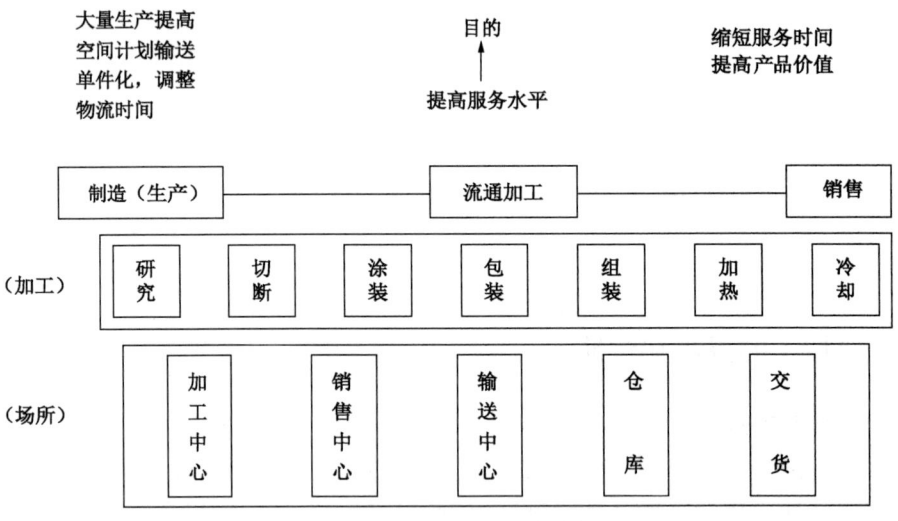

图4-1 流通加工的流程图

4.3.2 流通加工的特点和作用

1. 流通加工的特点

流通加工和一般的生产加工在加工方法、加工组织、生产管理方面并无显著差别，但在加工对象、加工程度方面差别较大，其差别主要有以下几点。

(1) 流通加工的对象是已经进入流通过程的产品,和消费者的需求更接近,而生产加工的对象是原材料、零配件、半成品。

(2) 流通加工大多是简单加工,如果必须进行复杂加工才能形成人们所需的商品,就应专设生产加工的工序。流通加工绝不是对生产加工的代替,而是对生产加工的辅助及补充。

(3) 从价值观点看,生产加工的目的在于创造价值及使用价值,而流通加工的重点则是实现价值和完善使用价值。

(4) 流通加工有时以自身流通为目的,为物流创造条件,这也是流通加工不同于一般生产加工的特殊之处。

2. 流通加工的主要作用

流通加工通过改变产品的原有形态来实现桥梁和纽带的作用,具有重要的意义。

(1) 流通加工完善了流通功能。流通加工一方面方便消费者进行消费,满足消费者多样化的需求;另一方面有利于产品扩大销路,从而使流通的媒介功能和作用发挥得更加充分。

(2) 流通加工是物流中的重要利润源。流通加工是一种低投入、高产出的加工方式,往往是简单的加工带来超值的回报。例如,流通加工通过改变装潢或包装,可以使产品档次跃升;通过集中下料,可以将产品的利用率提高 20%～50%,这是采取一般方法提高生产率所难以达到的。

(3) 流通加工方便运输,提高了运输效率。有些产品的成品不宜远距离运输,而且在途中易损坏,由于流通加工的存在,因此可以以半成品的形式运输,在消费地物流中心进行组装,或者散件产品在出库配送前或到达用户手中后再组装,以此提高运输工具的装载率和仓库保管效率,这样既方便了运输,又避开了途中损坏的风险。

(4) 流通加工在国民经济中也是重要的产业形态。流通加工对推动国民经济发展,完善国民经济的产业结构和生产分工具有一定的意义。

4.3.3 流通加工的主要类型

1. 为弥补生产领域加工不足进行的深加工

有许多产品在生产领域的加工只能达到一定程度,这是由于大量的限制因素限制了生产领域不能完全实现终极加工。例如,钢铁厂的大规模生产只能按规定的标准规格进行,以使产品有较强的通用性,使生产能有较高的效率和效益;木材如果在产地完成成材加工或制成木制品的话,就会造成运输的极大困难,所以原生产领域只能加工到圆木、板、方材这种程度,进一步的下料、切截、处理等加工则由流通加工完成。这种流通加工实际是生产的延续,是生产加工的深化,对弥补生产领域加工不足有重要意义。

2. 为适应需求多样性和变化性进行的服务性加工

由于需求存在多样性和变化性两个特点,为适应这种需求,流通部门常常对某些原料进行初级加工,如将大的板材、线材按用户需求进行切割等。对生产者来讲,现代生产的要求是尽量减少流程,集中力量从事较复杂的、技术性较强的劳动,而不愿意将大量初级加工工作包揽下来。这种初级加工由流通加工来完成,生产者便可以减少自己的生产流程,使生产效率提高。

3. 为保护产品进行的加工

在物流过程中，在产品投入使用前都存在对产品的保护问题，防止产品在运输、储存、装卸、搬运、包装等过程中遭到损失，有利于产品使用价值的顺利实现。和前两种加工不同，这种加工并不改变进入流通领域的"物"的外形及性质。这种加工主要采取稳固、改装、冷冻、保鲜等方式进行。

4. 为提高物流效率、方便物流进行的加工

有一些产品本身的形态使其难以进行物流操作，如鲜活产品储存困难、过大设备搬运困难、气体运输困难等。进行流通加工，可以使物流各环节易于操作，这种加工往往改变"物"的物理状态，但并不改变其化学特性，并最终仍能恢复为原物理状态。

5. 为促进销售进行的流通加工

流通加工可以从若干方面起到促进销售的作用。例如，将大包装或散装物分装成适合一次销售的小包装的分装加工；将原以保护产品为主的运输包装改换成以促进销售为主的装潢性包装，以起到吸引消费者、指导消费的作用；将零配件组装成用具、车辆以便直接销售；将蔬菜、肉类洗净切块以满足消费者的需求等。这种流通加工可能是不改变"物"的本体，只进行简单改装的加工，也有许多是组装、分块等深加工。

6. 为提高加工效率进行的流通加工

许多生产企业的初级加工由于数量有限加工效率不高，也难以投入先进的科学技术。流通加工以集中加工形式，解决了单个企业加工效率不高的弊病，以一家流通加工企业完成若干生产企业的加工工序，使加工效率提高。

7. 为提高原材料利用率进行的流通加工

流通加工利用其综合性强、用户多的特点，可以实行合理规划、合理套裁、集中下料，从而有效提高原材料利用率，减少损失和浪费。

8. 衔接不同运输方式使物流合理化的流通加工

在干线运输及支线运输的节点处设置流通加工环节可以有效解决大批量、长距离干线运输和多品种、小批量、多批次末端运输，以及集货运输之间的衔接问题。一般是在流通加工点与大生产企业间形成大批量、定点运输的渠道，又以流通加工中心为核心，组织对多用户的配送；也可在流通加工点将运输包装转换为销售包装，从而有效衔接不同目的的运输方式。

9. 生产—流通一体化的流通加工

依靠生产企业与流通企业的联合，或者生产企业涉足流通领域，或者流通企业涉足生产领域，实现对生产与流通加工进行合理分工、合理规划、合理组织，统筹进行生产与流通加工的安排，这就是生产—流通一体化的流通加工形式。这种流通加工形式可以促成产品结构及产业结构的调整，充分发挥企业集团的经济技术优势，是目前流通加工领域的新形式。

流通加工的内容从分装、配货、挑选、粘贴标签等简单加工，到借助高科技才能完成的加工，加工形态是多种多样的。而今后，这种多样化趋向将会越发明显，用以适应消费的多样化和物流的发展。

4.3.4 流通加工的管理

流通加工的管理，从其本质来说，和生产领域中的生产管理一样，是对流通领域中的生产加工作业的管理。不同的是，流通加工的管理既要重视生产的一面，更要着眼于销售的一面，因为后者是其加工的主要目的。流通加工的管理可分为计划管理、生产管理、成本管理和销售管理等。

1. 计划管理

计划管理是指对流通加工的产品必须事先制订计划，如对加工产品的数量、质量、规格、包装的要求等，都要按用户的需求制订具体计划，按计划进行加工生产。

要实现现代生产的计划管理，首先，要改变管理意识，将生产部门管理工作从过去仅重视成品生产量转到重视物料管理、重视生产计划交货期和掌握库存控制技术、搞好质量管理和现场管理的层面上来。其次，应规范生产计划制度，大力推行年度计划和季度计划，落实月生产计划。最后，实施各项管理制度，在车间实行生产计划管理和物料管理制度，并建立管理规范和操作规范；要求生产系统管理人员随时监控计算机里的数据，同时制定出可行的订货原则、安全库存量、物料消耗指标、生产能力指标等管理数据，使各车间的加工处于受控制状态。

2. 生产管理

生产管理主要是指对生产过程中的工艺进行管理，如生产厂房、车间的设计，生产工艺流程的安排，原材料的储存供应，产成品的包装、入库等一系列的工艺流程设计是否科学、合理与现代化。

生产管理的制度化、程序化和标准化是科学管理的基础。只有在合理的管理体制、完善的规章制度、稳定的生产程序、一整套科学管理方法，以及完整、准确的原始数据基础上，生产管理才能产生新的飞跃，并为计算机管理奠定良好的基础。

3. 成本管理

在流通加工中，成本管理也是一项非常重要的内容。一方面，流通加工是为了方便用户，创造社会效益；另一方面，流通加工是为了扩大销售，增加企业效益。所以，必须详细计算成本，不能进行亏本的加工。

成本计算必然涉及流通加工费用计算。流通加工费用包括流通加工设备费用、流通加工材料费用、流通加工劳务费用及流通加工其他费用。对流通加工费用的管理，必须注意以下几点。

（1）合理确定流通加工的方式。流通加工企业应根据服务对象，选择适当的加工方法和加工深度，因为不同的加工方法和加工深度的费用是不同的。

（2）合理确定流通加工的能力。流通加工费用与加工批量、加工数量存在着正比关系，应根据物流需要和加工者的实际能力确定加工批量和加工数量，避免出现加工能力不足或加工能力过剩的现象。

（3）流通加工费用的单独核算。为了检查和分析流通加工费用的使用、支出情况，分析流通加工的经济效益，要求对流通加工费用单独管理，单独核算。

（4）制定反映流通加工特征的经济指标。例如，制定反映流通加工后单位产品增值程度的增值率,反映流通加工在材料利用方面的材料出材率、利用率等指标,以便更好地反映流通加工的经济效益。

4. 销售管理

流通部门的主要职能是销售,加工也主要是为此目的服务的。因此,在加工之前,要对市场情况进行充分的分析调查。只有广大顾客需要的、加工之后有销路的产品,才能组织加工;顾客不需要的或销路不好的产品,不能进行徒劳的加工。

4.3.5 流通加工的合理化

流通加工是在流通领域中对生产的辅助性加工,从某种意义上来讲它不仅是生产过程的延续,还是生产本身或生产工艺在流通领域的延续。这个延续可能有正、反两方面的作用:一方面可能有效地起到补充完善的作用;另一方面可能对整个过程有负效应,各种不合理的流通加工都会产生抵消效益的负效应。

1. 不合理的流通加工

合理的流通加工可以有效地起到对生产进行补充、完善和促进流通的作用,不合理的流通加工会产生抵消效益的负效应。几种不合理的流通加工形式如下。

(1)流通加工地点设置不合理。流通加工地点设置(布局状况)是决定整个流通加工是否有效的重要因素。为衔接单品种、大批量生产与多样化需求进行的流通加工,加工地点设置在需求地区才能实现大批量的干线运输与多品种末端配送的物流优势。如果将流通加工地点设置在生产地区,等于在生产地区增加了一个加工环节,同时增加了近距离运输、装卸、储存等一系列物流活动。

(2)流通加工方式选择不当。流通加工方式包括流通加工对象、流通加工工艺、流通加工技术、流通加工程度等。流通加工方式的确定实际上是与生产加工的合理分工。流通加工不是对生产加工的代替,而是对它的补充和完善。所以,如果工艺复杂,技术装备要求较高,或者加工可以由生产过程延续或可轻易解决都不宜再设置流通加工环节,尤其不宜与生产过程争夺技术要求较高、效益较高的最终生产环节,更不宜利用一个时期市场的压迫力使生产者进行初级加工或前期加工而使流通企业完成装配或最终形成产品的加工。

(3)流通加工作用不大,形成多余环节。有的流通加工过于简单,或者对生产者及消费者作用都不大,甚至有时流通加工的盲目性同样未能解决品种、规格、质量、包装等问题,相反却实际增加了环节,这也是流通加工不合理的重要形式。

(4)流通加工成本过高,效益不好。流通加工之所以有生命力,重要优势之一是有较大的投入产出比,因而起着有效的补充、完善作用。如果流通加工成本过高,则不能实现以较低投入换取更高使用价值的目的。

2. 促进流通加工合理化

流通加工合理化的含义是实现流通加工的最优配置,不仅要做到避免各种不合理现象,使流通加工有存在的价值,而且要争取做最优的选择。为避免各种不合理现象,对是否设置流通加工环节、在什么地点设置、选择什么类型的加工、采用什么样的技术装备等,需要做出正确抉择。实现流通加工合理化主要考虑以下几个方面。

(1)流通加工和自己送结合。这是指将流通加工环节设置在配送点,一方面按配送的需要进行加工；另一方面流通加工又是配送业务流程中分拣、配货中的一环，加工后的产品直接投入配货作业。这样就无须单独设置一个加工的中间环节，使流通加工有别于独立的生产，而使流通加工与中转流通巧妙地结合在一起。同时，由于配送之前有加工环节，配送服务水平可大大提高。这是当前对流通加工做合理选择的重要形式，在煤炭、水泥等产品的流通中已表现出较大的优势。

（2）流通加工和配套结合。在对配套要求较高的流通中，配套的主体来自各个生产单位。但是，完全配套有时无法全部依靠现有的生产单位完成，进行适当流通加工可以有效促成配套，大大提高流通的桥梁与纽带作用。

（3）流通加工和合理运输结合。流通加工能有效衔接干线运输与支线运输，促进两种运输形式的合理化。利用流通加工，在支线运输转干线运输或干线运输转支线运输这样本来就必须停顿的环节，不进行一般的支线运输转干线运输或干线运输转支线运输，而按干线运输线或支线运输合理的要求进行适当加工，从而大大提高运输及运输转载水平。

（4）流通加工和合理商流结合。通过加工有效促进销售，从而使商流合理化，也是流通加工合理化的考虑方向之一。流通加工和配送的结合，通过流通加工提高了配送水平，强化了销售，是流通加工与合理商流结合的一个成功例子。此外，通过简单地改变包装加工，形成方便的购买使用量，通过组装加工解决用户使用前进行组装、调试的难题，都是有效促进流通加工和商流结合的例子。

（5）流通加工和节约结合。节约能源、节约设备、节约人力、节省费用是流通加工合理化主要考虑的因素，也是目前我国设置流通加工环节，考虑其合理化的较普遍的形式。

对于流通加工合理化的最终判断，要看是否取得了最优效益。对流通加工企业而言，与一般生产企业一个重要不同之处是，流通加工企业更应以追求社会效益为第一观念，只有在补充、完善自身的前提下才有生存的价值。如果只追求企业的微观效益，不适当地进行流通加工，甚至与生产企业争利，就有违流通加工的初衷，或者其本身已不属于流通加工范畴了。

4.3.6 绿色流通加工

绿色流通加工是流通部门在环境保护方面可以有大作为的领域。绿色流通加工的途径主要分为两个方面：一方面，变消费者分散加工为专业集中加工，以规模作业方式提高资源利用效率，以减少环境污染，如餐饮服务业对食品的集中加工能减少家庭分散烹调所造成的能源浪费和空气污染；另一方面，集中处理消费品加工中产生的边角废料，以减少消费者分散加工所造成的废弃物污染，如流通部门对蔬菜的集中加工减少了居民分散垃圾丢弃及相应的环境治理问题。

随着社会的发展，节约资源、保护环境已不再仅是企业出于对公众利益的关切而进行的一种公益行为，已成为企业必须履行的社会义务。绿色事业为企业开辟了新的经营与发展领域，给企业带来了新的拥有巨大潜力的商机。因此，企业必须制定自己的绿色经营战略与策略。在发达国家，很多企业都将绿色事业作为企业战略发展与日常经营活动中的重要部分。流通企业可采用的绿色流通战略包括绿色食品经营与营销战略、绿色企业文化与形象战略、绿色流通作业战略等。相应地，企业可采用采购、价格、营销及公关等经营策略实现绿色经营的战略目标。

本章小结

物流的辅助作业包括包装作业，装卸、搬运作业，以及流通加工作业。包装是流通过程的起点，也是保证物流活动顺利进行的重要条件；装卸、搬运是在物流系统各个环节不同活动之间必须进行的，它影响着整个物流过程的质量、速度和成本；随着社会化大生产的进一步发展，流通加工在物流领域得以快速发展，成为物流企业的一项重要利润来源。

案例分析

一、快递包装"瘦身变绿"谈何容易

包装成本的增减对快递企业来讲是门生意更是难题。近日，国家邮政局联合多部门对快递领域包装情况进行排查摸底。在业内人士看来，现阶段，大力推行可降解、可回收快递包装并不容易，快递企业要为改良付出高额成本，快递加盟网点不愿为成本买单，而品牌商大量难降解的纸箱同样增加着快递企业的负担。基于此，使用可降解、可利用的环保包装材料，仍需从品牌商、快递企业等多方面入手，才能实现包装材料的减量。

1. 摸底调查快递包装

近年来，快递行业包装总量增长迅速，妥善处理快递包装问题依然很棘手。2019年10月9日至10月14日期间，国家邮政局联合国家发展和改革委员会、司法部、生态环境部、住房和城乡建设部、商务部派出调研组，在北京、陕西、重庆、辽宁等地开展快递领域包装情况摸底调查。

在北京，调研组深入电商、快递、生产和环卫企业一线，先后调研了北京环卫集团马家楼转运站、一撕得集团、北京大学近邻宝快递服务中心、顺丰速运化工路服务点和苏宁物流马驹桥基地，覆盖了快递包装的生产、使用、回收、处理的各环节、全流程。据了解，本次调研方向包括各类快递包装产品的用量、来源、回收、处理、包装废弃物污染环境风险等。

在正式实施的《快递暂行条例》中，对快递包装提出了要求，鼓励使用可降解、可循环利用的环保包装材料，鼓励企业回收包装材料，以实现包装材料的减量。

2. 绿色化之路难行

各大物流企业和平台大力推进包装的绿色化，但实际效果并不理想。在快递专家赵小敏看来，虽然企业近两年的成效比较卓著，对绿色化的研究也突飞猛进，但单凭单个企业甚至单个行业而言快递的绿色化道路依旧艰难。

一位月销量上千单的母婴产品卖家透露，一个月用掉的纸盒成本近千元，加上胶带和泡沫的支出，总成本在1200元到1500元之间浮动，"该费用对于店铺来讲，在可承受范围之内，使用成本更高的可降解包装箱也就没有必要的理由"。

尽管商家积极性不高，但物流企业在国家相关政策支持下早就展开快递绿色化的探索。2018年，顺丰将组建的快递行业物流包装实验室升级为可持续包装解决方案中心。顺丰相关负责人对北京商报记者表示，可持续包装解决方案中心对快递网络使用量最大的纸箱、胶带、文件封及填充物和编织袋等进行改良，2018年减少了9901吨的碳排放。

百世则从2016年开始推广实施绿色快递方案，截至2019年9月底，百世的一联单使用占比达到78%。而中通电子面单使用率也接近100%，比传统五联单节省80%以上的纸张。申通目前已经在全网循环使用超过1亿个环保芯片袋，现有两联单变成一联单，成本降低一半。

3. 改良成本居高不下

现阶段快递企业推行物流绿色化的成本依然居高不下，这不仅需要快递企业和电商平台的努力，更需要上下游产业，乃至整个社会共同努力。赵小敏表示，目前快递行业上下游产业对物流绿色化积极性不高，这就会导致快递企业的单方面努力，从而增加企业成本。以电商平台为例，消费者在平台端购买的商品可能是由品牌商发货的，不经过快递企业或电商平台的包装。因此，平台方或快递企业无法强制品牌商采用绿色化包装材料。此外，快递加盟网点也需承担部分成本。

除此之外，快递员的激励机制也是绿色化回收的重中之重。一个快递员对北京商报记者表示，目前网点和公司对快递包装回收基本没有激励制度。也就是说，快递的回收产生的二次配送，这种行为多数快递员较为抵触。"在快递量递增的今天，快递的上门配送已经成为一大问题，更不要说抽出时间上门回收"，该快递员表示。

国家邮政局发展研究中心研究员、物流学博士方玺也认为，从长远来看，绿色、环保是快递行业大势所趋，环保快递箱的使用将提升商品运送过程中的安全和稳定性，并为消费者提供更为优质的服务。他表示，环保纸箱的循环使用次数越多，单次使用成本就越低，因此如何增加纸箱循环使用次数，将是未来企业要面对的一项难题。

（资料来源：中国物流与采购联合会）

二、世界上一些国家的包装废弃物处理

近年来，随着工业化国家的城市化水平和居民消费水平的提高，城市垃圾产量的增长十分迅速。全球垃圾年产量有100多亿吨，相当于全球每年粮食总产量的6倍。资料表明，在发达国家，包装废弃物在质量上约占城市固体废弃物的1/3，而在体积上约占1/20。大量的垃圾造成的环境污染，已成为人类社会发展所面对的问题。通过以下的几段趣闻，可以体会到一些国家在垃圾处理和环境保护方面的重视程度。

1. 垃圾门票

加拿大西北部的普罗维登斯堡有一个设备齐全的现代化游泳池，那里四季如春，是人们理想的休闲场所。为了搞好市政环境卫生，当局规定：男女老少均不必购买门票，只要交纳一定数量的包装垃圾即可入池挥臂击水。所以该城终年干干净净，即使偶尔有零星的垃圾，一会儿也会"不翼而飞"。

2. "垃圾监视者"比赛

意大利环保部门经常举行"垃圾监视者"比赛，内容是让参赛者将其拍摄的垃圾照片当场展出，哪张照片上的垃圾最脏、最乱，哪张照片就获头奖。这一做法使大量不按规定堆放的垃圾曝光并得到相应的处理。

3. 垃圾征税

意大利人要为他们每年购买的70亿个塑料袋每个付出8美分税金；欧盟对塑料、除锈剂等会造成污染的物品也要征环境税。

4. 清垃圾代坐牢

美国高速公路两旁的垃圾清理工作十分辛苦且危险，一直缺乏足够的人手。与此同时，监狱方面想出一个点子，凡刑期未达 120 天的轻刑犯人，可以用清理高速公路上的垃圾来代替坐牢。

5. 垃圾公园

美国佛罗里达州有一座垃圾公园，公园里的游乐设备都是以垃圾为原料做成的，它的目的是告诫人们：身在优美的环境中，要注意对垃圾的利用。

6. 音乐垃圾箱

荷兰卫生部门设计了一种音乐垃圾箱。这种垃圾箱上有一个感应器，每当有垃圾被丢入箱时，感应器自动启动录音机，播放一段优美的歌曲、故事或笑话。这种垃圾箱很受人们的欢迎，几乎每个人都情愿多跑几步路，把垃圾丢进音乐垃圾箱。

7. 垃圾纪念碑

意大利的菲腊奥市位于利古里亚海滨，那里风景优美，气候宜人，是理想的旅游胜地。许多游客在尽情地享受日光浴和海水浴后，把各种食品垃圾扔在大海里，造成环境污染。当地政府特意在此修建了一座垃圾纪念碑，碑上写着"保护大自然，这里展出的所有废物，都捞自海中"。

8. 垃圾影剧院

英国新建了一座亨德尔影剧院，全部建筑材料都取自垃圾。该影剧院银幕是用 38 000 块废白布拼凑而成的，2800 个座椅全由拣来的 45 000 根钢材焊接而成，服务员穿的是由废旧布料拼制成的奇异服装。它告诉人们：浪费多严重，"废品"并不废。

9. 垃圾博物馆

在美国新泽西州有一座垃圾博物馆，人们走进这座展示现代生活废弃物品的博物馆，犹如置身于垃圾堆。四周墙壁都用垃圾堆积而成，连地面和天花板也布满了垃圾。这座价值 40 万美元的博物馆试图告诉人们，自觉的消费者能大大减少日常随意扔掉的垃圾，解决垃圾问题的重要措施是不乱扔垃圾。

三、德国的自动堆垛机械化

在德国，考虑自动仓库的仓储设备规划，高度在 6 米以上的货架选择使用自动堆垛机是较合理的，而高度不超过 14 米的仓库，选择自动堆垛机更是唯一的解决方案。

1. 使用场合的选择

在德国大约有 90%的高架仓储系统采用自动堆垛机，主要是为了减少劳工成本，缩短设备投资回收期。同时，几乎可完全避免错误的发生。

在拣取各种各样货物的过程中，有必要选择带手动操作功能的自动堆垛机，它有较多的优点。例如，无须将部分货箱放回到高架储位上；增加了拣货的弹性；便于改变产品的分类组合，可实现最小的风险。另外，借助自动仓库管理系统处理拣货资料，能降低拣货操作错误率。在分析各种操作模式的效果时，必须关注自动堆垛机的成本收益，因为手动操作会延长设备的工作时间并增加人工成本。

2. 大量订单的拣货场合

德国螺丝扳手生产商 ABC 公司采用 21 米高的手动拣货高架仓储系统向客户供应产

品,将约80%的产品供应给贸易公司,余下20%的产品直接供应给不同的用户。在德国汽车工业供应商中,ABC公司生产的螺丝扳手占有30%的市场份额,每天的生产量已达到约4000万个螺丝扳手元件,全部由高架仓储系统处理。

高架仓储系统的3个巷道分别配备Destamat公司生产的自动堆垛机,载重为1000kg,配备伸缩牙叉,每天可以处理7200个储位。仓库管理系统负责将要拣的货物订单打印出来,一次可打印1500笔单据资料,以保证最有效率的拣货工作。虽然,在每份订单的货校板上储存了多达30种产品,ABC公司还是采用人工监控系统拣货,以最大限度地避免错误。拣货工序完成后,货物可以通过链条式或滚筒式输送带运到配送部门。实践表明,其拣货工作量可以增加70%,由此证明选择这种高架仓储系统是正确的。这种高架仓储系统在欧洲是唯一的单一产品校板系统,没有第二个订单拣货站,因此这种自动流程的空间使用率较自动化选择来得更高。

3. AKL自动供货的场合

德国BMG公司提出了一个非常好的实例,说明如何采用轻型自动堆垛机来使自动化立体仓库(AKL)达到最高的仓储量。位于德国Mosel的VW工厂处理本公司95%的物流工作量,AKL拥有9条65米长、8.5米高的巷道,有大约2500种产品储存在52 000个校板储位中。AKL系统中的自动堆垛机、料架、资料传输计算机和输入/输出输送带的设备都由MaIImsIIIanIIDematt公司提供。AKL系统中采用5种不同深度、宽度和高度的货箱,储存量中有70%来自生产厂商的配件包装箱。至于其他随意包装的配件、货箱或在重型校板上不包装的货物则由BMG公司重新包装再储存。当然,是否要重新包装,还要视客户生产线的要求和可用空间而定。例如,视使用货箱的大小而定。接着,再将所有货箱用货车送到VW工厂。若要货箱尺寸变换也不成问题,自动拣货系统只需要更宽敞的巷道,或利用更大的空间范围。

4. 最佳化的使用场合

资料传输计算机会针对9台AKL自动堆垛机提供不同的货物存取策略。除工作最佳化和数个巷道之间的货物存取以外,还会考虑5种不同尺寸的货箱,包括料架的色牢度和隔板的高度。如果存取货物要用的最小的货箱储位已使用完,系统就自动将货物传送到下一个更大的货箱内。在储存量低的时候,BMG公司会重新组合储位的运作,以便改善以后的处理时间。搬运的工作通过夹具自动进行,夹具会自动调整到适当的货箱宽度。补货的工作是依KAOBAN原则进行的。在Mosel的VW工厂,物流供应商会命令其员工扫描空货箱的识别卡,开始准备订单、拣货的工作。这些拣货信息资料随后由VW工厂系统传送到资料传输计算机内,再由此传递到自动堆垛机上。因此,由AKL将零件供给到WV工厂生产线仅需3个小时。操作员在先进先出的工作原则下,每班可以完成1500~1800笔拣货的工作量。

四、托盘自动化输送系统的研究

托盘自动化输送系统是AKL的重要组成部分,它具有将各物流站衔接起来的作用,在衔接人与工位、工位与工位、加工与存储、加工与装配等的同时,也具有物料的暂存和缓冲功能。对托盘自动化输送系统的合理运用,可使各工序之间的衔接更加紧密,生产效率提高,这是物流环节中必不可少的调节手段。

在AKL的出入库系统中,托盘自动化输送系统的功能一般包括输送、接收、处理和储存物料，通常还包括尺寸检查、称重和自动识别，以及把托盘上的货物从甲地输送到乙地，完成托盘及物料的时空转移，而其他功能都在这一过程中得以实现。

1. 托盘自动化输送系统的几种模式

（1）输送机模式。所谓输送机模式是指由各种自动输送机组成的托盘自动化输送系统。托盘输送机有辊道式、链式、滚轮式、板式、升降台式等多种形式。在 AKL 系统中，为了满足系统对输送托盘中货物能力的要求，一般选用运输效率较高的辊道式、链式输送机组成托盘自动化输送系统。根据自动输送的需求，可以用单一类型的输送机组合成具有特定功能的托盘自动化输送系统，也可以根据需要由几种输送机混合组成具有特定功能的托盘自动化输送系统。

（2）往复穿梭车模式。往复穿梭车是一种新型的有轨物料搬运车，在固定的轨道上快速穿梭运行，完成物料的搬运工作。在一些特殊条件下，由往复穿梭车组成的自动化物料搬运系统十分简洁和方便。例如，在多巷道的 AKL 外面，为了完成托盘出入库自动化作业，通常需要托盘相对于巷道做横向输送，采用往复穿梭车来实现是一种理想的模式。

（3）环形穿梭车模式。采用环形穿梭车既可对托盘进行横向输送，也可对其进行纵向输送，而且可以使用多台环形穿梭车同时工作，输送能力较强。

（4）AGV 模式。采用 AGV 构成的自动化输送系统 AGVS，可对托盘进行柔性化输送，输送距离较远。

2. 输送模式分析

（1）输送机模式。输送机模式的优点如下。

① 为连续输送方式，输送能力大。可以不间断地进行输送，其装载和卸载均是在输送过程不停顿的情况下进行的，不必因为空载而导致输送间断。同时，由于不经常启动和制动，因此可采用较高的输送速度，组成输送机的电气元器件的可使用寿命长。

② 结构比较简单。输送机动作单一，结构紧凑，自身重量较轻，造价较低。因受载均匀、速度稳定，其在工作中所消耗的功率一般比较小且变化不大。

③ 单台输送机的长度可加长，而多台输送机可组成长距离的输送线路，而且便于实现程序化控制和自动化操作。

④ 在输送线上能够很方便地实现物料缓存功能。

输送机模式的缺点：通用性较差；必须按整条输送路线布置输送机，输送设备多；输送路径复杂，属于刚性运输范畴，不宜做运输路线的更改；输送机造价比往复穿梭车高；通常为了满足运输能力要求，需要用很多设备组合成出入库通道，占地面积过大。

（2）往复穿梭车模式。往复穿梭车模式变输送机模式的连续输送为间歇快速输送，变刚性输送为半柔性输送。为了完成托盘出入库自动化作业，通常需要托盘相对于巷道做横向输送，采用往复穿梭车来实现十分方便。这种模式的优点：系统简单明了，设备少，占地面积小，输送快捷，往复穿梭车上可设计自动取货装置，可以输送质量较大的托盘货物。缺点：往复穿梭车的运输能力有限，对于规模大的 AKL，不宜采用此模式，因为容易形成出库运力瓶颈，影响 AKL 系统的运行。另外，系统的可靠性受单台往复穿梭车的可靠性牵制过大，如果往复穿梭车发生故障，整个系统就无法完成入库作业。因此，提高往复穿梭车的可靠性尤为重要。

（3）环形穿梭车模式。环形穿梭车模式是由往复穿梭车模式发展而来的，穿梭车在平面内呈环状布置，可以同时运行多台穿梭车，克服了往复穿梭车模式可能产生运行瓶颈的缺陷，但仍保持往复穿梭车的优点。采用环形穿梭车可根据需要对托盘进行横向输送，也能对其进行纵向输送，可以多台穿梭车同时运行，输送能力较强。但是，平面布置的环形穿梭车模式的轨道比较复杂，造价高，同时采用无线通信对其进行调度，技术难度较大。

（4）AGV 模式。AGV 模式是中高柔性的托盘自动化输送系统模式。AGV 模式采用 AGV 构成专业的 AGVS，可对托盘进行柔性输送，输送距离较远。堆垛机与出入库口的输送站台相连接，AGVS 也与输送站台相连接。AGV 可以在上位计算机系统的自动调度下，把物料运输延伸到生产线的各个环节，具有完备的智能化能源供给系统及各种安全保障系统，所以有人说 AGV 是"不知疲惫的搬运工"。而且当需要进行生产工艺的变革时，先进的 AGVS（如激光导引运输车系统，LGVS）只需要简单地进行计算机程序的更改，这对保护用户的投资十分有益。这种模式唯一的缺点是成本较高。

五、日本推广新含气调理食品加工保鲜技术

一项新含气调理食品加工保鲜技术由日本小野食品兴业株式会社研制开发并开始在中国推广应用。

新含气调理食品加工保鲜技术是针对目前普遍使用的真空包装、高温高压灭菌等常规加工方法存在的不足而开发的一种适用于加工各类新鲜方便食品或半成品的新技术。该项技术的工艺流程可分为初加工、预处理（减菌、加味）、气体置换包装和调理杀菌 4 个步骤。它将食品原材料预处理后装在高阻氧的透明软包装袋中，抽出空气并注入不活泼气体（通常使用氮气）并密封，然后在多阶段升温、两阶段冷却的调理杀菌锅内进行温和式灭菌。经灭菌后的食品能较完美地保存食品的品质和营养成分，而食品原有的色、香、味、形、口感几乎不发生改变，并可在常温下保存和流通长达 6～12 个月。这不仅解决了高温高压、真空包装食品的品质劣化问题，而且克服了冷藏、冷冻食品的货架期短、流通领域成本高等缺点，因而业内专家普遍认为该技术具有极大的推广应用价值。

专家认为，新含气调理食品保鲜加工技术可广泛应用于传统食品的工业化加工，有助于开发食品新品种，扩大食品加工的范围，从而开拓新的食品市场。该技术尤其适用于加工肉类、禽蛋类、水产品、蔬菜、水果和主食类、汤汁类等多种烹调食品或食品原材料，应用前景十分广阔。目前，日本小野食品兴业株式会社已经开发出 37 余种新含气调理食品，包括主食、肉食、禽蛋、水产、素食、甜食和汤汁等类别。日本国内已有数百家食品企业在应用这种食品加工保鲜新技术。新加坡和中国台湾、山东、湖南也引进了数条生产线。

六、蔬菜深加工发展方向

近年来，由于一些发达国家蔬菜生产成本加大，不少国家和地区都愿意从我国进口廉价的商品蔬菜。为推动我国蔬菜加工业由资源优势转变为产品优势与经济优势，有关专家认为，今后蔬菜深加工发展方向主要有以下几个。

1. 脱水蔬菜

脱水蔬菜通过干燥技术处理使蔬菜体积大大缩小。以鲜葱为例，每 13 吨鲜葱经加工后仅得到 1 吨脱水葱，不必冷藏运输，保存十分方便。加工时通常采用冷冻干燥法，先将蔬菜洗净处理，再将其冷冻，使植株体内水分冻成冰状，而后移放到较高温度的真空干燥条件下，使冰迅速化为水汽而蒸发掉。经过脱水加工的蔬菜，复水性好，维生素和其他营养成分不受破坏，深受国际市场欢迎。

2. 速冻蔬菜

将洗净处理的蔬菜，经漂洗处理后，放到温度为-18～-5℃的环境中，用较短时间和极快的速度使之冰化，在低温条件下较好地保持原菜的色、香、味和各种有效营养成分。速冻蔬菜的特点是解冻后复原性能好，近似于新鲜蔬菜。

3. 洁净蔬菜

洁净蔬菜适合在城市近郊加工，它的方法是将收获的新鲜蔬菜经初加工，剔除残根、老叶、虫伤株，再洗净包装成干净的新鲜蔬菜上市销售。其特点是新鲜洁净，消费者购买后可以直接加工食用，十分方便快捷。

4. 菜汁饮料

菜汁饮料是一种新型纯天然保健饮料。加工方法是先将蔬菜洗净，通过研磨粉碎获取70%～80%的悬胶状蔬菜原汁。菜汁饮料能保持蔬菜原有的风味和营养。其特点是口感好、风味独特，可与茶、酒、奶等配制成混合型饮料。

5. 辣味蔬菜

辣味蔬菜可使人增进食欲，同时又能溶解脂肪，具有减肥效果。另外，辣味蔬菜具有纯化DMN的活性，因而具有抗癌性能。

6. 粉末蔬菜

以新鲜蔬菜为原料，经冻干脱水后磨研成粉末，然后加到其他食品中，以提高食品的口味与营养。

7. 美容蔬菜

黄瓜、西瓜等一些瓜类汁液，具有保护皮肤、防止衰老的功效。提取纯的瓜汁与高级脂肪、化工原料进行科学调配，可制成高级护肤美容霜、洗面美容剂等。这类高级美容化妆品在国外化妆品市场上十分畅销。

七、包装加工和快捷配送

在物流过程中，为了保护产品、方便储运、促进销售，必须按一定的技术方法，采用容器、材料及辅助物等物品包封产品并予以适当的装潢和标志。例如，龙骏物流有限公司可提供个包装、内包装到外包装三个层次的包装，包装材料上可以采用纸类（如牛皮纸、瓦楞纸板、羊皮纸、油纸、蜡纸等）、塑料类（如聚乙烯、聚苯乙烯、聚氯乙烯等）、木材类（如胶合板、纤维板、刨花板等）、金属类（如镀锡薄板、铝合金等）。在包装容器上，可以用包装袋、包装盒、包装箱（如瓦楞纸箱、木箱、塑料箱、集装箱）、包装瓶、包装罐等。

流通加工是物流过程中一个比较特殊的环节。它具有一定的生产性质，同时它还将生产及消费（或再生产）联系起来，起到桥梁和纽带的作用，完成产品所有权和实物的转移。流通加工，能够提高原材料利用率、方便用户、满足用户的具体要求，弥补专业生产方面的不足，解决产品的标准化生产与个性化消费之间的矛盾。为了方便生产企业和满足用户的需求，龙骏物流有限公司提供流通加工服务，包括冷冻加工（采取低温冻结加工，解决诸如鲜鱼、鲜肉等产品的保鲜及装卸、搬运问题）、分选加工（按不同的类别、规格、数量、质量进行加工）、精制加工（进行切分、洗净、分装等加工，以方便消费者）、分装加工（大包装改小包装、散装改小包装、运输包装改销售包装）、组装加工（对一些机电设备进行组装、拆装）。

Chapter 4

第4章 物流的辅助作业活动

龙骏物流有限公司提供从厂家接货到最终配送给消费者的一条龙服务,涉及代理采购、接货、验货、装卸、搬运、储存、保管、保养、加工、分拣、送货整个过程。生产厂家只要把产品放到配送中心的仓库,随时下达指令,配送中心随时将产品送到消费者手中。此外,在配送中心也有一部分龙骏物流有限公司所有的商品。各厂家、零售店、超市、百货大楼只要提供货物清单,其他事将由龙骏物流有限公司完成,同时保证价廉物美,高效可靠。龙骏物流有限公司按用户的要求提供各种各样的配送:定时配送(按规定时间间隔进行配送,如数天或数小时一次、日配、周配、旬配、月配)、定量配送(按规定的批量在一个指定的时间范围内进行配送,如整车配送、整件配送、整箱配送)、定时定量配送(按规定的配送时间、批量进行配送,是前两种配送的综合)、定时定路线配送(按规定的运行路线制定到达时间表,按运行时间表进行配送,用户可按规定的路线站及规定的时间接货)及提出配送要求后即时配送(随叫随配)。

思考分析

(1)各大物流企业在电商绿色包装方面有什么举措?
(2)托盘自动化输送系统通常分为几种模式?
(3)对蔬菜的流通加工有几种发展方向?

问题提示

(1)从减量包装、环保包装材料及供应链角度着手,通过工艺与技术相结合,打造各具特色的绿色电商包装解决方案。
(2)输送机模式、往复穿梭车模式、环形穿梭车模式、AGV模式。
(3)脱水蔬菜、速冻蔬菜、洁净蔬菜、菜汁饮料、辣味蔬菜、粉末蔬菜、美容蔬菜。

重要概念

包装　装卸、搬运　流通加工　托盘　集装箱

习题 4

一、填空题

1. 包装是为在流通过程中_____、_____、_____,按一定技术方法而采用的容器、材料及辅助物等的总体名称。
2. 从现代商品包装具有的使用价值来看,包装材料应具有以下几个方面的性能:_____、_____、_____、_____、_____等。
3. 常用的包装材料有_____、_____、_____、_____、_____、_____等。
4. 主要的包装技术有_____、_____、_____、_____、_____。
5. 按装卸、搬运的机械类型及机械作业方式分类,可分成____、____、____、____、____等。
6. 实现流通加工合理化主要考虑_____、_____、_____、_____、_____等几个方面。

二、选择题

1. 包装的主要功能有（　　）。
   A．保护功能　　　B．定量功能　　　C．标识功能
   D．跟踪功能　　　E．便利功能
2. 按在物流过程中的作用不同，包装可分为（　　）。
   A．商业包装　　　B．运输包装　　　C．集合包装　　　D．促销包装
3. 集合包装包括（　　）。
   A．集装箱　　　　B．集装托盘　　　C．集装袋
   D．滑片集装　　　E．框架集装　　　F．无托盘集装
4. 按装卸、搬运施行的物流设施、设备对象分类，可分为（　　）。
   A．仓库装卸　　　B．铁路装卸　　　C．港口装卸
   D．汽车装卸　　　E．飞机装卸
5. 流通加工管理工作可分（　　）。
   A．计划管理　　　B．生产管理　　　C．成本管理　　　D．销售管理

三、问答题

1. 包装的主要功能是什么？与物流关系密切的是哪几项？
2. 对商业包装与运输包装各有什么要求？
3. 对合理的物流包装有哪几个方面的要求？举例说明目前存在的一些不合理的包装。
4. 简述集合包装对提高物流效率的意义。
5. 就你所熟悉的商品提出一些改进包装的设想。
6. 装卸与搬运在物流中的作用是什么？
7. 装卸、搬运的功能有哪些？
8. 装卸、搬运有哪些特点？
9. 装卸、搬运按机械作业方式分为哪几类？
10. 集装方式中主要的承载器具是哪几种？
11. 合理的装卸、搬运应考虑哪几条原则？
12. 流通加工在物流中的主要意义有哪些？
13. 流通加工和一般的生产加工相比有哪些异同？
14. 流通加工有几种主要类型？
15. 合理的流通加工表现在哪几个方面？
16. 实现流通加工合理化主要考虑哪几个方面的原则？
17. 简述流通加工与环境保护的关系。

第 5 章 物流信息管理

学习目的与要求

- 了解物流信息的功能和特征；
- 熟悉物流信息的内容；
- 掌握物流信息的概念、条码技术、EDI 系统、EOS、POS 信息系统、RFID 技术、GIS、GPS 及 BDS 的内容和应用。

5.1 物流信息概述

近年来，在企业经营方面，有关信息的重要性日益显现。在国际化、多样化、高速化的经营环境下，企业如果没有良好的信息系统，将会直接影响到自身的生存。物流企业也是如此，物流信息化程度日益加深，对提高物流企业的竞争力起着越来越大的作用。

5.1.1 物流信息的概念

物流信息是反映物流各种活动内容的知识、资料、图像、数据、文件的总称。物流信息是物流活动中各个环节生成的信息，一般是随着从生产到消费的物流活动的产生而产生的信息流，与物流过程中的运输、保管、装卸、搬运、包装等各种功能有机地结合在一起，是整个物流活动顺利进行所不可缺少的物流资源。

现代物流的重要特征是物流的信息化，现代物流也可看作物质实体流通与信息流通的结合。

5.1.2 物流信息的组成

物流信息包括物流系统内信息和物流系统外信息两部分。

1. 物流系统内信息

物流系统内信息是指与物流活动（如运输、保管、装卸、搬运、包装等）有关的信息。它是伴随物流活动而产生的，在物流活动的管理与决策中发挥着重要作用。例如，运输工具的选择、运输线路的确定、在途货物的追踪、仓库的有效利用、订单管理等，都要有详细和准确的物流信息，因为物流信息对运输管理、库存管理、订单管理等物流活动具有支持保证的功能。

2. 物流系统外信息

物流系统外信息是在物流活动以外产生的，但提供物流活动使用的信息，包括供货人信息、顾客信息、订货合同信息、交通运输信息、市场信息等，还包括来自企业内生产、财务等部门的与物流有关的信息。

5.1.3 物流信息的作用

物流信息在物流活动中具有十分重要的作用，物流信息的收集、传送、存储、处理与研究分析，都为物流管理决策提供了依据，对整个物流活动起着指挥、协调、支持和保障的作用。概括起来物流信息的作用主要有以下五点。

1. 沟通联系作用

物流信息是物流活动各个环节之间的纽带。物流系统是由其各个子系统组成的一个大系统。物流系统与社会经济运行中许多行业、部门及众多的企业群体之间有着十分密切的关系，无论是物流系统内部，还是其他方面，都依靠物流信息建立起各种纵向和横向的联系，沟通生产企业、批发商、零售商、消费者，满足各方面的需要。

2. 引导和协调作用

物流信息贯穿物流活动的全过程，物流过程中的各个环节依靠物流信息及其反馈引导和协调物流活动的优化，既协调供需之间的平衡，又协调物流过程中人、财、物等物流资源的配置，促进物流资源的合理使用。

3. 管理控制作用

物流信息通过通信技术、网络技术、电子数据交换和全球定位等先进技术实现物流活动的电子化，做到货物的实时跟踪，车辆的实时跟踪，库存的自动补货，实现物流作业、服务质量和成本费用等方面的管理控制。

4. 支持决策分析作用

物流信息是制定决策方案的重要基础和依据。物流管理的决策过程本身就是对物流信息分析处理和研究加工的过程，是对物流活动发展变化规律性的认识过程。因此，物流管理人员只有在科学分析物流信息的基础上，才能做出正确的决策。

5. 价值增值作用

物流信息本身具有一定的价值，而在物流活动中，物流信息在实现其使用价值的同时，其自身的价值也随之增长，这就说明了物流信息本身具有增值的特征。物流信息将物流过程中的各个环节有机地连接起来，企业通过有效地利用物流信息，组织和协调物流活动，创造经济效益。

5.1.4 物流信息的特征

1. 信息量大

物流信息随着物流活动及商品交易活动的展开大量产生，多品种、少量生产和多频度、小数量配送使得库存、运输等物流活动的信息大量增加。零售商广泛使用销售时点（POS）信息系统读取销售时点的商品品种、价格、数量等即时销售信息，并对这些销售信息进行加工整理，通过电子数据交换（EDI）系统向相关企业传送。在库存补充作业合理化方面，许多企业采用电子订货系统（EOS）。随着企业间合作的增强和信息技术的发展，物流信息的信息量在今后将会越来越大。

2. 更新速度快

物流信息的更新速度快。多品种、少量生产，多频度、小数量配送，利用 POS 信息系统即时销售，使得各种作业活动频繁发生，从而要求物流信息不断更新，而且更新速度越来越快。

3. 来源多样化

物流信息不仅包括企业内部的物流信息，而且包括与企业物流活动有关的基础设施信息。

一方面，供应链成员企业之间要及时进行信息共享和交换。许多企业把物流信息标准化和格式化，利用 EDI 系统在相关企业间实现物流信息、传递和共享。另一方面，物流活动往往要利用道路、港湾、机场等基础设施，因此要高效率完成物流活动，必须掌握与基础设施有关的信息，如国际物流过程需要掌握报关所需信息、港湾作业信息等。

5.2 物流信息系统

5.2.1 物流信息系统概述

1. 物流信息系统的概念

物流信息系统是把物流和物流信息结合成一个有机的系统，用各种方式选择、收集、输入与物流业务统计有关的各种数据，经过有针对性、有目的的计算机处理，输出对管理工作有用的信息的一种系统。

2. 物流信息系统的类别及其特征

（1）面向制造企业零配件采购供应的物流信息系统。制造企业位于供应链起点或中间节点，其物流管理是为了顺利进行生产，对原材料、物料、日常耗用品等的采购时间、路线、存储等进行计划、管理和控制。

（2）面向制造企业产成品分销的物流信息系统。制造企业根据市场需求组织生产，生产出来的产品进入物流中心，物流信息系统接受各个分销商的订单，将商品分拨到各地。

（3）面向批发企业分销的物流信息系统。面向批发企业分销的物流中心最为复杂，其物流信息系统既要完成物流中心具体物流运作管理，又要完成采购进货、销售出货业务的管理。

（4）属于第三方物流服务商的物流信息系统。第三方物流服务商经营的物流中心的特点是服务于多个货主企业。严格意义上的第三方物流服务商是整个供应链的组织者，通过第三方物流企业的物流管理信息系统将供应链上的各个节点（如制造商、零售商）及相应的交通工具（承运人）连接起来。

3. 物流信息系统所要解决的问题

物流信息系统所要解决的问题如下。

（1）缩短从接受订货到发货的时间。
（2）库存适量化（压缩库存并防止脱销）。
（3）提高搬运作业效率。
（4）提高运输效率。
（5）使接受订货和发货更为省力。
（6）提高接受订货和发货的精度。
（7）防止发货、配货出现差错。
（8）调整需求和供给。

5.2.2 条码技术

条码（Bar Code）技术是在计算机的应用实践中产生和发展起来的一种自动识别技术。它是为实现对信息的自动扫描而设计的，是实现快速、准确、可靠地采集数据的有效手段。条码技术的应用解决了数据输入和数据采集的瓶颈问题，为供应链管理提供了有力的技术支持。条码技术是现代物流系统中非常重要的信息采集技术，能适应物流大量化和高速化要求，大幅度提高物流效率。条码技术包括条码的编码技术、条形符号设计技术、快速识别技术和计算机管理技术，是实现计算机管理和 EDI 不可缺少的技术。条码主要有 EAN 码和 UPC 码。

1. 条码的定义

我国国家标准《条码术语》（GB/T 12905—2019）对条码的定义为：由一组规则排列的条、空组成的标记，用以表示一定信息。其中"空"是条码中反射率较高的部分；"条"是条码中反射率较低的部分。条码主要用以表示商品的名称、产地、价格、种类等。

2. 条码技术的优点

条码技术是迄今为止最经济、实用的一种自动识别技术。条码技术具有以下 4 个方面的优点。

（1）输入速度快。与键盘输入相比，条码输入速度是键盘输入速度的 5 倍，并且能够实现即时数据输入。

（2）可靠性高。键盘输入数据出错率为 1/300，利用光学字符识别技术出错率为万分之一，而采用条码技术误码率低于百万分之一。

（3）采集信息量大。利用传统的一维条码一次可采集几十位字符的信息，二维条码可以携带数千位字符的信息，并有一定的自动纠错能力。

（4）灵活实用。条码既可以作为一种识别手段单独使用，也可以和有关识别设备组成一个系统，实现自动化识别，还可以和其他控制设备连接起来实现自动化管理。

另外，条码标签易于制作，对设备和材料没有特殊要求，识别设备操作容易，不需要特殊培训，而且设备也相对便宜。

3. 常用条码简介

条码由最初的符号表示，从一维条码发展到二维条码，目前又出现了将一维条码和二维条码结合在一起的复合码；条码介质已由纸质发展到特殊介质；条码的应用已从商业领域拓展到物流、金融等经济领域，并向纵深发展，面向企业信息化管理的深层次的集成；条码技术产品逐渐向高、精、尖和集成化方向发展。

条码的种类很多，按照不同的分类标准可以分为不同的类型。可以根据条码的码制不同分类，还可以按照条码的维数分类。按维数分类可分为普通的一维条码、二维条码，以及多维条码。

（1）一维条码。

常见的一维条码主要有：EAN 码（EAN Code）、UPC 码（UPC Code）、二五条码（2 of 5 Bar Code）、交叉二五条码（Interleaved 2 of 5 Bar Code）、矩阵二五条码（2 of 5 Matrix Bar Code）、三九条码（3 of 9 Bar Code/Code 39）、库得巴条码（Codabar Bar Code）、128 条码（128 Bar Code/Code 128）等。下面主要介绍 EAN 码。

EAN 码是国际物品编码协会制定的一种商品用条码。它是定长的、连续型的四种单元宽度的一维条码，包括 EAN-8 码（见图 5-1）和 EAN-13 码（见图 5-2）两种类型。EAN-13 码由以下 4 部分组成。

① 前缀码。前缀码由 3 位数字组成，是 EAN 标识各会员组织的代码，中国大陆为 690～695。

② 厂商识别码。厂商识别码由 4 位数字组成，是 EAN 在其分配的前缀码的基础上分配给厂商的代码。

③ 商品项目代码。商品项目代码由 5 位数字组成，由厂商自行编码。

④ 校验码。校验码由 1 位数字组成，用以校验前面条码的正误。

图 5-1　EAN-8 码　　　　　　　　图 5-2　EAN-13 码

另外，图书和期刊作为特殊的商品也采用了 EAN-13 码表示 ISBN 和 ISSN。前缀 977 被用于期刊号 ISSN，图书号 ISBN 以 978 为前缀，我国被分配使用以 7 开头的图书号，因此我国出版社出版的图书上的条码全部以9787开头，如同学们所用教材封底的条码。

（2）二维条码。

二维条码是用按一定规律在平面（二维方向）分布的黑白相间的特定几何图形记录数据符号信息的。常见的二维条码有PDF417码、Code49、Code16K、Data Matrix、Maxi Code等，主要分为层排式和矩阵式两种。常见的二维条码如图5-3所示。

图 5-3　常见的二维条码

二维条码是一种比一维条码更高级的条码格式。一维条码只能在一个方向（一般是水平方向）上表达信息，而二维条码可以在水平和垂直两个方向上存储信息。相对于一维条码来说，二维条码有以下特点。

① 高密度编码，信息容量大。二维条码可容纳多达1850个大写字母或2710个数字或1108个字节或500多个汉字，比普通条码信息容量约高几十倍。

② 编码范围广。二维条码可以把图片、声音、文字、签字、指纹等可以数字化的信息进行编码，用条码表示出来。

③ 容错能力强，具有纠错功能。二维条码在因穿孔、污损等引起局部损坏时，照样可以得到正确识读。

④ 译码可靠性高。二维条码的译码错误率比普通条码的百万分之一要低得多，误码率不超过千万分之一。

⑤ 可引入加密措施。引入加密措施可以使二维条码的保密性、防伪性更好。

4．条码识别装置

条码识别采用各种光电扫描设备，主要有以下几种。

（1）光笔扫描器。光笔扫描器是似笔形的手持小型扫描器。

（2）台式扫描器。台式扫描器是固定的扫描装置，手持带有条码的卡片或证件在台式扫描器上移动，即可完成扫描。

（3）手持式扫描器。手持式扫描器是能手持使用和移动使用的较大的扫描器，用于静态物品扫描。

（4）固定式光电及激光快速扫描器。固定式光电及激光快速扫描器是由光学扫描器和光电转换器组成的，是现在的物流领域中应用较多的固定式扫描设备，安装在物品运动的通道边，对物品进行逐个扫描。

（5）便携式数据采集终端及无线条码扫描器。便携式数据采集终端及无线条码扫描器可在脱机（计算机）状态移动扫描条码，适用于物流的各项移动作业环境。便携式数据采集终端可存储扫描数据，工作完毕后再传回计算机进行统计分析；无线条码扫描器可通过无线系统向计算机实时传输扫描信息，可满足即时性更强的移动采集需求。

各种扫描设备都借助后续的光电转换、信息信号放大功能及与计算机联机形成完整的扫描阅读系统，完成电子信息的采集。

5. 条码技术在物流管理中的应用

条码技术在物流管理中的应用十分广泛，以下仅简要介绍条码技术在仓储管理中的应用。

（1）验货、收货管理。

对于供应商来料，根据入库单打印条码标签，仓库检验员将条码标签粘贴在物料包装或托盘上，然后扫描入库。条码中应包含物料代码、入库批号、数量、入库仓位等信息。待条码系统运行平稳后，仓库检验员再向所有供应商发通知，要求供应商通过 EDI 系统远程打印原材料条码标签，粘贴在产品外包装上，否则该公司将无法办理入库手续，并导致付款周期延长。

对于半成品入库，根据生产订单，在半成品从生产线下线时，由生产操作人员打印条码标签并粘贴在半成品上，然后扫描入库。

对于成品入库，扫描生产订单，进行成品条码标签打印。当装满一个包装时，自动打印包装箱条码标签，并将条码标签粘贴到包装箱的指定位置，然后扫描入库。

（2）入库管理。

叉车司机只需用便携条码扫描器扫描准备入库的货箱上的条码标签和准备存放此货箱的货架条码标签即可。入库可分为间接入库和直接入库两种类型：间接入库是指货品堆放在任意空位上后，通过条码扫描记录其位置；直接入库是指将某一类货物存放在指定货架。通过入库管理，可对每个货箱及其存放位置做一个记录。

（3）盘库管理。

盘库管理是指对库房中属仓储的所有货物根据盘库原则进行物理实物盘点的操作，操作过程如下。

工作人员首先在便携式条码数据终端上下载要盘货物的数据，之后依据便携式条码数据终端到仓库现场通过扫描货物的条码进行实物盘点。便携式条码数据终端上会显示要盘货存放在何地，辅助仓库管理人员根据实际库存登记情况实际盘点实物信息（如有关实物的库存数量是否与账面一致，存货质量有无变化，保管条件是否适宜等）。系统最终会记录这一货物的信息，并建立一份盘存数据档案。

（4）出库管理。

提货作业要与同一顾客的各项货物订单结合。先将订单以货箱为单位（或者以批、货盘的满载能力为单位，还可根据特殊情况或容器而定）进行分解来确定装货作业。操作人员在其便携式条码数据终端上选择出库模式后，扫描货箱上的条码，系统便会自动确认货箱里是否含有提货单上的物品，其数量和品种是否正确等。在应发货数量与实际提货数量之间出现不一致时，系统均要求操作人员输入一个原代码，对此差异做出解释，再由系统重置代码和报告。这样系统就具有一定的柔性，可让操作人员在货盘不满的时候能装进更多的货物，或在货盘已满时撤走一些货物。最后，系统把已出库存的货物从数据库中清除，并表明此订单已完成提货。

6. 物流条码与商品条码的不同

（1）标识意义不同。商品条码是最终消费品消费单元上的标识，通常是单个商品的唯一标识，用于零售业的现代化管理。物流条码是储运单元（或称贸易单元）的唯一标识，通常标识多个或多种商品的集合，它粘贴在商品的外包装（又称大包装或运输包装）上，供物流过程中的收发货、运输、装卸、仓储、分拣、配送等环节识别，用于物流的现代化管理。

（2）服务领域不同。商品条码服务于供应链中的消费环节。物流条码服务于供应链中除消费环节之外的所有环节。

（3）信息容量不同。商品条码采用 EAN/UPC 码制，由一个 13 位或 8 位数字及条码符号组成，其长度固定，信息容量少。物流条码主要采用 UCC/EAN 128 码制，是一个长度可变，可表示多种含义、多种信息的条码，是货运包装的唯一标识，可标识货物的体积、质量、生产日期、批号等信息，是贸易伙伴根据贸易活动中的共同需求，经过协商统一制定的。

（4）标准维护不同。商品条码是国际化、通用化、标准化商品的唯一标识，是零售业的国际化语言，其标准无须增减更新，便于维护。物流条码是随着国际贸易的不断发展，贸易伙伴对各种信息需求的不断增加应运而生的，其应用不断扩大，内容也不断丰富。物流条码的内容可适时增减，物流条码的标准维护难度增大。因此，及时沟通用户需求，传达标准化机构有关物流条码应用的变更内容，是确保国际贸易中物流现代化、信息化管理的重要保障之一。

5.2.3 电子数据交换系统

1. EDI 系统的概念

电子数据交换（Electronic Data Interchange，EDI）是指通过电子方式，采用标准化的格式，利用计算机网络进行结构化数据传输和交换的一种信息技术。

国际标准化组织（ISO）对 EDI 的定义为：根据商定的交易或电文数据的结构标准实施商业或行政交易从计算机到计算机的电子传输。

对于 EDI 应该从下面几点进行理解。

（1）使用 EDI 系统的交易双方是进行文件传递的不同企业，而非同一组织内的不同部门。

（2）交易双方传递的文件是特定格式的，采用的是报文标准，目前就是联合国的 UN/EDIFACT。

（3）双方各有自己的计算机（或计算机管理信息系统）。

（4）双方的计算机（或计算机管理信息系统）能发送、接收并处理符合约定标准的交易电文的数据信息。

（5）双方计算机之间有网络通信系统，信息传输是通过该网络通信系统实现的。

2. 物流管理中 EDI 系统的构成

EDI 系统的三要素是 EDI 软件和硬件、通信网络及数据标准化。一个部门或企业若要实现 EDI，首先必须有一套计算机数据处理系统；其次为使本企业内部数据比较容易地转换为 EDI 标准格式，必须采用 EDI 标准。另外，通信环境的优劣也是关系到 EDI 成败的重要因素之一。

EDI系统的作用是实现商业文件、单证的互通和自动处理，采用的是不同于人机对话方式的交互式处理方式，是计算机之间的自动应答和自动处理，因此文件结构、格式、语法规则等方面的标准化是实现EDI的关键。EDI标准主要分为以下几个方面：基础标准、代码标准、报文标准、单证标准、管理标准、应用标准、通信标准及案例保密标准。

3. EDI系统在物流领域中应用的优势

EDI系统在物流领域中应用的优势在于，供应链组成各方基于标准化的信息格式和处理方法，通过EDI系统共同分享信息、提高流通效率、降低物流成本，主要可以表现为以下几方面。

（1）缩短业务流程时间、提高信息传递及处理的准确性、提高流通效率。

在全球范围内发送一份电子单证最快只需几秒钟，发票能在更短的时间内投递，数据能立即进行处理。另外，采用EDI系统可以大大降低由人工干预造成的业务处理差错，提高信息传递及处理的准确性、提高流通效率。采用EDI系统意味着更准确的数据交换，实现数据标准化及计算机自动识别和处理，消除人工干预误差和错误，减少人工和纸张费用。

（2）减少浪费、降低成本。

一方面，通过采用EDI系统，订购、制造和货运之间的周期被大大缩短，这样就能大大降低供应链中的库存水平，从而减少资金占压、降低货物保管费用，对整个供应链的成本控制产生有利的影响。

另一方面，采用EDI系统还可以降低单证录入的人工成本、降低纸张等办公耗材的成本、降低人工干预造成的差错成本等。

（3）改善对客户的服务。

采用EDI系统也是一种改善对客户的服务的手段，它巩固了EDI贸易伙伴之间的市场和分销关系，提高了办事效率，加快了对客户需求的反应。

（4）扩展了客户群。

许多大的制造商和零售商都要求他们的供应商采用EDI系统。当他们评估、选择一种新的产品或一个新的供应商时，其进行EDI的能力是一个重要因素。由于EDI系统的应用领域很广，一个具有EDI实施能力的公司无疑会扩大其客户群，引来更多的生意。

4. EDI系统在物流领域中的应用模型

在物流领域中，EDI的参与单位有货主（如生产厂家、贸易商、批发商、零售商等）、承运业主（如独立的物流承运企业等）、实际运送货物的交通运输企业（如铁路企业、水运企业、航空企业、公路运输企业等）、协助单位（如政府有关部门、金融企业等）和其他的物流相关单位（如仓库业、专业报送业等）。

EDI系统在物流领域中的应用模型的简单描述就是货主、承运业主及其他相关的单位，通过EDI系统进行物流数据交换，并以此为基础实施物流作业活动。

5.2.4 电子订货系统

1. EOS的含义

电子订货系统（Electronic Ordering System，EOS）是指不同组织间利用通信和终端设备以在线连接方式进行订货作业与订货信息交换的体系。

EOS将批发、零售商场所发生的订货数据输入计算机,即可通过计算机通信网络连接的方式将资料传送至总公司、批发商、供应商或制造商处。可以说EOS涵盖整个商流。

2. EOS的分类

EOS按应用范围可分为三类:企业内的EOS,零售商与批发商之间的EOS,生产商、零售商与批发商之间的EOS。

3. EOS的构成

EOS并非是由单个零售商与单个批发商组成的系统,而是由许多零售商和许多批发商组成的大系统的整体形式。EOS的结构如图5-4所示。

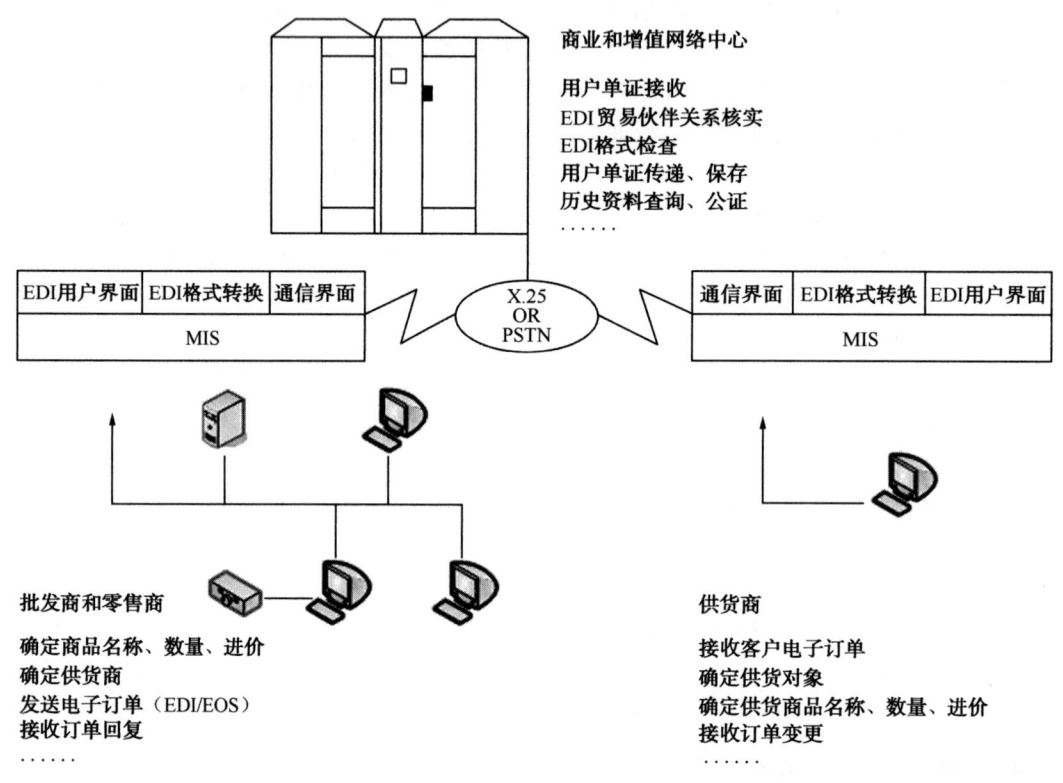

图5-4 EOS的结构

4. EOS的运行流程

连锁企业建立的EOS的运行流程是由店铺订货人员通过手持终端,在每日规定时间内,按货架或台账输入欲订购的商品,并将信息传送至总部。然后由总部将店铺订货数量整理汇总后,在传给本企业的配送中心的同时传给供应商(生产商和批发商),由供应商按订货品种、数量在规定时间内将商品送到连锁企业的配送中心(一部分商品也可以直接送到店铺),最后由供应商与总部统一结账。

EOS的优点是订货由一线人员负责,订货品种、数量直接反映商店各品种商品的销售情况,实际的含义是将商店各品种商品的缺货量补足到规定数量,实现以销定进,节省连锁店的采购费用,降低供应商的发货成本,最终实现商品价格的降低。

第 5 章 物流信息管理

5.2.5 销售时点信息系统

1. POS 信息系统的概念

销售时点（Post of Sale，POS）信息系统是指通过前台自动读取设备（收银机），在销售商品时直接读取商品销售信息，实现前台销售业务的自动化，对商品交易进行实时服务管理，并通过通信网络和计算机系统将信息传送至后台，通过后台管理信息系统（MIS）的计算、分析与汇总等掌握商品销售的各项信息，为企业管理者分析经营成果、制定经营方针提供依据，以提高经营效率的系统。

2. POS 信息系统的运行流程

（1）店铺中销售的商品上都贴有标示该商品信息的条码标签或光学字符识别（Optical Character Recognition，OCR）标签。

（2）在顾客购买商品结账时，收银员使用扫描器自动读取商品条码标签或 OCR 标签上的信息，通过店铺内的微型计算机确认商品的单价，计算顾客购买商品的总金额等，同时返回收银机，打印出顾客购买商品清单和付款总金额。

（3）各个店铺的 POS 信息通过增值网（VAN）以在线连接方式即时传送至总部或物流中心。

（4）在总部、物流中心和店铺之间利用 POS 信息来进行库存调整、配送管理、商品订货等作业。通过对 POS 信息进行加工分析来掌握消费者的购买意向，找出畅销商品和滞销商品，以此为基础，进行商品品种配置、商品陈列、价格设置等方面的作业。

（5）在零售商与供应链的上游企业（批发商、生产商、物流企业等）结成协作伙伴关系（也称战略联盟）的条件下，零售商利用 VAN 以在线连接的方式把 POS 信息即时传送给上游企业，这样上游企业可以利用销售现场最及时准确的销售信息制订经营计划。

3. POS 信息系统的应用

（1）单品管理、顾客管理和职工管理。

零售业的单品管理是指对店铺陈列展示销售的商品以单个商品为单位进行销售跟踪和管理。由于 POS 信息及时准确地反映了单个商品的销售信息，因此 POS 信息系统的应用使高效率的单品管理成为可能。

顾客管理是指在顾客购买商品结账时，通过收银机自动读取零售商发行的顾客 ID 卡或顾客信用卡来把握每个顾客的购买品种和购买金额，从而对顾客进行分类管理。

职工管理是指通过 POS 终端上计时器的记录，对职工的出勤状况和工作效率进行考核。

（2）自动读取 POS 信息。

在顾客购买商品结账时，POS 信息系统通过扫描器自动读取商品条码标签或 OCR 标签上的信息，在销售商品的同时获得实时销售信息是 POS 信息系统的最大特征。

（3）信息的集中管理。

在各个 POS 终端获得的 POS 信息以在线连接方式汇总到企业总部，与其他部门发送的有关信息一起由总部的信息系统加以集中并进行分析加工，如把握畅销商品和滞销商品及新商品的销售倾向，对商品的销售量和销售价格、销售量和销售时间之间的相关关系进行分析，对商品陈列方式、促销方法、促销期、竞争商品的影响进行相关分析等。

（4）连接供应链。

供应链参与各方合作的主要领域之一是信息共享，而POS信息是企业经营中最重要的信息之一，通过它能及时把握顾客的需求信息，供应链参与各方可以利用POS信息并结合其他的信息来制订企业的经营计划和市场营销计划。

应用POS信息系统能够促进营业额及利润增长，节约大量的人力、物力，增加有效库存，提高企业的经营管理水平。

5.2.6 无线射频识别技术

1. RFID技术概述

无线射频识别（Radio Frequency Identification，RFID）技术是一种非接触式自动识别技术，其基本原理是通过读头和粘贴在物体上的射频标签之间的电磁耦合或电感耦合来进行数据通信，以达到对物体的自动识别。近几十年来，自动识别技术初步形成了一个包括条码技术、磁条磁卡技术、IC卡技术、光学字符识别技术、射频技术、声音识别技术及视觉识别技术等集计算机、光、磁、物理、机电、通信技术为一体的高新技术。而RFID技术可以识别单个的具体物体，而不像条码一样只能识别一类物体；采用RFID技术，可以透过外部材料读取信息，而无须靠激光来读取信息；可以同时对多个物体进行识读；信息的存储量可以很大。因此，该项技术得到了广泛的应用和迅速的发展。

2. RFID系统的基本原理

RFID系统由射频标签、阅读器、数据传输和处理系统组成。

（1）射频标签又称为电子标签、电子条码等，是内部带有天线的芯片，芯片中存储能被识别的信息。射频标签具有持久性强，信息接收、传播穿透性强，存储信息容量大、种类多等特点。射频标签支持读写功能，目标物体的信息能随时被更新。

（2）阅读器分为手持式和固定式两种，由发送器、接收器、控制模块和收发器组成。收发器与控制计算机或可编程逻辑控制器（PLC）连接从而实现沟通功能。

（3）阅读器用天线接收和传输信息，通过接收射频标签发出的无线电波读取数据。最常见的RFID系统是被动射频系统，阅读器在遇到射频标签时，发出电磁波，周围形成电磁场，射频标签从电磁场中获得能量激活射频标签中的芯片，芯片转换电磁波，然后发送给阅读器，阅读器把它转换成相关数据，控制计算机就可以处理这些数据从而进行识别和管理等。在主动射频系统中，射频标签中装有电池并可在有效范围内被识别。RFID系统可识别高速运动的物体并可同时识别多个射频标签，操作快捷方便。

3. RFID系统的基本工作流程

（1）阅读器通过发射天线发送一定频率的射频信号，当射频卡进入发射天线工作区域时产生感应电流，射频卡获得能量被激活。

射频卡将自身编码等信息通过卡内置发送天线发送出去。

（2）系统接收天线接收到从射频卡发送来的载波信号，经天线调节器传送到阅读器，阅读器对接收的信号进行解调和解码然后送到后台主系统进行相关处理。

（3）主系统根据逻辑运算判断该卡的合法性，针对不同的设定做出相应的处理和控制，发出指令信号控制执行机构动作。

4. RFID 技术在物流领域中的应用

RFID 技术发展异常迅速,并且已经深入应用到很多领域。例如,铁路车辆的自动识别,生产线的自动化及过程控制,货物的跟踪及管理等。RFID 技术在物流领域中主要用于物品跟踪,运载工具和货架的识别等。以下是一些典型应用。

(1) 集装箱自动识别系统。

在集装箱上贴射频标签,当运送集装箱的汽车、火车、货船到达或离开货场时,通过射频识别设备,对集装箱进行自动识别,并将识别信息通过包括 EDI 在内的各种网络通信技术和设施传递给各种信息系统,实现集装箱的动态跟踪管理,提高集装箱的运输效率。

(2) 智能托盘系统。

在每个托盘上都贴上射频标签,把阅读器安装在托盘进出仓库必经通道口的上方。当叉车装载着托盘及货物通过时,阅读器便获取射频标签上的信息,并传递给计算机,记录托盘的通过情况;当托盘装满货物时,自动称重系统便会自动比较装载货物的总质量与存储在计算机中的单个托盘的质量信息,从而获取差异,了解货物的实时信息。通过使用 RFID 技术,可以实时地获得仓库中货物、托盘的状况,进而提高仓库的管理水平。

(3) 通道控制系统。

为仓库中可重复使用的各个包装箱都贴上作为唯一标识的射频标签,在包装箱进出仓库的通道口处安装阅读器,阅读器天线固定在上方。当包装箱通过天线所在处时,计算机把从射频标签上获得的信息与主数据库里的信息进行比较,正确时绿色信号灯亮,包装箱可以通过,如果不正确,则激活红色信号灯,同时将时间和日期记录在数据库中。该系统消除了以往采用纸张单证管理系统时常出现的人为错误,排除了以往不堪重负的运输超负载荷现象,从而建立了高速、有效的信息输入途径。这样就可以在物体高速移动的过程中获取信息,大大节省时间。同时该系统采用的射频标签还可使公司快速获得信息回馈,包括损坏信息、可能取消的订货信息,从而降低消费者的风险。

(4) 配送过程中贵重物品的保护。

保税仓库中可能存储着贵重物品,为了防止贵重物品被盗,以及防止装着这些物品的托盘放错位置而导致延迟交货,可以采用 RFID 技术,以保证叉车按正确设置的线路移动托盘,减小货物在非监控道路上被盗的可能。在仓库内配备悬浮在上方的阅读器,给叉车贴上射频标签。沿途经过的详细资料通过射频连接从中央数据库下载到叉车,这些信息包括正确的装货位置,沿途安装的阅读器将提供经由路径。如果射频标签发现错误,叉车会被停止,由管理者重新设置交通路径,同时自动称重并实时提供监控信息。

(5) 货物防盗系统。

在需要重点防盗的商品上都装有射频标签。当装有商品的车辆通过装有阅读器的出口时,阅读器可实时识别每件商品上的射频标签信息,如有不被授权的商品,就可限制其运出。RFID 系统具有可识别高速移动的物体和同时识别多个射频标签的特点,运用 RFID 系统可实现多件商品在运输过程中的实时监控。

5.2.7 地理信息系统

1. GIS 的概念

地理信息系统（Geographical Information System，GIS）以地理空间数据为基础，采用地理模型分析方法，适时地提供多种空间的和动态的地理信息，是一种为地理研究和地理决策提供服务的计算机技术系统。

GIS 是 20 世纪 60 年代迅速发展起来的地理研究新成果，是多学科交叉的产物。首先，GIS 是一种计算机系统，具备一般计算机系统所具有的功能，如采集、管理、分析和表达数据等功能。其次，GIS 处理的数据都和地理信息有着直接或间接的关系。地理信息是有关地理实体的性质、特征、运动状态的表征和一切有用的相关知识，而地理数据则是各种地理特征和现象间关系的符号化表示，包括空间位置数据、属性特征数据及时间特征数据三部分。空间位置数据描述地理实体或现象所在位置；属性特征数据有时又称非空间数据，是属于一定地理实体或现象、描述其特征的定性或定量指标；时间特征数据是地理数据采集或地理现象发生的时刻或时段数据。

综上所述，GIS 可定义为：由计算机系统、地理数据和 GIS 应用人员等组成的，通过对地理数据的集成、存储、检索、操作和分析，生成并输出各种地理信息，从而为土地利用、资源管理、环境监测、交通运输、经济建设、城市规划及政府各部门行政管理提供新知识，为工程设计、规划、管理决策提供服务。

2. GIS 的构成

GIS 可以分为以下五部分。

（1）GIS 应用人员。GIS 应用人员是 GIS 中最重要的组成部分，包括系统开发人员、GIS 的最终用户等。系统开发人员必须定义 GIS 中被执行的各种任务，开发处理程序。熟练的操作人员通常可以克服 GIS 软件功能的不足，但是相反的情况就不成立。最好的软件也无法解决操作人员对 GIS 一无所知所带来的问题。

（2）地理数据。GIS 的操作对象是地理数据，它具体描述地理实体的空间位置、属性特征和时间特征。数据的精确与否可以直接影响到查询和分析的结果。空间位置是指地理实体或现象的空间位置及相互关系；属性特征表示地理实体或现象的名称、类型和数量等；时间特征是指地理实体或现象随时间而发生的相关变化。

（3）硬件。硬件的性能会影响软件对数据的处理速度、使用是否方便及可能的输出方式。硬件主要包括输入设备、管理设备和输出设备等。

（4）软件。软件不仅包括 GIS 专业软件，还包括数据库软件和操作系统软件。

（5）GIS 应用模型。GIS 应用模型的构建和选择是系统应用成败的重要因素，虽然 GIS 为解决各种现实问题提供了有效的基本工具，但对于某个专门应用问题的解决，仍然必须通过构建专门的 GIS 应用模型来完成。

3. GIS 的分类

GIS 按照不同的分类标准可以分为不同的类型。

（1）按照应用领域不同，GIS 可以分为土地信息系统、资源管理信息系统、地学信息系统等。

（2）按照使用的数据模型不同，GIS 可以分为矢量信息系统、栅格信息系统和混合型信息系统。

（3）按照服务对象不同，GIS 可以分为专题信息系统和区域信息系统。

（4）按照研究区域不同，GIS 可以分为区域性地理信息系统和全球性地理信息系统。

除此之外，还可以按照其研究内容和功能等标准来进行分类。

4．GIS 的功能

由计算机技术与空间数据相结合而产生的 GIS 这一高新技术，不仅包含处理地理信息的各种功能（如数据采集、管理、处理、分析和输出等），而且可以依托这些基本功能，通过空间分析技术、模型分析技术、网络技术、数据库技术和二次开发技术等，以及各种技术的集成技术，演绎丰富的应用功能，以满足社会和用户的广泛需求。

（1）GIS 的基本功能。

① 数据采集与编辑。

GIS 的地理数据通常抽象为不同的专题或层。数据采集与编辑功能就是保证各层实体的地物要素按顺序转化为 X 轴、Y 轴坐标及对应的代码并输入到计算机中。

数据采集是 GIS 研究的重要内容，它是把现有资料转换为计算机可处理的形式，按照统一的参考坐标、统一的编码、统一的标准和结构组织到数据库中进行数据处理的过程。

数据编辑是指对 GIS 中的空间位置数据和属性特征数据进行数据组织、修改等。根据数据的不同，可分为空间位置数据编辑和属性特征数据编辑。

② 数据存储与管理。

数据存储与管理是数据集成的过程，涉及空间位置数据和属性特征数据的组织。

空间位置数据组织方式主要有矢量模型、栅格模型、栅格/矢量混合模型等。

属性特征数据组织方式主要有关系数据结构、层次结构、网状结构等。

③ 数据处理。

数据变换是指使数据从一种数学状态转换为另一种数学状态，包括投影变换、比例尺缩放、误差改正和处理等；数据重构是指使数据从一种几何状态转换为另一种几何状态，包括数据拼接、数据截取、数据压缩、结构转换等；数据抽取是指实现数据从全集到子集的条件提取，包括类型选择、窗口提取、布尔提取和空间内插等。

④ 空间分析。

空间分析包括空间位置数据几何量测、空间集合分析、叠加分析、缓冲区分析等。

⑤ 产品制作与显示。

GIS 为用户提供了许多用于显示地理数据的工具，使地理数据可以在计算机屏幕上显示，也可以是诸如报告、表格、地图等的硬拷贝图件，尤其强调的是 GIS 的地图输出功能。

⑥ 二次开发与编程。

为使 GIS 技术广泛应用于各个领域，满足各种不同的应用需求，必须使其具备二次开发功能。

（2）GIS 应用功能。

GIS 应用功能主要有资源清查管理、城乡规划、国土监测、环境管理和辅助决策等。

5. GIS 在物流领域中的应用

GIS 应用于物流分析，主要是指利用 GIS 强大的地理数据功能来完善物流分析技术。国外已经开发出利用 GIS 为物流领域提供专门分析功能的软件，主要用于车辆路线模型、最短路径模型、网络物流模型、分配集合模型、设施定位模型。

5.2.8 全球定位系统及北斗卫星导航系统

1. GPS 概述

全球定位系统（Global Positioning System，GPS）是指具有在海、陆、空进行全方位实时三维导航与定位能力的系统。它由三部分构成：一是地面控制部分，由主控站、地面天线、监测站及通信辅助系统组成；二是空间部分，由 24 颗卫星组成，分布在 6 个轨道平面上；三是用户装置部分，由 GPS 接收机和卫星天线组成。它具有高精度、全天候、全球覆盖能力。

GPS 始于 1958 年美国军方的一个项目，1964 年投入使用。20 世纪 70 年代，美国陆、海、空三军联合研制了新一代卫星定位系统 GPS，主要目的是为海、陆、空三大领域提供实时、全天候和全球性的导航服务，并用于情报收集、核爆监测和应急通信等一些军事目的，经过 20 余年的研究实验，耗资 300 亿美元，到 1994 年，全球覆盖率高达 98%的 24 颗 GPS 卫星已布设完成。

2. BDS 概述

北斗卫星导航系统［BeiDou（COMPASS）Navigation Satellite System，BDS］是中国自行研制的全球卫星导航系统，也是继美国的 GPS、俄罗斯的"格洛纳斯"之后的第三个成熟的卫星导航系统。我国的 BDS 和美国 GPS、俄罗斯的"格洛纳斯"、欧盟主导研制的"伽利略"，是联合国卫星导航委员会已认定的供应商。

BDS 由空间段、地面段和用户段三部分组成，可在全球范围内全天候、全天时为各类用户提供高精度、高可靠定位、导航、授时服务，并具短报文通信能力，已经初步具备区域导航、定位和授时功能，定位精度为 10 米，测速精度为 0.2 米/秒，授时精度为 10 纳秒。BDS 是全球四大卫星导航核心供应商之一，目前在轨卫星已达 39 颗。2020 年 6 月 23 日，北斗全球系统组网完成。从 1994 年 BDS 启动建设，经过 20 多年的努力，建成了我国迄今为止规模最大、覆盖范围最广、服务性能最高、与百姓生活关联最紧密的巨型复杂卫星导航系统，成为我国第一个面向全球提供公共服务的重大空间基础设施，为全球民众共享更优质的时空精准服务提供了更多选择。目前，全世界一半以上的国家都开始使用 BDS。2035 年，我国将建设完善更加泛在、更加融合、更加智能的综合时空体系，进一步提升时空信息服务能力，为人类走得更深、更远做出中国贡献。

3. BDS 在物流领域中的应用

GPS 及 BDS 在各个领域中的应用都十分广泛，如个人位置服务、气象应用、应急救援、精密授时、精细农业等，现简要介绍 BDS 在物流领域中的应用。

（1）BDS 在海运和水运方面的应用。

海运和水运是全世界应用最广泛的运输方式之一，也是最早应用卫星导航技术的领域之一。目前在世界各大洋和江河湖泊行驶的各类船舶大多都安装了卫星导航终端设备，使海运和水运更为高效和安全。BDS 将在任何天气条件下,为水上航行船舶提供导航定位和安全保障。同时,BDS 特有的短报文通信功能将支持各种新型服务的开发。

(2) BDS 在铁路智能交通方面的应用。

卫星导航将促进传统运输方式实现升级与转型。例如,在铁路运输领域,通过安装 BDS 终端设备,可极大缩短列车行驶间隔时间,降低运输成本,有效提高运输效率。未来,BDS 将提供高可靠、高精度的定位、测速、授时服务,促进铁路交通的现代化,实现传统调度向智能交通管理的转型。

(3) BDS 在特殊货物监管方面的应用。

通过卫星导航,可实现对贵重物品或危险品运输的远程跟踪与监管,这是现代物流业的新应用。为确保特殊货物在交通运输各个环节中的安全,客户希望了解货物在运输途中的有关情况。安装 BDS 终端设备的车辆,支持实时查询货物位置或到达信息,通过与相关设备的配合,在车辆偏离预定路径、发生盗抢、发生交通事故等意外情况下,可支持车辆位置及有关情况的报告,实现有效的全过程运输监管。

物流信息管理是物流管理的重要内容之一,本章重点介绍了物流信息的概念、条码技术、EDI 系统、EOS、POS 信息系统、RFID 技术、GIS、GPS 及 BDS 的内容和应用。

RFID 技术——高效地实现生产车间、仓库、物流精益化管理

经济全球化的发展和互联网的兴起,使全球物流服务业、制造加工业加速发展。全球经济一体化的发展使得企业的采购、生产、仓储、销售、配送等协作关系日趋复杂,企业间的竞争已不仅是产品性能和质量的竞争,更是各方面多维的竞争。

RFID 技术与 MES、WMS、TMS 等软件的结合应用,可大大减少浪费,节约时间和费用,从而实现供应链的无缝对接和整合,采用信息化管理手段对企业的生产、仓储、物流信息等进行一体化管理,以促进数据共享,提高货物和资金的周转率,提高工作效率。

我国在 RFID 技术方面的研究也发展得很快,市场培育已初步开花结果。

目前市场解决方案包括以下几种。

(1)自动发送配送需求信息:生产线自动收集空容器,通过采集扫描实现自动发送配送需求信息。

(2)配送实物集结:物流公司根据配送需求进行按时按量送货。

(3)工厂实物入库:货物入库自动识别,自动匹配配送需求,提高货物入库效率。

(4)配送异常报警:在配送过程中,系统在检测到配送超时或配送异常情况时,自动进行报警提醒。

(5)采集技术原理:货物容器进入采集区域后,采集设备通过扫描射频标签自动识别多个货物，从而高效地完成货物出入库操作，确保实物与配送需求一致，提高货物配送效率。

（6）实施效益：在货物出入库时，设备能自动快捷识别货物，同时自动匹配配送需求，提高货物出入库效率。

（7）实时性：与制造执行系统互补，RFID 技术提供的信息可用来保证正确使用劳动力、机器、工具和部件，从而实现无纸化生产和减少停机时间。更进一步地，当材料、零部件和装配件通过生产线时，可以进行实时控制，修改甚至重组生产过程，以保证高可靠性和高质量。

（8）扩展性：实现跨区域集中式管理、分布式操作和实时监控功能，高效地完成各种业务操作，改进仓储管理，提高效率及价值。

1. 系统功能

RFID 仓储物流管理系统对企业物流货物进行智能化、信息化管理，实现自动发送配送需求信息、实时跟踪送货情况、自动记录货物入库信息、系统自动报警和与 WMS 实时对接等功能。

以 RFID 实时数据流作为基础，MES 可对这些数据进行挖掘，找出关键数据，对生产进度、生产过程进行实时有效的监管，及时找出生产瓶颈，解决生产问题，部署更高层次的质量控制和各种在线测量，提高产品质量，提高生产力。

2. 性能特点

（1）系统依托 RFID 技术优势，可实现货物信息远距离采集。

（2）系统利用 RFID 技术可对各个作业环节进行实时信息采集，可确保企业及时准确地掌握库存状态。

（3）通过阅读器对货物数据的采集，系统可实现防串货管理。

（4）当配送不能满足需求时，系统自动进行报警提醒，防止生产线停线。

（5）系统软件平台采用开放式平台架构，可很好地与企业 ERP、SAP、MESTMS 及 WMS 对接。

3. 适用领域

随着 RFID 技术的逐步成熟，其应用也越来越广泛。RFID 前端设备（射频标签、阅读器）与企业核心系统相结合，可以广泛地应用于供应链与仓储物流管理领域，有效地解决供应链上各项业务运作数据的输入/输出、业务过程的控制与跟踪，以及减小出错率等问题。

（1）零售环节。

利用 RFID 技术可以改进零售商的库存管理，实现适时补货，有效跟踪运输与库存，提高效率，减小出错率。同时，射频标签能对某些时效性强的商品的有效期限进行监控；商店还能利用 RFID 技术在付款台实现自动扫描和计费，从而取代人工收款。射频标签在供应链终端的销售环节，特别是在超市中，免除了跟踪过程中的人工干预，并能够生成 100% 准确的业务数据，因此具有巨大的吸引力。

（2）存储环节。

在仓库里，RFID 技术广泛应用于货物存取与库存盘点，它能用来实现自动化的存货和取货等操作。在整个仓库管理中，将通过供应链计划系统制订的收货计划、取货计划、装运计划等与 RFID 技术相结合，能够高效地完成各种作业，如指定堆放区域、上架取货和补货等。这样，增强了作业的准确性和快捷性，提高了服务质量，降低了成本，节省了

第 5 章 物流信息管理

劳动力和库存空间，同时减少了整个物流中由商品误置、送错、失窃、损坏和库存及出货错误等造成的损耗。RFID 技术的另一个好处在于在盘点库存时可降低人力成本。RFID 技术的设计就是要让商品的登记自动化，盘点库存时不需要人工检查或扫描条码，使操作过程更加快速准确，并且减少损耗。RFID 技术解决方案可提供有关库存情况的准确信息，管理人员可由此快速识别并纠正低效率运作情况，从而实现快速供货，并最大限度地减少储存成本。

（3）运输环节。

在运输环节，在货物和车辆上贴上射频标签，在运输线路上的一些检查点处安装上 RFID 接收转发装置。接收转发装置接收到射频标签信息后，连同接收地的位置信息一起上传至通信卫星，再由通信卫星传送给运输调度中心，送到数据库中。

（4）配送/分销环节。

在配送/分销环节，采用 RFID 技术能大大加快配送的速度和提高分拣与派发过程的效率与准确率，并能降低人工成本、降低配送成本。如果到达配送中心的所有商品上都贴有射频标签，那么在进入配送中心时，托盘通过一个阅读器，读取托盘上所有货箱射频标签上的内容。系统将这些信息与发货记录进行核对，以检测出可能的错误，然后将射频标签更新为最新的商品存放地点和状态。这样就确保了精确的库存控制，甚至可确切了解目前有多少货箱处于转运途中、转运的始发地和目的地，以及预期的到达时间等信息。

（5）生产制造环节。

在生产制造环节应用 RFID 技术，可以完成自动化生产线运作，实现在整个生产线上对原材料、零部件、半成品和产成品的识别与跟踪，降低人工识别成本和出错率，提高效率和效益。特别是在采用 JIT 方式的流水线上，原材料与零部件必须准时送到工位上。采用了 RFID 技术之后，就能通过识别射频标签来快速从品类繁多的库存中准确地找出工位所需的原材料和零部件。RFID 技术还能帮助管理人员及时根据生产进度发出补货信息，实现流水线均衡、稳步生产，同时加强了对质量的控制与追踪。

（资料来源：中国物流与采购网）

思考分析

RFID 技术是如何高效地实现生产车间、仓库、物流精益化管理的？

问题提示

RFID 技术与 MES、WMS、TMS 等软件的结合应用，可大大减少浪费，节约时间和费用，从而实现供应链的无缝对接和整合，采用信息化管理手段对企业的生产、仓储、物流信息等进行一体化管理，以促进数据共享，提高货物和资金的周转率，提高工作效率。

重要概念

物流信息　条码技术　EDI 系统　EOS　RFID 技术　GPS　BDS

一、填空题

1. 物流信息包括_____和_____两部分。
2. 物流信息的特征是_____、_____、_____。
3. 条码技术具有_____、_____、_____、_____四个方面的优点。
4. EDI 系统的三要素是_____、_____及_____。
5. POS 信息系统的应用：_____，_____，_____，_____。
6. 最基本的 RFID 系统由_____、_____、_____三部分组成。

二、选择题

1. 物流信息系统的基本功能可归纳为（   ）。
   - A．物流数据的收集和录入
   - B．物流信息的存储
   - C．物流信息的处理
   - D．物流信息的输入与输出
   - E．物流数据的管理
2. 以下属于物流信息系统的是（   ）。
   - A．面向制造企业零配件采购供应的物流信息系统
   - B．面向制造企业产成品分销的物流信息系统
   - C．面向批发企业分销的物流信息系统
   - D．回收物流信息系统
   - E．属于第三方专业物流服务商的物流信息系统
3. 在公路货运领域，（   ）可用于传递货单、发票、海关申报单、进出口许可证等凭证。
   - A．条码技术　　　　B．RFID 技术　　　　C．EDI 技术　　　　D．GPS 技术
4. （   ）是实现 EOS、EDI 系统、电子商务、供应链管理的技术基础。
   - A．条码技术　　　　B．RF 技术　　　　C．GIS 技术　　　　D．GPS 技术
5. 目前一些先进的物流管理部门在采集信息时，使用射频识别技术，可以主动发射存储信息，并具有较大的信息存储空间，这种设备是（   ）设备。
   - A．RFID　　　　　B．GPS　　　　　C．GSM　　　　　D．GIS

三、问答题

1. 物流信息有哪些特征和功能？
2. 什么是 EDI？EDI 系统的作用有哪些？
3. 简述 EAN 码的组成。
4. 简述条码的优点及其在物流服务业中的应用。
5. 什么是 RFID 技术？应用 RFID 技术能为企业带来哪些效益？
6. 简述 POS 信息系统的运行步骤。
7. 简述 BDS 在物流领域中的应用。

Chapter 第 6 章

物流组织与控制

学习目的与要求

- 理解企业物流组织的变迁和基本类型；
- 掌握物流成本管理的主要内容；
- 掌握物流服务水平和服务质量的衡量指标及提高方法；
- 理解物流标准的种类和物流尺寸标准。

6.1 物流组织管理

6.1.1 企业物流组织的变迁

从物流组织在企业中的位置来看，物流管理部门的发展可分为以下三个阶段。

第一阶段，在运输时代物流作为制造部门或销售部门下属部门中的一项业务，没有专门的物流管理部门，各项职能分散到各个业务部门，属于一种分散型的组织。

第二阶段，随着对物流管理重要性认识的提高，企业开始设置专门承担物流管理职责的部门，如物流科。

第三阶段，企业开始设置独立的物流部门，统筹企业的物流活动。物流部门作为从制造部门和销售部门中独立出来的管理部门，与生产部门和销售部门并列，成为独立型的管理组织。

6.1.2 企业物流组织的基本类型

1. 顾问式结构

顾问式结构是一种过渡型、物流整体功能最弱的物流组织结构，如图 6-1 所示。在顾问式结构下，物流部门在企业中只起顾问的作用，它只负责整体物流的规划、分析、协调和物流工程，并形成对决策的建议，对各部门的物流活动起指导作用，但物流活动的具体运作管理仍由各自所属的原部门负责，物流部门无权管理。

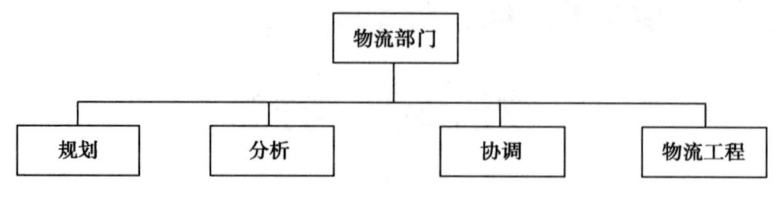

图 6-1　顾问式结构

2. 直线式结构

直线式结构是指物流部门对所有物流活动具有管理权和指挥权的物流组织结构，是一种较为简单的组织结构形式。直线式结构如图 6-2 所示。

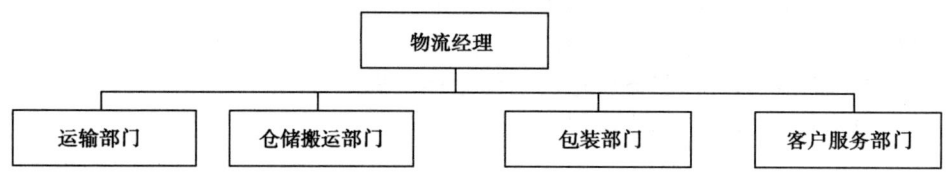

图 6-2　直线式结构

在直线式结构下，物流经理既要管理下属各部门日常业务的运作，又要兼顾物流系统的分析、设计和规划，这对物流经理的业务水平提出了较高的要求。

3. 直线顾问式结构

单纯的直线式结构或顾问式结构都存在一定的缺陷，逻辑上的解决办法是将这两种组织结构形式合二为一，变成直线顾问式结构。直线顾问式结构如图 6-3 所示。

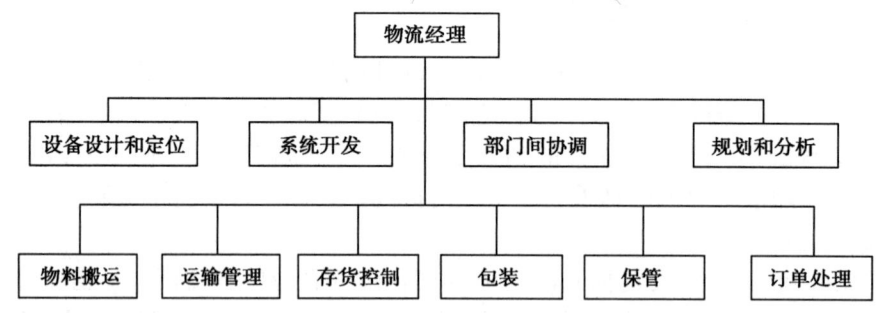

图 6-3　直线顾问式结构

在直线顾问式结构中，物流经理对业务部门和顾问部门均实行垂直领导，具有指挥权。

4. 矩阵式结构

矩阵式结构的大体内容是：履行物流业务所需的各种物流活动仍由原部门（垂直方向）管理，但水平方向上加入类似于项目管理的部门（一般也称为物流部门），负责管理一个完整的物流业务（作为一个物流"项目"），从而形成了纵横交错的矩阵式结构。

5. 第三方物流组织结构：事业部制结构

第三方物流组织是资本密集型和技术密集型的企业，一般规模较大，资金雄厚，并且有着良好的物流服务信誉，其宗旨是利用自身专业、高效的物流信息平台和先进的物流设备，为客户提供各种个性化的物流服务。

所谓事业部，是指按产品或服务类别划分成多个类似分公司的事业部单位，实行独立核算制。事业部实际上实行一种分权式的管理制度，即分级核算盈亏，分级管理。第三方物流组织的事业部相当于多个物流子公司，负责不同类型的物流业务。事业部制结构如图6-4所示。

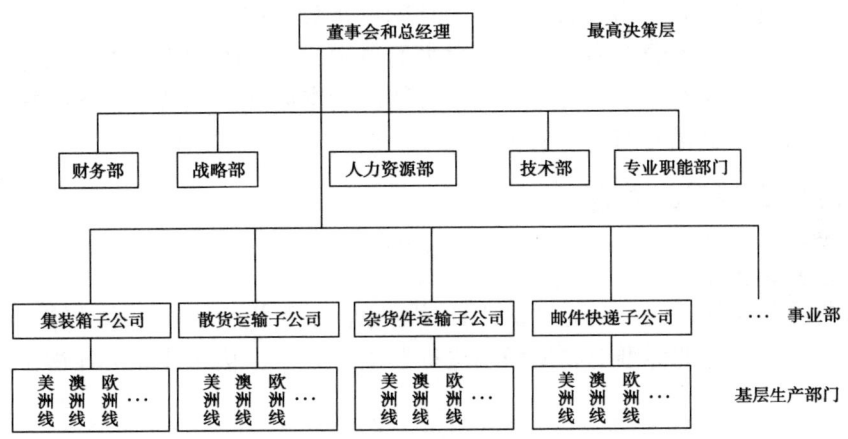

图 6-4　事业部制结构

在事业部制的第三方物流组织中，事业部长为事业部的最高负责人，其地位相当于独立公司的经理，事业部长全权负责该事业部的一切事务，可根据市场变化情况，自主采取对策；总公司的职能部门不要求事业部的职能部门上报材料，不实行垂直领导，而为事业部的职能部门提供服务。事业部的职能部门只对事业部长负责，从而保证了事业部长的决策能切实得到履行。

事业部制是一种集权—分权—集权的管理方式，分权主要体现为各事业部拥有计划制定、自主决策和指挥领导的权力，集权表现为总公司对各事业部在资金管理、利润管理和营运监督方面实行集权式管理。

第三方物流组织采用事业部制结构的优点有：第一，各事业部按物流服务类别划分，有利于充分发挥第三方物流组织的专业优势，提高物流服务的质量；第二，各事业部实行独立核算制，使得各部门的经营情况一目了然，便于互相比较，互相促进；第三，各事业部由于权力下放，分工明确，因此形成一种责任经营制，有利于锻炼和培养出精通物流经营管理的人员，有利于发挥个人的才能和创造性。其不足则主要表现为存在管理费用高和综合能力差等问题，容易产生本位主义和分散主义。

6.2 物流成本管理

6.2.1 物流成本的概念与管理意义

物流成本是物流企业在物流服务中所消耗的物化劳动和活劳动的货币表现,即在产品的实物运动过程中所支出的人力、物力和财力的总和。企业的物流成本大致分为物流作业环节成本、物流信息成本和物流管理成本。对物流成本进行管理是企业获取利润的重要渠道,也是企业获取竞争优势的基本要求。

6.2.2 物流成本管理的内容

1. 物流成本核算

物流成本核算是根据企业确定的成本计算对象,采用相适应的成本计算方法,按规定的成本项目,依据一定的标准对物流费用进行汇集与分配,从而计算出各物流服务环节的实际总成本和单位成本。

2. 物流成本预测

物流成本预测是根据有关成本数据和企业具体的发展情况,运用一定的技术方法,对未来的物流成本水平及变动趋势做出科学的估计。物流成本预测可以提高物流成本管理的科学性和预见性。

3. 物流成本决策

物流成本决策是在物流成本预测的基础上,结合其他有关资料,运用一定的科学方法,从若干个拟订方案中选择一个满意的方案的过程。例如,配送中心新建、改建、扩建的决策,装卸、搬运设备、设施的决策,流通加工合理下料的决策。进行物流成本决策、确定目标成本是编制成本计划的前提,也是实现成本的事前控制、提高经济效益的重要途径。

4. 物流成本计划

物流成本计划是根据由物流成本决策所确定的方案、计划期的生产任务、降低成本的要求及有关资料,通过一定的程序,运用一定的方法,以货币形式规定计划期物流各环节费用水平和成本水平,并提出保证物流成本计划顺利实现所采取的措施。通过物流成本计划管理,可以在降低物流成本各环节方面给企业提出明确的目标,推动企业加强成本管理责任制,增强企业的成本意识,控制物流环节费用,挖掘降低物流成本的潜力,保证企业降低物流成本目标的实现。

5. 物流成本控制

物流成本控制是根据计划目标,对成本的发生和形成过程及影响成本的各种因素和条件施加主动的影响，以保证实现物流成本计划的一种行为。从企业生产经营过程来看，物流成本控制包括成本的事前控制、事中控制和事后控制。通过物流成本控制，可以及时发现存在的问题，采取纠正措施，保证企业降低物流成本目标的实现。

6. 物流成本分析

物流成本分析是在物流成本核算及其他有关资料分析的基础上，运用一定的方法揭示物流成本水平的变动，进一步查明影响物流成本变动的各种因素。通过物流成本分析，检查和考核物流成本计划的完成情况，总结经验，找出实际与计划出现差异的原因，揭露物流环节的主要矛盾。

6.2.3 影响物流成本的因素

（1）进货方向。进货方向决定了企业货物运输距离的远近，同时影响着运输工具的选择、进货批量等多个方面。因此，进货方向是影响物流成本的一个重要因素。

（2）运输工具。不同的运输工具，运输成本高低不同，运输能力也不同。运输工具的选择，一方面取决于所运货物的体积、质量及价值大小，另一方面取决于企业对某种物品的需求程度及工艺要求。选择运输工具要综合考虑货物种类、运输量、运输距离、运输时间、运输成本等因素，既要保证生产与销售的需要，又要力求物流成本最低。

（3）存货的控制。无论是生产企业还是流通企业，对存货进行控制，严格掌握进货数量、次数和品种，都可以减少资金占用，降低库存、保管、维护等方面的成本。

（4）货物的保管制度。良好的物品保管、维护、发放制度，可以减少物品的损耗、霉烂、丢失等事故，从而降低物流成本。

（5）产品废品率。影响物流成本的重要因素还有产品的质量，即产品废品率。生产高质量的产品可杜绝因次品、废品等回收退货而发生的各种物流成本。

（6）管理成本。管理成本与生产和流通没有直接的数量依存关系，但管理成本直接影响着物流成本，节约办公费、水电费、差旅费等管理成本相应可以降低物流成本总体水平。

（7）资金利用率。资金利用率的高低影响着利息的大小，从而影响着物流成本的高低。

6.2.4 物流成本管理策略

降低物流成本是企业的"第三利润源"，从长远的角度来看，降低物流成本可以通过以下几个途径来实现。

（1）实现物流合理化。物流合理化就是使一切物流活动和物流设施趋于合理，以尽可能低的成本获得质量尽可能高的物流服务。根据物流成本的效益背反理论，物流的合理化要根据实际的流程来设计、规划，不能单纯地强调某个环节的合理、有效、节省成本，而要从整个系统上考虑。

（2）加强物流服务质量管理。只有不断提高物流服务质量，才能减少并最终消除各种差错事故，降低各种不必要的费用支出，提高物流效率，从根本上降低物流成本。

（3）提高物流速度。物流速度越快，在其他条件相同的情况下实现物流活动所需要的流动资金越少，越可以减少利息的支出。因此，应该加快物流速度，加强货运枢纽与配送中心等不同部门间的协调活动，降低单位业务量物流成本。

（4）重视物流技术选择。先进的物流技术不仅可以不断提高物流速度、增加物流量，而且可以大大减少物流损失。例如，广泛采用电子信息技术，可以使物流各环节密切联系，减少或杜绝物流环节之间因信息不畅造成的不必要的停滞，加快物流速度。因此，物流企业应力求采用先进、适用的物流技术，协调各项物流作业，促进物流水平的提高，大大降低物流成本。

（5）实施供应链管理。在供应链环境下，市场的最终用户除对产品价格继续保持较高要求以外，还对商品的周转时间提出了更高的要求。供应链环境下的物流必须真正做到迅速、准确、高效，需要企业协调与其他企业及客户、运输者之间的关系，实现整个供应链活动的高效率。正因为如此，企业追求费用的效率化不仅要将降低物流成本的目标贯彻到企业所有职能部门之中，还要加强与供应链伙伴的合作和联盟。

6.3 物流服务管理

6.3.1 物流服务的内涵与特征

1. 物流服务的内涵

一般来说，物流服务就是物流企业提供给货主企业（客户）的各种服务活动。货主企业将物流业务活动的全部或部分委托给物流企业去承担的时候，物流企业便成为货主企业的物流服务提供者。站在物流活动委托方的角度看，物流企业提供的是一种服务，这种服务同时是构成制造企业或商业企业物流服务的一部分。

2. 物流服务的特征

（1）从属性。由于货主企业的物流需求是以商流为基础，伴随商流而发生的，因此物流服务从属于货主企业物流系统，表现为流通货物的种类、流通时间、流通方式、提货配送方式都由货主企业选择决定，物流企业只按照货主企业的需求，提供相应的物流服务。

（2）不可存储性。物流服务属于非物质形态的劳动，它生产的不是有形的产品，而是一种伴随销售和消费同时发生的即时服务，不可储存。

（3）移动性和分散性。物流服务以分布广泛、大多数不固定的客户为对象，所以具有移动性及面广、分散的特性，它的移动性和分散性会使产业局部的供需不平衡，也会给经营管理带来一定的难度。

（4）需求波动性。由于物流服务以数量多而又不固定的客户为对象，它们的需求在方式和数量上是多变的，有较强的波动性，因此容易造成供需失衡，这是在经营上劳动效率低、费用高的重要原因。

（5）差异性。差异性是指物流服务的构成部分及其质量水平经常变化，很难统一界定。物流企业提供的服务不可能完全相同，难以制定和执行服务质量标准，不易保证服务质量。

（6）可替代性。站在物流活动承担主体的角度看，产生于货主企业生产经营的物流需求，既可以由货主企业自身采用自营运输、自营保管等自营物流的形式来完成，也可以委托给专业的物流企业来完成。因此，对于专业物流企业来说，不仅有来自行业内部的竞争，还有来自货主企业的竞争。

6.3.2 物流服务水平的度量

物流服务水平可以从存货可得能力、作业完成能力及服务可靠能力等方面进行衡量。

1. 存货可得能力

存货可得能力是指当客户需要存货时企业所拥有的库存能力。

存货对可得能力要考虑三个性能指标——缺货频率、满足率及发出订货的完成情况。

2. 作业完成能力

作业完成能力涉及物流活动对所期望的完成时间和可接受的变化所承担的义务。对作业完成能力可以从运作速度、一致性、灵活性及故障的补救等几个方面来衡量运作绩效。

（1）运作速度。运作速度是指完成从客户产生需求、下达采购订单、产品的送货直至把物料准备好供客户使用这一过程所需的单位时间。运作速度取决于企业物流系统的设计构成。在交通和运输技术高度发达的情况下，订货和交货周期可以缩短至几个小时。

（2）一致性。一致性是物流作业最基本的问题，可用在运行周期内按计划规定的时间运行完毕的次数来衡量。绝大多数企业的物流管理者在重视服务速度的同时，强调运作一致性的重要性，因为它直接影响着客户对自身业务活动进行计划和实施的能力。

（3）灵活性。灵活性指的是企业应付不确定情况，满足客户特殊需求的能力。

（4）故障的补救。不管物流运作是多么顺畅、良好，运作故障都在所难免。对企业来说，日复一日连续地提供服务是一项非常艰难的工作。最为理想的情况是，企业有能力采取调整措施应对特殊情况，防止运作故障的发生。

3. 服务可靠能力

服务可靠能力反映在正常情况下物流企业提供稳定物流服务的能力。除存货可得能力和作业完成能力的特征以外，服务可靠能力还具有以下特征：完好无损的到货，结算准确无误，货物准确地运抵目的地，到货货物数量完全符合订单的要求等。另外，服务可靠能力还包括企业是否有能力、是否愿意向客户提供有关实际运作及订购货物的准确信息。

6.3.3 物流服务的改进

物流服务的改进主要有以下几种方法。

（1）确定不同客户的物流服务水平。
（2）开展差别化服务经营。
（3）重视内部和外部物流服务质量的共同提升。
（4）积极推行客户关系管理。

6.4 物流标准化

6.4.1 物流标准化的定义

物流标准化是指在运输、配送、包装、装卸、保管、流通加工、资源回收及信息管理等环节中，对重复性事物和概念通过制定、发布和实施各类标准，实现协调统一，以获得最佳秩序和社会效益。物流标准化包括以下三个方面的含义。

（1）从物流系统的整体出发，制定其各子系统的设施、设备、专用工具等的技术标准，以及业务工作标准。

（2）研究各子系统技术标准和业务工作标准的配合性，按配合性要求，统一整个物流系统的标准。

（3）研究物流系统与其他相关系统的配合性，谋求物流大系统的标准统一。

以上三个方面分别从不同的物流层次上考虑使物流实现标准化。要实现物流系统与其他相关系统的沟通和交流，在物流系统和其他相关系统之间建立通用的标准，首先要在物流系统内部建立物流系统自身的标准，而整个物流系统的标准的建立又必然离不开物流各个子系统的标准。因此，物流要实现最终的标准化必然要实现以上三个方面的标准化。

6.4.2 物流标准化的形式

物流标准化主要有以下几种形式。

（1）简化。简化是指在一定范围内缩减物流标准化对象的类型数目，使之在一定时间内满足一般需要。

（2）统一化。统一化是指把同类事物的若干表现形式归并为一种或限定在一个范围内。统一化的目的是消除混乱。物流标准化要求对各种编码、符号、代号、标志、名称、单位、包装运输中机具的品种规格系列和使用特性等实现统一。

（3）系列化。系列化是指按照用途和结构把同类产品归并在一起，使产品品种典型化，同时把同类型产品的主要参数、尺寸按优先数理论合理分级，以协调同类产品和配套产品及包装之间的关系。系列化是使某一类产品的系统结构、功能标准化形成最佳形式。系列化是改善物流、促进物流技术发展最为明智而有效的方法。例如，按 ISO 标准制造的集装箱系列，可广泛用于各类货物，大大提高了运输能力，还为计算船舶载运量、港口码头吞吐量和公路与桥梁的载荷能力等提供了依据。

（4）通用化。通用化是指在互相独立的系统中，选择与确定具有功能互换性或尺寸互换性的子系统或功能单元的标准化形式。互换性是通用化的前提。通用化程度越高，对市场的适应性越强。

（5）组合化。组合化是按照标准化原则，设计制造若干组通用性较强的单元，再根据需要进行合并的标准化形式。对物品编码系统和相应的计算机程序同样可通过组合化使之更加合理。

6.4.3 物流标准种类

1. 大系统配合性、统一性标准

（1）基础编码标准，是对物流对象进行编码，并且按物流过程的要求将其转化成条码，使物流大系统实现衔接、配合最基本的标准，也是采用信息技术对物流进行管理和组织、控制的技术标准。

（2）物流基础模数尺寸，是标准化的共同单位尺寸，或系统各标准尺寸的最大公约尺寸。在物流基础模数尺寸确定之后，各个具体的尺寸标准，都要以物流基础模数尺寸为依据，选取其整数倍数作为规定的尺寸标准。由于物流基础模数尺寸的确定，进行尺寸标准选择只需在倍数系列选择其他的尺寸标准，这就大大减少了尺寸的复杂性。物流基础模数尺寸的确定不但要考虑国内物流系统，而且要考虑与国际物流系统的衔接，具有一定难度和复杂性。

（3）物流建筑基础模数尺寸，主要是指物流系统中各种建筑物所使用的基础模数尺寸，它是以物流基础模数尺寸为依据确定的，也可选择共同的模数尺寸。该尺寸是设计建筑物长、宽、高，门窗尺寸，建筑物柱间距，跨度及进深等尺寸的依据。

（4）集装模数尺寸，是在物流基础模数尺寸基础上推导出的各种集装设备的基础模数尺寸，以此尺寸作为设计集装设备三项尺寸的依据。在物流系统中，由于集装是起贯穿作用的，集装模数尺寸必须与各环节物流设施、设备、机具相配合，因此整个物流系统在设计时往往以集装模数尺寸为核心，在满足其他要求前提下确定各设计尺寸。因此，集装模数尺寸影响和决定着与其有关各环节的标准化。

（5）物流专业名词标准。为了使大系统有效配合和统一，尤其在建立系统的情报信息网络之后，要求信息传递异常准确，首先便要求专用语言及所代表的含义实现标准化，否则，会造成工作的混乱，出现大的损失。物流专业名词标准包括统一的物流用语及统一的定义。

（6）物流单据、票证的标准。物流单据、票证的标准可用于实现信息的快速录入和采集，使管理工作规范化和标准化，也是应用计算机技术和通信网络进行数据交换和传递的基础标准。它可用于物流核算、统计的规范化，是建立系统情报信息网络、对系统进行统一管理的基础，也是对系统进行宏观控制与微观监测的基础。

（7）标志、图示和识别标准。物流中的物品、工具、机具都是不断运动的，需要有易于识别和区分的标志、图示，有时还需要自动识别，这时就可以用复杂的条码来代替用肉眼识别的标志、图示。

（8）专业计量单位标准。除国家公布的统一计量标准以外，还要考虑国际计量方式的不一致性，以及国际习惯用法，不能完全以国家统一计量标准为依据。

2. 分系统技术标准

分系统技术标准主要有运输车船标准、作业车辆标准、传输机具标准、仓库技术标准；

包装、托盘、集装箱标准，包括包装、托盘、集装箱系列尺寸标准，包装物标准，货架储罐标准等。

6.4.4 物流的尺寸标准

1. 物流集装基础模数尺寸

物流集装基础模数尺寸与建筑模数尺寸的作用大体相同。ISO 中央秘书处及欧洲各国已基本认定 600mm×400mm 为基础模数尺寸。

由于物流标准化系统较其他标准化系统建立较晚，所以确定基础模数尺寸主要考虑了目前对物流系统影响最大而又最难改变的事物，即输送设备。采取"逆推法"，由输送设备的尺寸来推算最佳的基础模数尺寸。当然，在确定基础模数尺寸时也考虑到了现在已通行的包装模数和已使用的集装设备，并从行为科学的角度研究了人及社会的影响。从其与人的关系看，基础模数尺寸是适合人体操作的最高限尺寸。

2. 物流模数

物流模数即集装基础模数尺寸。前面已提到，物流标准化的基点应建立在集装的基础之上，所以在物流基础模数尺寸之上，还要确定集装基础模数尺寸，即最小的集装尺寸。

ISO 对物流标准化的重要模数尺寸的要求如下：物流基础模数尺寸为 600mm×400mm；物流模数（集装基础模数尺寸）以 1200mm×1000mm 为主，也允许为 1200mm×800mm；物流基础模数尺寸与集装基础模数尺寸的配合关系如图 6-5 所示。

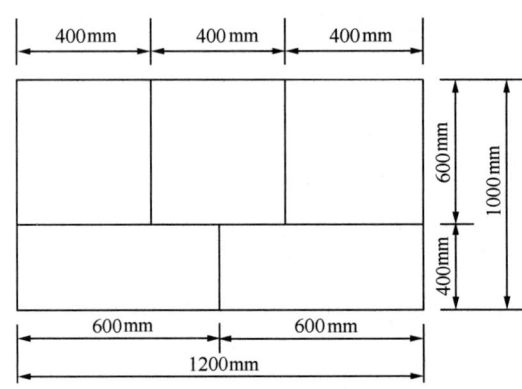

图 6-5　物流基础模数尺寸与集装基础模数尺寸的配合关系

6.5 物流质量管理

物流质量管理是指按照全面质量管理的思想，运用科学的管理方法和手段，对物流质量及其影响因素进行计划、控制，使物流质量不断得以改善和提高。物流质量管理是物流管理的重要组成部分。

6.5.1 物流质量的定义

物流质量包含商品质量、物流服务质量、物流工作质量和物流工程质量，因而是一种全面的质量观。物流质量内涵丰富，其主要内容大致包括以下几点。

（1）商品质量。物流对象是具有一定质量的实体，有合乎要求的等级、尺寸、规格、性质、外观。这些质量是在生产过程中形成的，物流过程在于转移和保护这些质量，最后实现对商品质量的保证及改善。

现代物流过程还可以采用流通加工等手段改善和提高商品的质量，因此物流过程从一定意义上说也是商品质量的形成过程。

（2）物流服务质量。物流业有极强的服务性质，可以说整个物流的质量目标就是保证其服务质量。物流服务质量因用户不同而要求各异，要掌握和了解用户的要求，包括商品狭义质量的保持程度，流通加工对商品质量的提高程度，批量及数量的满足程度，配送额度、间隔期及交货期的保证程度，配送、运输方式的满足程度，成本水平及物流费用的满足程度，相关服务（如信息提供、索赔及纠纷处理）的满足程度。

（3）物流工作质量。物流工作质量指的是物流各环节、各工种、各岗位的具体工作质量。物流工作质量和物流服务质量是两个有关联但又不同的概念，物流服务质量水平取决于各个物流工作质量水平的总和。所以，物流工作质量是物流服务质量的某种保证和基础。重点抓好物流工作质量，物流服务质量也就有了一定程度的保证。

（4）物流工程质量。物流质量不但取决于物流工作质量，而且取决于物流工程质量。在物流过程中，会对商品质量产生影响的各种因素（人的因素、体制因素、设备因素、工艺方法因素、计量与测试因素、环境因素等）统称为"工程"。很明显，提高物流工程质量是进行物流质量管理的基础工作，能提高物流工程质量，就能做到"预防为主"的物流质量管理、商品质量物流。

因此，物流质量管理与一般商品质量管理的主要区别在于：一方面要满足生产者的要求，使其产品能及时准确地转移给用户；另一方面要满足用户的要求，即按用户要求将其所需的商品送交，并使两者在经济效益上求得一致。

物流质量衡量体系图如图 6-6 所示。

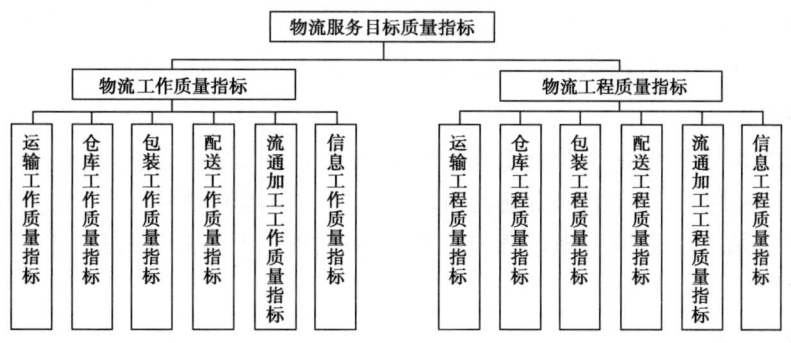

图 6-6 物流质量衡量体系图

6.5.2 物流质量管理的特点

物流质量管理可以归纳出以下三个特点。

（1）管理的对象全面。物流质量管理不仅要管理物流对象本身，而且要管理物流工作质量和物流工程质量，最终对成本及交货期起到管理作用，具有很强的全面性。

（2）管理的范围全面。物流质量管理对物流对象的包装、装卸、搬运、储存、运输、配送、流通加工等若干过程进行全过程的质量管理，同时是对产品在社会再生产全过程中进行全面质量管理的重要一环。

（3）全员参与管理。保证物流质量涉及有关环节的所有部门和所有人员。物流管理的全员性，正是由物流的综合性、物流质量问题的重要性和复杂性所决定的，它反映了质量管理的客观要求。

由于物流质量管理存在"三全"的特点，因此全面质量管理的一些原则和方法（如"PDCA 循环"），同样适用于物流质量管理。但应注意，物流是一个系统，系统中各个环节之间的联系和配合是非常重要的。物流质量管理必须强调"预防为主"，明确"事前管理"的重要性。

物流质量管理必须满足两个方面的要求：一方面是满足生产者的要求，因为物流的结果必须保证生产者的商品能保质、保量地转移给用户；另一方面是满足用户的要求，即按用户的要求将其所需的商品送交用户。这两个方面的要求基本上是一致的，但有时也有矛盾，如过分强调满足生产者的要求，使商品以非常高的质量保证程度送交用户，有时会出现用户难以承担的过高成本的情况。物流质量管理的目的就是在"向用户提供质量满足要求的服务"和"以最经济的手段来提供"两者之间找到一条优化的途径，同时满足这两个要求。从这个意义上来讲，物流质量管理可以定义为：用经济的办法，向用户提供满足其要求的物流质量的手段体系。

6.5.3 物流质量的衡量

衡量物流质量是物流管理的重点。物流质量的保证建立在准确有效的质量衡量上。大致来说，物流质量主要从以下三个方面来衡量。

1. 物流时间

时间的价值在现代社会的竞争中越来越凸显出来，谁能保证时间的准确性，谁就赢得客户。由于物流的重要目标是保证商品及时送达，因此物流时间成为衡量物流质量的重要因素，但物流质量的提高还依赖于物流大环境的改善。

2. 物流成本

物流成本的降低不仅是企业获得利润的源泉，还是节约社会资源的有效途径。在国民经济各部门中，因各部门商品对运输的依赖程度不同，运输费用在生产费用中所占比重也不同。如果从物流业总费用考虑，有关资料显示，物流费用占商品总成本的比重从账面上看已超过 40%。

3. 物流效率

对于企业来说，物流效率反映物流系统能否在一定的服务水平下满足客户的要求，也反映物流系统的整体构建水平。对于社会来说，衡量物流效率是一件复杂的事情。因为社会经济活动中的物流过程非常复杂，物流活动内容和形式不同，必须采用不同的方法去分析物流效率。我们用物流相关行业的费用总和与 GDP 的比值来评价物流总体效率。

6.5.4 物流质量的指标体系

由于物流质量是衡量物流系统的重要因素，所以发展物流质量的指标体系对于控制和管理物流系统来说至关重要。一般说来，物流服务目标质量指标包括物流工作质量指标和物流工程质量指标两个系列。以这两个指标为纲，在各工作环节和各系统中又可以制定一系列分目标的质量指标，从而形成一个指标体系。

（1）服务水平指标，衡量的是企业满足订单的次数的频率，是企业满足订单的次数与总服务次数之比。

（2）满足程度指标，是指企业能够满足的订货数量与总的订单的订货数量之比。

（3）交货水平指标，是指按期交货次数与总交货次数之比。

（4）交货期质量指标，衡量的是满足交货的时间因素的程度，即实际交货期与规定交货期相差的天数或小时数。

（5）商品完好率指标，即交货时完好商品量或缺损商品量与总交货商品量之比。也可以用"货损货差赔偿费率"来衡量商品的破损给公司带来的损失，对于一个专业的物流公司来说，由自身的服务水平有限导致的商品破损，要付出一定的赔偿金额，这部分金额占同期业务收入总额之比即"货损货差赔偿费率"。

（6）物流吨费用指标，即单位物流量的费用（元/吨），若这一指标比同行业的平均水平低，则说明其物流质量较高。

本章主要介绍了与物流组织和控制相关的内容：企业物流组织的变迁及基本类型，物流成本的概念与管理意义，物流成本管理的内容、影响因素和管理策略，物流服务的内涵与特征，物流服务水平的度量和物流服务的改进，物流标准化的定义和形式，物流标准种类和物流的尺寸标准，物流质量管理的特点和相应的指标体系。

一、荷兰的地下物流系统

建立专业的地下物流系统是荷兰发展城市地下物流系统的显著特点。在荷兰首都阿姆斯特丹有着世界上最大的花卉供应市场，机场和花卉市场之间的货物供应与配送完全依靠公路，对于一些对时效性要求很高的货物（如空运货物、鲜花、水果等），拥挤的公路交通是巨大的威胁,供应和配送的滞期会严重影响货物的质量(鲜花耽搁1天贬值15%)。因此,人们计划在机场和花卉市场之间建立一个专业的地下物流系统,整个花卉的运输过程全部在地下进行,只有到了目的地才露出地面,以期达到快捷、安全的运输效果。

它的特点是服务对象明确,针对性强,因此要求系统设计、构建和运行等过程必须全部按照货物质量要求的标准来规划;其局限性在于建造费用高,工程量大。

(资料来源:中国物流与采购网)

二、蒙牛重塑供应链,物流成本下降40%

2017年6月前,蒙牛还在使用传统的物流体系,所有的线上发货基本都由一到两个仓库完成。全国范围内不管哪里的订单,均由该仓库发出。在与菜鸟达成合作后,蒙牛的旧方法被迅速革新,所有用于线上销售的商品都被分布到菜鸟位于全国各地的仓储中心,蒙牛只需将货送到这些仓库,就能惬意地当个"甩手掌柜"。这样的改变看似简单其实很难,但凭借强大的数据能力,天猫和菜鸟在短时间内就重塑了蒙牛的整条供应链。

最直接的变化来自配送模式。在此前的传统模式中,无论地理距离多远的订单,蒙牛都从全国的一个仓库发货,这使其物流成本一直居高不下。使用菜鸟提供全国分仓的解决方案后,蒙牛的商品便由工厂或经销商提前送到菜鸟在各地的仓储中心,这样商品就能从距离消费者最近的仓库发出,大幅缩短了流转距离。

对保质期限较短的乳制品来说,物流效率显得更为重要,否则将会有大量商品因为过期、破损而不得不面临销毁的命运。在以往的体系里,蒙牛一般只能依据经验将商品发给各地经销商,一旦出现断货的情况,就只能从全国各个地方来回调货,频繁的调拨次数不仅导致大量商品过期,而且平添了高额的运输成本。而在进入菜鸟仓后,天猫和菜鸟会根据消费数据、库存数据及大促等内容进行提前预警。

科学的仓储模式也在进一步压缩蒙牛的仓储费用,现在,即使是面对"双十一"这样的超级狂欢,蒙牛也能高效完成暴增几百倍的订单,避免了压货、退货造成的巨额浪费。

(资料来源:中国物流与采购网)

思考分析

(1)从事花卉物流,最好建立怎样的物流组织结构?花卉物流企业的服务水平和服务质量的衡量指标有哪些?如何提高其服务水平?

(2)蒙牛是如何降低物流成本的?

问题提示

(1)物流组织结构的设置和服务水平的衡量要与物流对象的特性相适应,对时效性要求很高和具有时令性特征的货物,物流组织结构的设置可以松散一些,运作速度、可靠能力和差别化经营是其重点关注的指标。

(2)增加仓储中心,改变配送模式,通过消费数据、库存数据及大促等内容进行提前预警,采用科学的仓储模式。

重要概念

矩阵式结构　事业部制结构　物流成本　物流服务　基础模数尺寸　物流质量

第 6 章 物流组织与控制

习 题 6

一、填空题

1. 企业物流组织的基本类型有_____、_____、_____、_____和_____五大类。
2. 物流成本管理的内容有_____、_____、_____、_____、_____和_____六个方面。
3. 物流服务的特征主要有_____、_____、_____、_____、_____和可替代性。
4. ISO 中央秘书处及欧洲各国已基本认定_____为基础模数尺寸。
5. 物流质量内涵丰富,其主要内容大致包括_____、_____、_____、_____。

二、选择题

1. 物流成本管理主要有（　　）。
   A. 实现物流合理化　　　　　　　B. 加强物流质量管理
   C. 提高物流速度　　　　　　　　D. 重视物流技术选择
   E. 实施供应链管理
2. 物流标准种类主要有（　　）。
   A. 基础编码标准　　　　　　　　B. 物流基础模数尺寸
   C. 物流建筑基础模数尺寸　　　　D. 集装基础模数尺寸
   E. 物流专业名词标准　　　　　　F. 标志、图示和识别标准
   G. 物流单据、票证的标准

三、问答题

1. 常见的企业物流组织结构的基本形态有哪些？
2. 物流成本管理的主要内容是什么？以你熟悉的物流企业为例,简要分析降低物流成本的措施。
3. 简述物流服务管理的内涵和特征。在物流业对外开放的进程中,我国的物流企业如何提高物流服务水平？
4. 论述物流标准化过程中面临的主要问题。
5. 物流质量管理的主要内容是什么？不同主营业务的物流企业建立的物流质量管理指标体系相同吗？

第 7 章

企业物流与物流企业

学习目的与要求

- 掌握企业物流的概念、特征与组成；
- 理解企业物流运作模式；
- 掌握第三方物流的概念；
- 掌握物流企业的功能与运作模式。

7.1 企业物流

7.1.1 企业物流概述

中国经济要融入世界经济，中国企业要参与国内和国外两个市场的竞争，就需要增强现代物流意识，积极采用先进的组织和管理技术，这已成为广大企业界人士的共识。

企业物流是企业生产与经营的组成部分，也是社会大物流的基础。它是许多观念、原理和方法的综合。有来自传统的市场营销、生产、会计、仓储、采购和运输领域的规律，也有来自应用数学、组织行为学和经济学的规律。因此，企业物流是一门边缘性、综合性学科。

1. 企业物流的内涵和特征

企业是为社会提供产品或服务的经济实体。一个工厂要购进原材料，经过若干工序的加工，形成产品后再销售出去；一个商场要根据用户的要求购进产品，进行流通加工后再销售出去；一个运输公司要按客户的要求将货物输送到指定地点。因此，可以认为，在企业经营范围内由生产或服务活动所形成的企业内部物品的实物运动就是企业物流研究的内容。

第 7 章　企业物流与物流企业

（1）企业物流的概念。我国国家标准《物流术语》中对企业物流的定义为：生产和流通企业围绕其经营活动所发生的物流活动。企业物流和社会物流这个名词相对应。

美国物流管理协会认为企业物流是"研究对材料、半成品、产成品、服务及相关信息从供应始点到消费终点的流动与存储进行有效计划、实施和控制，以满足客户需要的科学"。

（2）企业物流的内涵。从系统论角度分析，企业物流是一个承受外界环境干扰作用的、具有输入—转换—输出功能的自适应体系。其内涵表现如下。

① 企业物流系统的输入。输入是指企业生产运作活动所需生产资料的输入供应，即供应物流（Supply Logistics），它是企业物流过程的起始阶段。供应物流是保证企业生产经营活动正常进行的前提条件。现代企业生产具有规模大、品种多、技术复杂等特点，再加上专业化、协作化、共同化的发展，生产社会化程度的提高，企业间的生产技术活动愈加密切。企业生产活动要素的投入，首先是生产资料的投入。因此，能否适时、适量、齐备、成套地完成供应活动是保证企业顺利进行生产经营活动的基础。供应物流具体包括一切生产资料的采购、供应、库存管理、用料管理和供应输送等。

a．采购。采购是供应物流与社会物流的衔接点，根据生产计划所要求的供应计划制订采购计划并进行原材料外购作业。在完成将采购物资输送到企业内的物流活动的同时，它还要承担市场资源、供应厂家、市场变化、供求信息的采集和反馈任务。

b．供应。供应是供应物流与生产物流的衔接点，根据材料供应计划、物资消耗定额、生产作业计划进行生产作业。供应物流是指在为生产企业提供原材料、零部件或其他物品时，物品在提供者与需求者之间的实体流动。供应方式一般有两种基本形式：一种是传统的领料制，即用料单位根据生产计划到供应部门（或供应仓库）领取生产资料；另一种是供应部门根据生产作业信息和作业安排，按生产中所需物料的数量、时间、次序和生产进度进行配送供应。

原材料及设备采购、供应阶段的物流是企业为供应组织生产者所需要的各种物资而进行的物流活动。它包括组织生产者将物资送达本企业的企业外部物流和本企业仓库将物资送达生产线的企业内部物流。例如，生产企业从物资供销企业进货，则企业外部物流表现为物资供销企业到本企业仓库这个过程的物流，如图 7-1 所示。

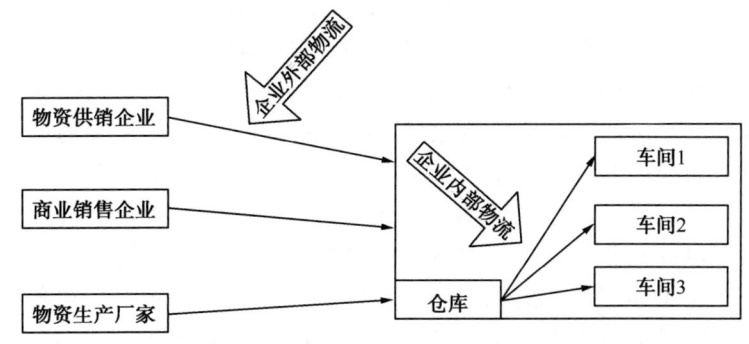

图 7-1　原材料及设备采购、供应阶段的物流

c．库存管理。库存管理是供应物流的核心部分。库存管理的功能主要有两个方面：一方面，依据企业生产计划的要求和库存的控制情况，制订物资采购计划，进行库存数量和

结构的控制,并指导供应物流的合理运行;另一方面,库存管理是供应物流的转折点,它具有完成生产资料的接货、验收、保管、保养等具体功能。

② 企业物流系统的转换。企业物流系统的转换是指企业生产物流(Production Logistics),也称厂区物流、车间物流等,它是企业物流的核心部分。生产物流是指在生产过程中,原材料、在制品、半成品、产成品等在企业内部的实体流动。

生产物流包括以下几种。

- 各专业工厂或车间的半成品或产成品流转的微观物流。
- 各专业工厂或车间之间及它们与总厂之间的半成品、产成品流转。工厂物流的外沿部分是指厂外运输衔接部分,包括原材料、零部件、半成品的流转和存放。
- 产成品的包装、存放、发运和回收。

生产物流系统始于原材料、配件、设备的投入,经过制造过程转换为成品,止于从成品库运到中转部门或直接配送给用户或出口。生产物流系统并不是一个孤立的系统,而是一个与周围环境紧密相关,不时地从外界环境中吸进"营养",并向社会输送产品和劳务的开放系统。

生产阶段的物流主要包括物流的速度(物资停顿的时间尽可能短,周转尽可能快),物流的质量(物资损耗少,搬运效率高),物流的运量(物资的运距短,无效劳动少)等方面的内容。

不同的生产过程由不同的生产物流构成。生产过程的构成取决于下列因素。

a. 生产类型。不同的生产类型,它的产品品种、结构的复杂程度、工艺要求及原材料的准备特点等都影响着生产过程的构成及相互间的比例关系。

b. 生产规模。生产规模是指单位时间内产品的产量,通常以年产量来表示。生产规模越大,生产过程的构成越齐备,生产物流量越大;生产规模越小,生产过程的构成越简单,生产物流量越小。

c. 企业的专业化和协作水平。企业的专业化和协作水平提高,企业内部生产过程就趋于简单化,物流流程缩短,某些基本工艺阶段的半成品,如毛坯、零部件、配件等,就可由厂外其他专业工厂提供。

③ 企业物流系统的输出。销售物流(Distribution Logistics)是企业物流的输出系统,承担企业产品的输出任务,并形成对生产经营活动的反馈因子。销售物流是指当生产企业、流通企业出售产品时,产品在供方与需方之间的实体流动。

销售物流是企业物流的终点,同时是宏观物流的始点。宏观物流接受它所传递的企业产品、信息及辐射的经济能量,进行社会经济范围的信息、交易、实物流通活动,把一个个相对独立的企业系统联系起来,形成社会再生产系统。如果不能很好地组成企业的销售物流,企业产品滞销或脱销,系统的功能就无法实现,经济能量辐射就会被破坏,产品的劳动价值将无法得以补偿和实现,产品也不能最终成为现实有用的产品。

销售物流是服务于客户的企业物流,其运行的优劣不仅直接影响到客户的生产经营活动,还会给企业的经济造成影响。销售物流主要考虑的要素如下。

a. 时间要素。时间要素通常是指订货周期,即从客户确定对某种产品有需求到该需求被满足之间的间隔。时间要素主要受以下几个变量的影响。

- 订单传送。订单传送是指从客户发出订单到卖方收到订单的时间间隔。

第7章 企业物流与物流企业

- 订单处理。订单处理是指处理客户订单并准备装运的时间。
- 订货准备。订货准备涉及挑选订货并进行必要的包装,以备装运。从简单的人工系统到高度复杂的自动化系统,不同的物料搬运系统对于订货准备有不同的影响,会使准备时间有较大差别。
- 订货装运。订货装运时间是从订货装上运输工具直到买方在目的地收到订货的时间间隔。它与装运规模、运输方式、运输距离等密切相关。

b. 可靠性要素。可靠性是指根据客户订单的要求,按照预订的提前期,安全地将订货送达客户指定的地点。提前期的可靠性对于客户的库存水平和缺货损失有直接影响,可靠的提前期可以减少客户面临的不确定性。卖方如果能向客户保证预订的提前期,加上少许的提前期偏差,就能使其产品与竞争者的产品明显区别开来。卖方提供可靠的提前期能使客户的库存、缺货、订单处理和生产计划的总成本最小化。

可靠性还包括安全交货和正确供货。安全交货是销售物流的最终目的,即货物要安全无误地送达,不出现破损与丢失的现象;正确供货是指客户收到的货物必须与订单相符,否则不但会给客户造成不利影响,而且会使销售部门失去市场。

c. 方便性要素。方便性是指销售物流方法必须灵活。客户对货物包装、运输方式、运输路线、交货时间等的要求各不相同,为了更好地满足客户的要求,必须确认客户的不同要求,为不同客户设计适宜的服务方法,提高和降低服务水平的决策不能平等地建立在所有客户基础上或包括所有服务要素。不同客户要求的差异性,为降低客户服务成本和提高客户服务水平提供了巨大潜力。

④ 回收物流(Returned Logistics)。回收物流是指不合格货物的返修、退货,以及周转使用的包装容器从需方返回到供方所形成的物品实体流动。

返品的回收物流,是指产品本身的质量问题或用户因各种原因拒收而使产品返回原工厂或发生节点而形成的物流。

⑤ 废弃物物流(Waste Material Logistics)。废弃物物流是指将经济活动中失去原有使用价值的物品,根据实际需要进行收集、分类、加工、包装、搬运、储存等,并分送到专门处理场所时所形成的物品实体流动,即不能回收利用的废弃物,只能通过销毁、填埋等方式予以处理的流通过程。

综上所述,企业物流是由生产经营活动中的供应物流、生产物流、销售物流三部分及生产过程中所产生的回收物流和废弃物物流组成的。这是从企业物流内部的视角来观察物流活动的。若从宏观角度来看,若干企业物流的产成品的输出相互交织成社会物流。社会物流也正是企业物流活动的条件和环境,这种企业物流和社会物流之间不间断的循环形成了完整的物流过程。

(3)企业物流的特点。供应物流及销售物流是企业物流与社会物流的接口,这两种物流形态虽然是为企业经营服务的,是企业生产物流(或内部物流)向两边的延伸,但是其物流特点和社会物流是很相近的。真正反映企业物流特点的、和社会物流有较大区别的是企业内部物流,尤其是生产物流。企业物流的特点便是指企业生产物流(或内部物流)的特点。

① 实现价值的特点。企业物流和社会物流的一个最本质的不同之处,即企业物流最本质的特点并不如同社会物流一样是"实现时间价值和空间价值的经济活动",而是实现加

工附加价值的经济活动。

企业物流在一个小范围内完成,因此空间距离的变化不大。当然,空间转移消耗不大,其中含有的利润源也就不是大利润源。同样,企业内部储存和社会储存目的大不相同,这种储存是对生产的保证,而不是一种追求利润的独立功能。因此,时间价值不但不会很高,反而会成为降低企业效益的因素。

企业物流伴随加工活动而发生、运动,是实现加工附加价值,即实现企业主要目的的活动。所以,虽然物流空间价值、时间价值潜力不高,但加工附加价值却很高。

② 主要功能要素的特点。企业物流的主要功能要素不同于社会物流。社会物流的主要功能要素是运输、储存和配送,其他功能要素是作为辅助性、次要功能要素或强化性功能要素出现的。企业物流的主要功能要素则是搬运。

许多生产企业的生产过程,实际上是不停地对物料进行搬运的过程,在搬运过程中,物料得到了加工,改变了形态,发生了各种各样的化学的、物理的、机械的变化,变化是在不断"搬"、不断"运"的流动过程中实现的。

即使配送企业和批发企业的企业内部物流,实际也是不断搬运的过程。通过搬运,商品完成了分拣、配货工作,完成了大改小、小集大的换装工作,从而形成了可配送或可批发的形态。

③ 物流过程的特点。企业物流是一种工艺过程性物流。企业的生产工艺、生产装备及生产流程是确定的,企业物流也因此成了一种稳定性的物流,物流便成了工艺流程的重要组成部分。由于这种稳定性,企业物流的可控性、计划性很强,一旦进入这一物流过程,选择性及可变性便很小。对物流的改进只能通过对工艺流程的优化来实现,这和随机性很强的社会物流也有很大的不同。

④ 物流运行的特点。企业物流的运行具有极强的伴生性,往往是生产过程中的一个组成部分或一个伴生部分。这一点决定了企业物流很难与生产过程分开而形成独立的系统,尤其是生产企业内部生产物流更是如此。

在总体的伴生性同时,企业物流中也确有与生产工艺过程可分的局部物流活动,这些局部物流活动有自身的界限和活动规律,当前企业物流的研究大多是针对这些局部物流活动而言的。这些局部物流活动主要是仓库的储存活动、接货活动、车间或分厂之间的运输活动等。

物流企业内部物流和生产企业内部物流在运行方面不同,批发企业、配送企业的内部工艺过程,是典型的包含若干物流功能要素的物流活动,而不是伴生性的物流活动。

(4) 企业生产物流的连续性。企业生产物流活动不但充实、完善了企业生产过程中的作业活动,而且把整个生产企业所有孤立的作业点、作业区域有机地联系在一起,构成了一个连续不断的企业内部生产物流。企业内部生产物流是由静态的点和动态的点相结合连接而成的网络结构。静态的点,表示物料处于空间位置不变的状态,如相关装卸、搬运、运输等企业的厂区配置、运输条件、生产布局等,而企业生产物流动态运动的方向、流量、流速等正是使企业生产有节奏、有次序、连续不断地运行的基础。

(5) 物料流转是企业生产物流的关键特征。物料流转的手段是物料搬运,在企业生产过程中,物料流转贯穿于生产、加工制造过程的始终。无论是在厂区、库区,还是在车间与车间之间、工序与工序之间、机台之间,都存在着大量、频繁的原材料、零部件、半成

第 7 章 企业物流与物流企业

品和产成品的流转运动。生产过程物流的目标应该是提供畅通无阻的物料流转，保证生产过程顺利、高效率地进行。为此，必须对物料流转进行研究分析，以明确对物料搬运的要求。

通过物料流转分析可以确定需要搬运物料的种类、数量、频繁连续性、机动性等方面的要求，以及搬运作业的起讫地点、空间限制、次序等。大多数企业的生产供货次序是，下一道工序生产过程需要的零部件由上一道工序供给，需要什么、需要多少、何时需要等都由下一道工序所决定。这种供货方式改变了过去上一道工序的产品全部流入下一道工序而形成下一道工序半成品和配件大量积压的情况。

（6）企业物流成本的二律背反性。企业物流成本的二律背反性研究实质上是研究企业物流的经营管理问题，即将管理目标定位于降低物流成本并取得较大的经营效益。在物流成本管理中，作为管理对象的是物流活动本身，物流成本是作为一种管理手段而存在的，一方面物流成本能真实地反映物流活动的实态，另一方面物流成本可以成为评价所有活动的共同尺度。

企业物流成本的二律背反性主要是指企业物流功能之间或物流与服务水平之间的二重矛盾，即追求一方必须舍弃另一方的一种状态，是指两者之间的对立状态。这在构成企业物流的诸种活动中是客观存在的。例如，追求保管的合理性，必然牺牲运输的合理性；追求包装费用的节省，会影响其在运输、保管过程中的保护功能和方便功能，而造成经济损失。这样一方成本降低，另一方成本增大，即形成了企业物流成本的二律背反状态。

企业物流管理肩负着降低企业物流成本和提高服务水平两大任务，这两大任务具有相互矛盾的对立关系。物流合理化，需要用总成本评价，这反映出企业物流成本的二律背反性及企业物流整体概念的重要性。

2. 企业物流的功能和作业目标

（1）企业物流的功能。企业物流的功能包括运输、储存、包装、装卸、搬运、配送、信息处理和流通加工等活动。

① 运输活动。运输活动是指对商品进行空间上的移动。物流部门依靠运输克服生产地与需求地之间的空间距离较大的困难，创造商品的空间效用。

② 储存活动。储存活动又称保管活动，是为了克服生产和消费在时间上的不一致而形成的。商品通过保管产生了时间效用。

③ 包装活动。包装活动包括产品的出厂包装，生产过程中制品、半成品的包装，以及物流过程中的换装、分装、再包装等。包装大体可分为商品包装与工业包装两类。包装与物流的其他职能有着密切的关系，对于推动物流合理化有着重要作用。

④ 装卸、搬运活动。装卸、搬运活动包括在运输、储存、包装、流通加工等物流活动中起衔接作用的各种机械或人工装卸、搬运活动。在全部物流活动中只有装卸、搬运活动伴随物流活动的始终。

⑤ 配送活动。配送活动是按用户的订货要求，在物流据点进行分拣、配货工作，并将配好的货物送交收货人的物流活动。

⑥ 信息处理活动。在物流活动中，大量信息的产生、传送、处理为合理地组织物流活动提供了可能性。信息处理活动对上述各种物流活动的相互联系起着协调作用。

⑦ 流通加工活动。流通加工活动又称流通过程的辅助加工活动，是指在物品从生产地到使用地的过程中，根据需要对其进行包装、分割、计量、分拣、刷标志、拴标签、组装等简单作业的总称。流通加工是以市场的需要和顾客的偏好为目的的。

(2) 企业物流的作业目标。企业物流的作业目标与企业的总体目标是一致的，在设计和运行企业物流时，必须以实现企业的作业目标为目标。

① 快速反应。快速反应是关系到一个企业能否及时满足顾客的服务需求的能力。信息技术的提高为企业创造了在最短的时间内完成物流作业并尽快交付物品的条件。快速反应的能力把物流作业的重点从预测转移到根据装运时间和装运方式对顾客的要求做出反应上来。例如，使用电话、传真、电子商务订货以减少订单处理的时间；使用信息系统快速制订配车计划从而及时完成配送作业等。

② 最少变异。变异是指破坏物流系统表现的任何想象不到的事件。它可以产生于任何一个领域的物流作业，如顾客收到订货的期望时间延迟，制造过程中发生意想不到的损坏，以及货物到达顾客所在地时被发现受损或把货物交付到不正确的地点等，所有这一切都将使物流作业遭到破坏。物流系统的所有作业领域都可能遇到潜在的变异。减少变异的可能性直接关系到企业的内部物流作业和外部物流作业的顺利完成。在充分发挥信息作用的前提下，采取积极的物流控制手段可以把变异减少到最低限度，从而提高物流的生产率。因此，整个物流系统的基本目标是使变异减少到最低限度。

③ 最低库存。最低库存的目标涉及企业资金负担和物资周转速度问题。在企业物流系统中，在保证供应的前提下提高周转率，就意味着库存占用的资金得到了有效的利用。因此，保持最低库存的目标是把库存降低到和顾客服务目标相一致的最低水平，以实现最低的物流总成本。"零库存"是企业物流的理想目标。伴随着"零库存"目标的接近与实现，物流作业的其他缺陷也会显露出来。所以企业物流设计必须把资金负担和库存周转速度当成重点来控制和管理。

④ 物流质量。企业物流目标是持续、不断地提高物流质量。全面质量管理要求企业物流无论是对产品质量，还是对物流服务质量，都做得更好。物流本身必须执行相应的质量标准，包括流转质量标准和业务质量标准。例如，对物流数量、质量、时间、地点的正确性评价。

⑤ 产品生命周期的不同物流目标。产品生命周期由新产品引入、成长、饱和成熟和完全衰退四个阶段组成。面对产品不同的生命周期，应采取不同的物流对策。

● 新产品引入阶段。该阶段要有高度的产品可得性和物流灵活性。在制订新产品的物流支持计划时，必须考虑到顾客随时可以获得产品的及时性和企业迅速而准确的供货能力。在此关键阶段，如果存货短缺或配送不稳定，就可能抵消营销战略所取得的成果。因此，此阶段物流费用是较高的。在新产品引入阶段，物流是在充分提供物流服务与回避过多支持和费用负担之间寻求平衡。

● 成长阶段。该阶段产品已取得了一定程度的市场认可，销售量骤增，物流活动的重点从不惜代价提供所需服务转变为平衡服务和成本绩效。处于成长阶段的企业具有最大的机会去设计物流作业并获取物流利润。此阶段销售利润渠道是按不断增长的销量来出售产品。只要顾客愿意照价付款，几乎任何水准的物流服务都可能实现。

● 饱和成熟阶段。该阶段具有激烈竞争的特点，物流活动会变得具有高度的选择性，而竞争对手之间会调整自己的基本服务承诺，提供独特的服务，以取得顾客的青睐。为了能在产品周期的饱和成熟阶段调整多重销售渠道，许多企业采用建立配送仓库网络的方法，以满足来自不同渠道的各种服务需求。在这种多渠道的物流条件下，递送任何一个地点的产品流量都比较小，并需要为特殊顾客提供特殊服务。由此可见，饱和成熟阶段的竞争状况增加了物流活动的复杂性和作业要求的灵活性。
- 完全衰退阶段。当产品进入完全衰退阶段时，企业需要在低价出售产品和继续有限配送等可选择方案之间进行平衡。于是企业一方面将物流活动定位于继续相应的递送活动，另一方面要最大限度地降低物流风险。两者中，后者相对重要。

综上所述，产品的生命周期为基本的物流战略提出了不同的目标，在不同的阶段，需要根据市场竞争状况进行适当的调整。

7.1.2 企业物流的分类

1. 按企业性质不同分类

（1）工业生产企业物流。工业生产企业物流是对应于生产经营活动的物流，这种物流有四个子系统，即供应物流子系统、生产物流子系统、销售物流子系统及废弃物物流子系统。

工业生产企业种类非常多，物流活动也有差异。按主体物流活动不同，工业生产企业物流可大体分为四种类型。

① 供应物流突出的类型。这种物流系统中供应物流突出而其他物流较为简单，在组织各种类型的工业生产企业物流时，供应物流组织和操作难度较大。例如，采取外协方式进行生产的机械、汽车制造等工业生产企业便属于这种物流系统。一个机械的几个甚至几万个零部件有时来自全国各地甚至国外，这一供应物流范围大、难度大、成本高，但生产出大件产品（如汽车）以后，其销售物流便相对简单。

② 生产物流突出的类型。这种物流系统中生产物流突出而供应物流、销售物流较为简单。典型的例子是生产冶金产品的工业生产企业，供应的是大宗矿石，销售是大宗冶金产品，而从原材料转化为产品的生产过程及伴随的物流过程都很复杂，有些化工企业（如化肥企业）物流也具有这样的特点。

③ 销售物流突出的类型。例如，很多小商品、小五金等，大宗原材料进货，加工也不复杂，但销售却要遍及全国或很大的地域范围，属于销售物流突出的类型。此外，如水泥、玻璃、化工危险品等，虽然生产物流也较为复杂，但其销售物流难度更大，问题更严重，有时会出现大事故或需要付出大代价，因而也包含在销售物流突出的类型中。

④ 废弃物物流突出的类型。有一些工业生产企业几乎没有废弃物的问题，但也有废弃物物流十分突出的工业生产企业，如制糖、选煤、造纸、印染企业等，废弃物物流组织得如何几乎能决定企业能否生存。

（2）农业生产企业物流。农业生产企业中农产品加工企业的性质及对应的物流与工业生产企业是相同的。农业种植企业物流是农业生产企业物流的代表。

① 供应物流。供应物流以组织农业生产资料（如化肥、种子、农药、农业机具等）的物流为主要内容，除物流对象不同以外，这种物流和工业生产企业供应物流类似，没有

大的特殊性。

② 生产物流。农业种植企业的生产物流与工业生产企业的生产物流区别极大。

- 农业种植企业生产物流的对象在种植时是不发生生产过程位移的,而工业生产企业生产物流的对象要不断发生位移。因此,农业种植企业生产物流的对象不需要反复搬运、装卸、暂存,而进行上述物流活动的是生产资料,如化肥、水、农药等。
- 农业种植企业一个周期的生产物流,停滞时间长而运动时间短,而工业生产企业生产物流几乎是不停滞的。
- 生产物流周期长短不同。一般工业生产企业生产物流周期较短,而农业种植企业生产物流周期长且有季节性。

③ 销售物流。销售物流以组织农产品(粮食、棉花等)的物流为主要内容。销售物流的一个很大的特点是,在诸功能要素中,储存功能要求较高,储存量较大,且储存时间较长,"蓄水池"功能要求较高。

④ 废弃物物流。种植生产企业废弃物物流也具有不同于一般工业生产企业废弃物物流的特殊性,主要表现在以重量计,废弃物物流重量远高于销售物流重量。

(3) 批发企业物流。批发企业物流是以批发据点为核心,由批发经营活动所派生出的物流活动。这一物流活动对应于批发的投入是组织大量物流活动对象的运进,产出是组织同量物流活动对象的运出,但是批量变小,批次变多。在批发据点的转换是包装形态及包装批量的转换。

商物合一型批发企业和商物分离型批发企业的上述物流过程是同样存在的,只是发生的地点有所区别,一种是商物合一的据点,另一种是独立的物流据点。

不同类型的批发企业其物流有所不同,主要有两种类型。

① 大型企业销售网络中的批发企业物流。大型企业销售网络中的批发企业面对固定的零售网点或固定的生产型、消费型用户,这种批发企业物流的特点是销售物流网络固定,因而网络组织完善,能对销售物流进行有效的规划和组织,水平较高。

② 独立批发企业物流。独立批发企业依靠本身经营和市场开拓同步组织物流活动,用户有很强的不确定性,因而销售物流难以形成固定渠道和网络。

(4) 配送企业物流。配送企业物流是以配送中心为核心,由配送活动组成的物流。这种物流的主要特点是主要进行配送中心内部的分拣、配货等物流活动,这是和生产物流非常不同的有特点的物流活动。

(5) 仓储企业物流。仓储企业是以储存业务为盈利手段的企业。仓储企业物流是以接运、入库、储存、保管、保养、发运或运输为流动过程的物流活动,其中储存、保管是其主要的物流功能。

(6) 第三方物流。第三方物流企业通常也称为契约物流企业或物流联盟,是从生产到销售的整个物流过程中进行服务的第三方,它本身不拥有商品,而是通过签定合作协议或结成合作联盟,在特定的时间段内按照特定的价格向客户提供个性化的物流代理服务。具体的物流内容包括商品运输、储存、配送及附加的增值服务等。它以现代信息技术为基础,实现信息和实物快速、准确地协调传递,可提高仓库管理、装卸、运输、采购订货及配送发运的自动化水平。

(7) 零售企业物流。零售企业物流是以零售商店或零售据点为核心,以实现零售销售

第 7 章 企业物流与物流企业

为主体的物流活动。

不同零售企业伴随的投入、转换、产出的物流活动有一定区别,主要有以下三种类型。

① 一般多品种零售企业物流。这种类型的零售企业物流是多品种、小批量、多批次的供应物流。这种物流一方面可保证零售企业的正常销售,即保证不脱销、不断档、不缺货;另一方面可保证不以库存支持这一销售。所以,供应物流是零售企业突出的物流类型。企业内部物流的关键是降低库存以保证最大的售货面积,少占用库存场地,尤其在"黄金地域"。零售企业内部物流更要强调这一点。

一般零售企业销售物流主要是指大件商品的送货和售后服务。大部分零售企业是在销售后由用户自己完成物流,所以销售物流不是这种类型企业的主要物流类型。

② 连锁店型零售企业物流。连锁店型零售企业物流的特点集中于供应物流,和一般零售企业供应物流不同,连锁店型零售企业的销售品种是相同的、有特色的,其供应物流是由本企业的共同配送中心完成的。

③ 直销企业物流。直销企业物流的特点集中于销售物流,销售物流决定了销售业绩。由于直销企业通过直销手段销售的品种不可能多,因此供应物流及企业内部物流较简单。

2. 按照物流活动的主体分类

按照物流活动的主体进行分类,物流可分为企业自营物流、专业子公司物流和第三方物流。

(1) 企业自营物流。企业自营物流是指企业自备车队、仓库、场地、人员,以自给自足的方式经营企业的物流业务。

(2) 专业子公司物流。专业子公司一般是指从企业传统物流运作功能中剥离出来的,一个独立运作的专业化实体(子公司)。它与母公司(或集团)之间是服务与被服务的关系。它以专业化的工具、人员、管理流程和服务手段为母公司提供专业化的物流服务。

(3) 第三方物流(Third-Party Logistics,TPL 或 3PL)。第三方物流是由供方与需方以外的物流企业提供物流服务的业务模式。企业为了提高物流运作效率及降低物流成本会将物流业务外包给第三方物流公司。

7.1.3 企业物流管理的概念与内容

企业物流管理通过对企业物流功能的最佳组合,在保证一定服务水平的前提下,实现物流成本的最低化,这是企业不断追求的目标。

1. 企业物流管理的概念

我国国家标准《物流术语》中对物流管理的定义是:为达到既定的目标,对物流的全过程进行计划、组织、协调与控制。

企业物流管理作为企业管理的一个分支,是指对企业内部的物流活动(如物资的采购、运输、配送、储备等)进行计划、组织、指挥、协调、控制和监督。通过调整使物流功能达到最佳组合,在保证物流服务水平的前提下,实现物流成本的最低化,这是现代企业物流管理的根本任务。

在企业管理中,企业的基本竞争战略有成本领先战略、差异化战略和目标聚集战略。近年来,企业对物流管理日益重视,逐渐把企业的物流管理当作一个战略新视角,制定各种物流战略，以期提高企业的竞争能力。

把企业物流管理上升到战略的地位，经历了一个过程。从纯粹为了降低企业内部的物流成本，到为提高企业收益而加强企业内部物流管理，通过向顾客提供满意的物流服务来带动销售收入的增长，发展到现在从长远和战略的观点去思考物流在企业经营中的定位，甚至超越本企业从供应链的角度管理企业的物流。

2. 企业物流管理的内容

（1）物流活动诸要素的管理内容。

① 运输管理，主要内容包括：运输方式及服务方式的选择；运输路线的选择；车辆调度与组织。

② 储存管理，主要内容包括：原材料、半成品和产成品的储存策略；储存统计、库存控制、养护等。

③ 装卸、搬运管理，主要内容包括：装卸、搬运系统的设计；设备规划与配置；作业组织等。

④ 包装管理，主要内容包括：包装容器和包装材料的选择与设计；包装技术和方法的改进；包装系列化、标准化、自动化等。

⑤ 流通加工管理，主要内容包括：加工场所的选定；加工机械的配置；加工技术与方法的研究和改进；加工作业流程方案的制订与优化。

⑥ 配送管理，主要内容包括：配送中心选址及优化布局；配送机械的合理配置与调度；配送作业流程方案的制订与优化。

⑦ 物流信息管理，主要是指对反映物流活动内容、物流要求、物流作用和物流特点的信息进行搜集、加工、处理、存储和传输等。物流信息管理在物流管理中的作用越来越重要。

⑧ 客户服务管理，主要是指对物流活动相关服务的组织和监督，如调查和分析顾客对物流活动的反映，确定顾客所需要的服务水平、服务项目等。

（2）对物流系统诸要素的管理。从物流系统的角度看，物流管理的内容有以下几点。

① 人的管理。人是物流系统和物流活动中最活跃的因素。对人的管理包括：物流从业人员的选拔和录用；物流专业人才的培训；物流教育和物流专业人才培养规划与措施的制定等。

② 物的管理。物是指物流活动的客体，即物质资料实体。物的管理贯穿物流活动的始终。它涉及物流活动诸要素，即物的运输、储存、包装、流通加工等。

③ 财的管理。财的管理主要是指物流管理中有关降低物流成本、提高经济效益等方面的内容，它是物流管理的出发点，也是物流管理的归宿，主要包括：物流成本的计算与控制；物流经济效益指标体系的建立；资金的筹措与运用；提高经济效益等。

④ 设备管理。设备管理主要是指与对物流设备管理有关的各项内容，主要包括：各种物流设备的选型与优化配置；各种设备的合理使用和更新改造；各种设备的研制、开发与引进等。

⑤ 方法管理。方法管理主要包括：各种物流技术的研究、推广普及；物流科学研究

工作的组织与开展；新技术的推广普及；现代管理方法的应用等。

⑥ 信息管理。信息是物流系统的神经中枢，只有做到有效地处理并及时传输物流信息，才能对系统内部的人、财、物、设备和方法等进行有效的管理。

（3）物流活动中的具体职能管理。

物流活动从职能上划分，主要分为物流计划管理，物流质量管理、物流技术管理、物流经济管理。

① 物流计划管理。物流计划管理是指对物质生产、分配、交换、流通整个过程进行计划管理，也就是在物流大系统计划管理的约束下，对物流过程中的每个环节进行科学的计划管理，具体体现在物流系统内各种计划的编制、执行、修正及监督的全过程中。物流计划管理是物流管理工作的首要职能。

② 物流质量管理。物流质量管理是指对物流工作质量、物流工程质量，包括物流服务质量等进行管理。物流质量的提高意味着物流管理水平的提高，也注意味着企业竞争力的提高。因此，物流质量管理是物流管理工作的中心问题。

③ 物流技术管理。物流技术管理包括对物流硬技术和物流软技术进行管理。对物流硬技术进行管理，即对物流基础设施和物流设备进行管理，如物流设施的规划、建设、维修、运用，物流设备的购置、安装、使用、维修和更新，提高设备的利用效率，进行日常工具管理等。对物流软技术进行管理，主要是指物流各种专业技术的开发、推广和引进，物流作业流程方案的制订，技术情报和技术文件的管理，物流技术人员的培训等。物流技术管理是物流管理工作的依托。

④ 物流经济管理。物流经济管理包括物流费用的计算和控制，物流劳务价格的确定和管理，物流活动的经济核算、分析等。物流费用的管理是物流经济管理的核心。

7.2 第三方物流

7.2.1 第三方物流概述

第三方物流服务是由欧洲研究者首先提出的，他们对第三方物流的定义是：原来在传统组织内履行的物流职能现在由外部公司履行。我国国家标准《物流术语》中对第三方物流的定义是：独立于供需双方，为客户提供专项或全面的物流系统设计或系统运营的物流服务模式。

第三方物流是指在物流渠道中由中间商提供服务，中间商以合同的形式在一定期限内提供企业所需的全部或部分物流服务。第三方物流提供者是一个为外部客户管理、控制和提供物流服务作业的公司，它们并不在供应链中占有一席之地，仅是第三方，但通过提供一整套物流活动来服务于供应链。

第三方物流企业可以按照以下两种方式进行划分。

1. 按提供服务的种类划分

按提供服务的种类划分，第三方物流企业有资产型、管理型和综合型三种类型。

资产型第三方物流企业主要通过运用自己的资产来提供专业的服务。管理型第三方物流企业主要提供物流规划与策划、物流管理咨询等服务。综合型第三方物流企业则兼具以上两种企业所具有的能力，既能够提供物流管理咨询等服务，又拥有必要的物流设施装备系统，能够承担各种物流业务。

2. 按物流业务划分

按物流业务划分，第三方物流企业有综合性物流企业和各种专业性物流企业。

综合性物流企业能够提供运输、储存、包装、装卸、搬运、流通加工、配送、信息处理等各种物流服务。专业性物流企业只能提供某一种或几种物流服务，如运输企业、仓储企业、搬运企业、物流管理咨询企业等。

7.2.2 第三方物流的利弊分析

第三方物流，即外协物流，作为现代物流中的一种，显示出了强大的生命力及广阔的市场前景。第三方物流是对企业内部采购物流和销售物流的替代，实际上是对其市场的替代。这种替代之所以发生是因为组织成本的存在。市场与企业的界限是由以下原则决定的：当一个企业扩张到如此规模，以至于再多一项交易所引起的成本既等于别的企业组织这项交易的成本，也等于利用市场机制组织这项交易的成本时，静态均衡就实现了，市场与企业的界限就划定了。因此，第三方物流企业内部采购物流和销售物流主要是交易成本与组织成本之间的比较。

1. 第三方物流的优势

第三方物流成为物流发达国家企业的主要运作模式，如美国通用汽车的萨顿工厂通过与赖德专业物流公司合作，取得了良好的效益。萨顿工厂将精力集中于汽车制造，而赖德管理萨顿工厂的物流事务。赖德接洽供应商，将零部件运到位于田纳西州的萨顿工厂，同时将产成品（汽车）运到经销商处。对于萨顿工厂的需求，赖德从分布在美国、加拿大、墨西哥的300个不同的供应商那里进行小批量采购，并使用特殊的决策支持系统软件来有效地规划路线，使运输成本最低化。

第三方物流的优势具体表现如下。

（1）集中精力发展核心业务。第三方物流所推崇的理念是，如果我们在企业价值链的某一环节上不是世界上最好的，如果这不是我们的核心竞争优势，如果这种活动不至于把我们同客户分开，那么我们应当把它外包给世界上最好的专业公司去做。也就是说，首先要确定企业的核心竞争优势，并把企业资源集中到那些具有核心竞争力的活动上，然后把剩余的其他活动外包给最好的专业公司。因此，在企业资源有限的情况下，为取得竞争优势，企业只需掌握核心功能，即把对企业知识和技术依赖性强的高增值部分掌握在自己手中，而把物流这样的辅助功能外包给第三方物流企业。

（2）减少固定资产投资，加速资本周转。对于大多数企业，特别是生产型企业来说，物流成本在整体生产成本中占据了较大的比重。根据有关资料统计，我国工业品流通成本占商品价格的50%～60%，零售商的物流成本占其总成本的20%。企业自建物流需要投入大量的资金购买物流设备、建设仓库和信息网络等，这对于缺乏资金的中小型企业来说是沉重的负担。如果使用第三方物流，企业就可以减少对运输设施、仓库和搬运机械的建设与投资，减少仓库和车队方面的资金占用，变固定成本为可变成本，加速资金的周转，并将财务风险转移给第三方物流企业。尤其是那些业务量呈现季节性变化的企业，外包对企业资产投入的影响更为明显。

（3）降低企业运营成本。第三方物流企业拥有规模经济的优势，它可以从运输企业或其他物流服务商那里得到更低廉的运输报价，可以从运输商那里大批量购买运输能力实现集运，然后集中配载很多客户的货物实现集供，大幅度降低单位运输成本。同时，第三方物流企业拥有发达的物流网络和针对不同物流市场的专业能力，包括运输、仓储和其他增值服务。许多关键信息，如可用运量、国际清关文件、空运报价和其他信息通常是由第三方物流企业搜集和处理的。因为对于第三方物流企业来说，获得这些信息较为经济，信息搜集和处理的成本可以分摊到多个用户头上。

（4）灵活运用新技术，实现以信息换库存，降低成本。随着科学技术日益进步，专业的第三方物流企业能不断更新信息技术和设备，而普通的单个制造商通常难以很快更新自己的资源或技术。而且不同的零售商可能有不同的、不断变化的配送和信息技术要求。此时，第三方物流企业能以一种快速的、更具成本优势的方式满足要求，而这些服务通常都是制造商难以做到的。

（5）改善企业价值链，实现资源的优化配置。第三方物流的本质就是协调顾客的服务要求和从供应商开始的物流活动，使高的顾客服务水平、低的库存投资和低的操作成本得到兼顾和优化。对于企业来说，其价值链的改善有赖于业务的高效。如果将物流业务通过外包的形式转移给第三方物流企业，那么其原有的运营格局也将发生变动。不仅是人员关系、资金方面的变动，更重要的是各项业务间的关系将因此发生新的变化。这种变化可以改善企业的财务成绩，使企业业务流程实现优化提升，从整体上改善企业的价值链。

（6）提供灵活多样的顾客服务，为顾客创造更多的价值。第三方物流企业在信息网络和配送节点上具有资源优势，这将使得它们在提高顾客满意度上具有独到的优势。它们可以利用强大、便捷的信息网络来加大订单的处理能力，缩短对顾客需求的反应时间，进行直接到户的点对点的配送，实现商品的快速交付，提高顾客的满意度。而且，第三方物流企业还具有服务方面的专业技能和优势，可以为顾客提供更多、更好的服务。另外，设施先进的第三方物流企业还具有对物流全程进行监控的能力，通过其先进的信息技术和通信技术加强对在途货物的监控，及时发现、处理配送过程中出现的意外事故，保证货物及时、安全送到目的地。这有助于保证货物的安全，同时能尽量兑现企业对顾客的安全、准点送货的承诺。

2. 发展第三方物流的制约

第三方物流是必然的发展趋势，但在我国广泛推行第三方物流也存在一定的制约因素。

（1）物流资产的制约。产业组织理论认为，企业在退出某一行业时，会受到许多因素的阻碍，这些因素被称为退出障碍，沉没成本就是其中之一。所谓沉没成本，是指企业在退出某一行业时，其投资形成的固定资产不能被转卖或只能低价转卖所造成的不可收回的资本损失。由于各企业都从自身角度出发经营物流活动，因此从全社会物流资源优化配置的角度看，生产、零售企业建设的物流设施存在着总量过剩、结构失调等问题，有的甚至具有极强的专用性，如企业专用铁路线。当生产、零售企业打算退出物流领域而采取物流外包时，这些物流设施很难转卖或只能以低价转卖，给企业带来巨大的沉没成本，形成较高的退出障碍。此外，企业在退出物流领域时，需要解雇相关的物流部门从业人员，而企业解雇职工需要支付退职金、解雇工资等，在企业经营效益不景气的情况下，这笔费用也构成了企业退出物流领域的障碍。

（2）市场交易成本的制约。有关交易成本理论认为，物流活动的外购属于服务贸易，形成市场交易成本的主要原因是信息不对称导致产生信用风险。第三方物流是通过契约形式来规范物流经营者和物流消费者之间的关系的，物流服务的行为实际上是一系列委托与被委托、代理与被代理的关系，完全以信用体系为基础。生产经营企业以合同方式将物流活动委托给第三方物流企业，第三方物流企业为能及时响应顾客要求，又以合同方式汇集了众多仓储、运输合作伙伴。

交易和结算主体往往涉及多方面的物流参与者，其中任何一个物流参与者出现信用问题，都将会影响物流服务的效率。在美国，物流企业要向供应商、工厂提供银行出具的信誉评估报告，银行为其做信用担保，等于物流企业为货物购买了保险，厂家和顾客都有信任感。而我国在现阶段，一方面许多企业存在信用问题；另一方面缺少一个良好的信用保障体系。信用危机会导致送货延迟、错误投递等行为的发生，增加了物流服务交易成本。

（3）运营机制的制约。许多企业原来实行的是产、供、销一体化，仓储、运输一条龙的经营体制，在这些问题得不到妥善解决的情况下，企业是不会外包物流的。而且层次批发至今仍是我国资源流动的主流，导致物流链同所有权的转移链紧密结合在一起。这种所有权条件下的物流经营方式已经形成了企业间千丝万缕的联系，不可能一下子打破。

（4）信息技术的制约。第三方物流企业和多个不同的货主企业具有合作关系，要处理来自多个企业的不同种类和数量的商品的传递。由于传统的大量生产方式逐渐向多品种、小批量的生产方式转变及电子商务快速发展，人们对物流的要求也随之变化。这种多品种、小批量物流十分繁杂，而且往往是不经济的。信息技术的应用为快捷地处理多样化繁杂的业务提供了良好的技术支持。然而，从整体上来说我国企业信息化起步较晚，信息化程度较低，对企业信息化的认识尚存在诸多分歧，因而我国物流企业普遍存在对信息的获取、处理、运用能力不强的问题。

（5）物流人才的制约。发展第三方物流，关键是要具有一支优秀的物流队伍。我国物流从业人员虽已初具规模，但大多数是从管理专业、工程专业、交通运输专业等转行过来的，真正懂得物流科学的高层次管理人才十分匮乏。

7.2.3 国内外第三方物流的发展状况

1. 国外第三方物流的基本情况

（1）发达国家中的第三方物流在整个物流产业中已占较大比重。作为一项外包服务业务，第三方物流起源于欧洲，至今已有几百年的历史，而它的真正启动则是在近 20 年，其直接原因是全球经济一体化及专业化分工使得发达国家的许多企业意识到自营物流成本太高，转而选择社会化物流，可借助他人的规模经营和标准化作业优势，降低自身成本，改善服务质量。

据统计，在欧洲约有 1 290 亿欧元的物流服务市场，其中约有 1/4 是由第三方物流完成的。它们以汽车制造厂和家电生产厂为主要顾客，以制造业为中心进行第三方物流服务。表 7-1 所示为欧洲各国第三方物流市场概况表。

表 7-1 欧洲各国第三方物流市场概况表

国 别	国内物流费用	第三方物流收入	物流总支出	第三方物流收入占物流总支出的比例/%
德国	26 528	8 047	34 602	23.26
法国	18 784	6 911	25 695	26.90
英国	15 485	8 150	23 635	34.48
意大利	12 002	1 771	13 873	12.77
西班牙	5 655	1 241	6 896	18.00
荷兰	4 848	1 620	6 468	25.05
比利时	2 914	971	3 885	24.99
奥地利	2 746	637	3 383	18.83
瑞士	2 610	373	3 374	11.06
丹麦	2 175	543	2 718	19.98
芬兰	1 662	415	2 077	19.98
爱尔兰	734	238	972	24.49
葡萄牙	673	137	811	16.89
希腊	690	85	775	10.97
卢森堡	119	40	159	25.16
总计	97 625	31 179	129 323	24.11

在美国，第三方物流企业大幅下调了货主的物流费用，第三方物流企业与货主之间建立了共享利益的互惠关系。目前全美有几百家第三方物流企业，按其业务形式可分为两大类：一类是资产型企业，主要是以运输业和仓储业为母体的企业；另一类是无资产型企业，其业务以货代和咨询为主。资产型企业较多。据统计，为降低成本，已有近 75%的美国制造商和供应商打算使用或正在使用第三方物流服务。

（2）重视物流技术研究为第三方物流的发展提供了良好的保证。第三方物流的发展是建立在物流运营的低成本和高效率基础上的，先进、实用的物流技术不仅拓展了物流企业的盈利空间，也使得第三方物流在物流竞争中具有更多的比较优势，从而促进整个第三方物流业的发展。

以日本为例，日本的第三方物流配送企业十分重视研究探索物流配送的新技术、新方法，以不断提高物流服务质量，降低物流成本，提高在市场上的竞争力。在日本，物流企业中使用的可拆卸式货架、移动式商品条码扫描设备等都已得到普遍运作。在第三方物流配送企业中，商品条码和计算机管理系统应用非常普遍，实现了商品入库、验收、分拣、出库等物流企业作业全过程的计算机管理与控制，既提高了效率，又加强了管理。

（3）物流一体化趋势为第三方物流的发展提供了良好的发展环境。所谓物流一体化，是指以物流系统为核心的，由生产企业经由物流企业、销售企业，直到消费者的供应链的整体化和系统化，是物流企业发展的高级和成熟阶段。物流一体化是物流产业化的发展形式，它必须以第三方物流充分发育和完善为基础。物流一体化需要有专业化物流管理人员和技术人员，充分利用专业化的物流设备、设施，发挥专业化物流运作的管理经验，以获取整体最优的效果。同时，物流一体化的发展趋势也为第三方物流发展提供了良好的发展环境和巨大的市场需求。

目前，西方发达国家在发展第三方物流、实现物流一体化方面已经积累了丰富的经验，培养了众多具备较高经济学和物流学专业知识和技能、有很强物流整体规划水平和现代管理能力的物流管理人才，第三方物流企业的功能也正在从简单的仓储服务功能演变为一体化的综合物流功能。

2．国内第三方物流的基本情况与发展前景

相比国外第三方物流，我国第三方物流主要存在以下两个方面的问题。

（1）第三方物流需求严重不足。在我国，目前寻求第三方物流服务的企业主要是跨国公司或合资企业，国有企业大多自建物流体系，承担商品流通业务，很少向外寻求物流服务，因此，从事第三方物流的企业寥寥无几。

（2）对第三方物流的认识不足。据调查，我国很多企业对物流的认识还仅停留在传统货运、储存等层面上，认为物流就是运输，概念相当模糊。企业对第三方物流的认识尚不全面，这在一定程度上影响了第三方物流在全社会的发展。

与物流企业发展形成鲜明对比的是新型物流企业市场需求的不断增长。因此，在我国，尽管第三方物流仍然处在初级阶段，但从另一方面来看，其需求潜力巨大，发展前景良好。

7.3 物流企业

7.3.1 物流企业概述

第三方物流的具体运作，需要依靠各种类型的物流企业来完成。伴随着社会分工的不断加剧，物流企业获得了较大的发展，成为物流服务业的重要组成部分，在社会发展中发挥着重要的作用。

Chapter 7

第 7 章　企业物流与物流企业

1. 物流企业的概念及特征

（1）物流企业的概念。物流企业是指专门从事仓储、运输、配送等物流活动的企业，这个企业能够按照客户的需求对运输、储存、装卸、搬运、包装、流通加工、配送等物流流程进行组织和管理，为客户提供物流服务并从中盈利。

（2）现代物流企业的特征。一般来说，一个现代物流企业应具备以下特征。

① 物流过程的高效化。现代物流企业凭借其现代化的运输、仓储、搬运设备，成熟健全的营销网络，标准规范的作业管理，在商品、物资的配送速度上远高于非专业化的公司。商品的销售者或购买者之所以选择物流企业为其代理运输、配送产品，理由之一就是让物流企业配送比自己配送节约时间。

② 物流作业的规范化。现代物流企业之所以能够在物流过程中体现出高效率，其中一个原因就是物流企业有标准规范的作业程序。以配送中心为例，现代物流配送中心的作业流程包括订货、收货、验货入库与储存管理、订单处理、货物分拣、出货、理货、包装、配装送货、送达服务及退货处理等。通过制订标准、规范的作业程序方案，可大量减少上述流程中的作业时间，提高工作效率。

③ 物流服务的优质化。随着生产柔性化、流通高效化时代的到来，社会和客户对物流服务的要求越来越高，物流服务的优质化是物流企业今后发展的重要趋势。把完好无损的货物在规定的时间、地点，以规定的数量和价格提供给客户，将成为衡量物流企业服务优质化程度的标准。

④ 物流组织的网络化。为了保证快速、全方位的物流服务，现代物流企业必须建立健全的物流配送网络，网络上点与点之间的物流配送活动要保持系统性和一致性，这样可以保证货物在最短的时间内通过最短的路线到达目的地。分散的物流配送单位只有形成系统、高效的网络，才能满足现代生产与流通的需要。

⑤ 物流过程的绿色化。绿色物流是物流业发展的又一趋势。所谓绿色物流，是指在物流过程中尽量减少对周围环境产生负面影响，如空气污染、噪声污染和交通堵塞，在物流系统和物流活动的规划与决策中尽量采用对环境污染小的方案。绿色物流的提出将促使物流企业进行设备与设施的改造，如采用排污量小的货车车型，近距离配送，夜间运货以避免交通阻塞等，努力实现绿色物流的目标。

⑥ 技术装备的现代化。随着科学技术的进步，现代物流企业借助互联网络，大量采用 GIS、RFID 技术、自动导引小车（AGV）技术、搬运机器人技术等现代手段提高效率，技术装备朝着信息化、自动化、智能化的方向发展。

2. 物流企业的类型

按照不同的分类标准，物流企业可以划分为不同的类型。

（1）按照服务范围划分。按照服务范围划分，物流企业可以分为功能型物流企业和综合服务型物流企业。

① 功能型物流企业。功能型物流企业是指主要从事物流过程中某单一功能业务的企业，如运输型物流企业、仓储型物流企业。

② 综合服务型物流企业。综合服务型物流企业一般是指具有一定规模、一定运营范围的货物集散、分拨网络，拥有必要的运输设备、仓储设备的多功能物流企业。其业务范

围比功能型物流企业宽，主要从事如下几项业务：多种物流服务业务，如为客户提供运输、货运代理、仓储、配送等业务；根据客户的要求，为客户制订、整合物流资源的运作方案，为客户提供契约性的综合物流服务；配置专门的机构和人员，建立完备的客户服务体系，及时、有效地提供客户服务；由于具备网络化信息服务功能，应用信息系统可对物流服务全过程进行状态查询和监控。

（2）按照经营方式划分。按照经营方式划分，物流企业可以分为联营型物流企业、独立经营型物流企业和代理型物流企业。

① 联营型物流企业。联营型物流企业是指当涉及的物流服务跨地区或跨国家时，位于服务过程两端的、处在不同国家或地区的两个（或几个）企业联合经营。联营的双方互为合作人，分别在各自的地区或国内开展业务活动，揽到货物后，按货物的流向及运输区段划分双方应承担的工作。

② 独立经营型物流企业。独立经营型物流企业是指经营管理独立、单独核算、自负盈亏的物流企业。

③ 代理型物流企业。代理型物流企业是指在服务全程的两端或中间接受本地区或国外同行的委托，代理交接货物，签发或回收联运单证，处理交换信息，代收支付费用，处理货运事故和纠纷的物流企业。

（3）按照经营主体划分。按照经营主体划分，物流企业可以分为第一方物流企业、第二方物流企业、第三方物流企业和第四方物流企业。

① 第一方物流企业。第一方物流企业是指由卖方、生产者或供应方组织的物流企业。它的核心业务是生产和供应商品，为了自身生产和销售业务的需要而进行自身物流网络及设施与设备的投资、经营与管理。

② 第二方物流企业。第二方物流企业是指由买方组织的物流企业。它的核心业务是采购并销售商品，但是为了销售业务需要投资建设物流网络、物流设施与设备，并进行具体的物流业务运作组织和管理，即供应链中游分销商自己承担采购商品的物流活动。例如，批发商到工厂取货、送货至零售店或客户、自建物流和配送网络、保有库存等都属第二方物流。

③ 第三方物流企业。第三方物流企业是指从事第三方物流运作模式的企业。它不拥有商品，不参与商品的买卖，而是向货主提供现代化的、系统的物流服务。

④ 第四方物流企业。第四方物流企业是指一个供应链集成商。它对公司内部和具有互补性的服务供应商所拥有的不同资源、能力及技术进行整合和管理，提供一整套供应链解决方案，又称为"总承包商"或"领衔物流服务商"，专门为第一方物流企业、第二方物流企业和第三方物流企业提供物流规划、咨询、物流信息系统、供应链管理等活动，第四方物流企业并不实际承担具体的物流运作活动。

（4）按照物流作业是自行完成还是委托代理完成划分。按照物流作业是自行完成还是委托代理完成，物流企业可以分为自理物流企业和代理物流企业。

① 自理物流企业是指企业本身自行承担和完成各项物流作业，也就是平常所说的物流企业。

② 代理物流企业是指根据委托人的委托执行各项物流作业，如第三方物流就是代理物流企业从事的物流活动。

第 7 章　企业物流与物流企业

3. 物流企业管理的基本职能

物流企业管理的目标是提高企业经营运作的效率和效益，这个目标的实现依赖于企业有效地发挥其管理职能。所谓物流企业的管理职能，是指在物流企业的运营过程中，应用管理的基本原理和科学方法，对物流活动进行计划、组织、指挥、协调和控制，使各项物流活动实现最佳的协调与配合，以降低物流成本，提高物流效率和经济效益。

（1）计划职能。计划有广义和狭义之分。广义的计划包括制订计划、执行计划和检查计划的执行情况；狭义的计划是指计划的制订。物流企业的计划具体是指根据企业的经营目标和经营方针，通过计划的编制，确定实现企业目标的措施和方法，通过计划的执行和检查，协调组织企业资源和活动，以实现企业目标。

（2）组织职能。从管理学的角度看，管理的组织职能包括组织结构设计、组织运行和组织变革。组织结构设计是组织工作中最重要、最核心的一个环节，它着重建立一种有效的组织结构框架，其主要内容包括：根据企业的战略目标，对要完成的工作任务进行适当的分工和组合，从而形成职位、部门；为这些职位和部门分配责任和权限，并且设置必要的规范和协调关系。组织运行是使设计好的组织结构运作起来，具体指把企业经营活动中的各种要素、各个环节在时间和空间上合理地组织起来，以形成一个有机整体，从而有效地进行生产经营活动。组织变革是对组织的调整、改革和再设计，它属于组织工作过程中的反馈与修正阶段。

（3）指挥职能。指挥是指借助指示、命令等手段有效地指导下属机构和人员履行自己的职责，实现企业目标的一种活动，它是保证企业正常经营、实现企业目标不可缺少的条件。指挥作为一种管理职能，包括两种密切相关的活动：一是要及时、准确地向下级传达信息，布置任务，交代工作的性质及开展这项工作的原因、时间、地点和人选；二是要激励有关人员，使他们在执行任务时能发挥最大作用。这两项活动缺一不可，尤其是后一项活动，对于企业市场营销管理过程来说显得尤为重要。

（4）协调职能。协调是企业经营运作有效的保证，它包括协调企业内部各级职能部门之间的工作，协调生产过程中的计划、生产、研发、销售、质检、原材料供应等活动，使其建立良好的协作关系，消除工作中的推诿、脱节现象和存在的矛盾，以有效地实现企业的目标。协调可分为上下级管理人员和职能部门之间的纵向协调，以及同级管理人员和各职能部门之间的横向协调。

（5）控制职能。控制是计划的产物，是实现企业目标的保证，也是企业不断改进管理水平的基础。所谓控制，是指根据预定的计划、目标或标准对生产作业过程进行检查和监督，考察作业的实际完成情况及与目标的差距和偏差，通过分析原因、采取对策，及时纠正偏差以保证目标的实现。没有控制，目标就难免会因种种原因不能圆满实现或根本实现不了。从系统论和控制论的观点来看，由控制得出的各种信息又是进一步计划的基础和前提。

4. 物流企业管理的目标及目标模式

（1）物流企业管理的目标。从核心的角度来讲，物流企业管理的目标是以最小的成本换取顾客最大程度上的满足，即以最低的总成本创造最大的利润。为实现这一目标，物流企业需要分解出多个子目标，从而形成一个目标体系。

① 反应迅速。反应迅速是物流企业作业目标中最基本的目标，对市场变化和客户需求的反应速度关系到物流企业能否在激烈的市场竞争中立足。

② 作业高效。作业高效是指快速、安全地将货物送抵目的地，它是满足客户需求、赢得市场、击败对手的保障。

③ 集中运输。集中运输是物流企业作业中实施运输成本控制的重要手段之一。一般而言，运输成本与运输产品的种类、运输规模和运输距离直接相关。

④ 优质服务。优质服务是市场对现代物流业的客观要求，也是物流企业提高竞争力的手段之一。

（2）物流企业管理的目标模式。所谓物流企业管理的目标模式，是指通过计划、组织、指挥、协调与控制达到物流企业管理的目标状态。一般来讲，它有如下五个目标模式。

① 物流管理目标的系统化。物流本身就是一个系统，这个系统由作业系统和信息系统组成。作业系统包括运输、仓储、配送、装卸、包装等物流过程中各个具体操作环节，这些环节在功能上互补，在作业流程上相互衔接，构成了一个有机的系统。信息系统也称物流信息系统，包含市场信息、企业经营管理信息等，这个信息系统在企业活动中和企业的其他功能有机地联系起来，以提高物流作业系统的效率。

物流企业要实现的目标是多元化的目标，包括运输效率最高、运输成本最低、库存水平最优、人员配置最合理、经营成本最低等，并且这些目标往往不可能同时实现。任何一个物流企业均无法做到既可提供完美的顾客服务，又能将成本降到最低。为顾客提供完美的服务意味着要有先进的硬件设备和软件系统、高素质的员工队伍和强烈的服务意识，所有这些的取得都需要大量的资金和时间投入。因此，物流企业管理的目标必须综合平衡，以实现整个物流系统的高效，使物流企业管理目标实现整体最佳。

② 物流综合成本的最低化。物流目标一经确定，就必须设计一个物流系统，以便以最低成本实现目标。物流总成本一般由运输成本、仓储成本、包装成本、搬运成本、经营管理成本等构成。在选择物流系统时，应考虑所规划的各个不同系统的总成本，然后从中选出总成本最低的系统。在企业经营过程中，要力求在达到顾客服务目标水平的前提下，通过管理实现物流过程的合理化和物流作业的高效化，以实现物流综合成本最低化。

③ 物流配送的合理化。物流配送的合理化是指在物流配送过程中，系统安排配送方案以实现配送线路最优、配送时间最短和配送批次最少。由于消费和产品的多样性，物流企业常常会遇到小批量、多批次的订单，而且要求迅速交货，面对这样的需求，只有合理安排运输线路、交货时间和批次，才能有效地降低配送成本。现在有很多大型超市或批发商从厂商那里进货之后，把要向各级分店铺或零售商交货的商品，由在中间区域设置的配送中心集中起来，再大批量地送往各级分店铺或零售商，并按照顾客的订货量，采用减价供货制方式供货。物流企业通过提供配送服务，使商品从制造厂商直接送到零售商店，中间无须再进行周转，这一方面缩短了商品的运输路线，另一方面压缩了商品的库存量。

④ 物流管理的信息化。在物流企业的经营活动中，信息是联系各个环节的纽带，因此物流管理的信息化是现代物流企业发展必不可少的条件。现代物流企业所提供的个性化物流服务是建立在现代电子信息技术基础上的。在物流管理过程中需要运用电子数据交换（EDI）技术、电子货币转账（EFT）技术、条码技术和可实现网上交易的电子商务技术。近年来，由于网络技术的发展、计算机性能的提高和数据通信技术的进步，信息处理的速

度大大提高,贸易双方的信息交换变得容易起来,有力地推进了物流信息的系统化,实现了从订货到发货的信息化、网络化处理。

⑤ 物流作业的自动化。现代物流企业在运输、仓储、配送、装卸、包装等物流环节中,引进了各种机械化、自动化的技术。在运输方面,有运用托盘、集装箱而发展起来的单位载荷制,以及提高货物分拣机械化水平的技术;在仓储方面,高层货架仓库发展为自动化仓库,大大提高了保管的效率。物流作业的自动化极大地提高了物流管理的效率。

7.3.2 物流企业管理的基本原则及方法

1. 物流企业管理的基本原则

物流企业管理是一项非常重要的工作,在执行过程中需要遵循一定的原则,以保证管理的有效性。

(1)服务的原则。物流在现代经济生活中起着桥梁和纽带的作用,它具体连接着生产与销售的各个环节。无论是企业自有的物流公司,还是第三方物流企业,从本质上来说,它们都是为生产和销售服务的。尤其是第三方物流企业,其利润直接来源于所提供的物流服务。因此,物流企业管理首先要强调的就是树立服务意识,向服务要效益。

(2)快速、及时的原则。物流企业作为为生产、销售企业提供流通服务的企业,其管理必须要坚持快速、及时的原则。从生产、销售企业的角度看,原材料、中间产品、产成品快速、及时地送达,是生产、销售顺利进行的保证,是企业在激烈的市场竞争中立于不败之地的保证。从物流企业的角度看,只有快速、及时地将商品送达目的地,物流企业才能赢得更多委托厂商的信赖,企业才能生存下去。

(3)节约的原则。节约是经济领域中的重要规律,在物流领域中,除流通时间的节约外,由于流通过程中的消耗大多不会增加或提高商品的价值,所以以节约来降低投入,是提高相对产出的重要手段。

(4)规模化原则。这里所说的规模化有两重含义:一是企业要达到一定的规模,以物流规模作为物流管理的原则,以此来追求"规模效益";二是在仓储、运输等物流环节中尽量实现规模化,即在一定的仓储、运输能力下,尽可能实现商品的大批量流转,避免"散、小、乱"情况的出现。

2. 物流企业管理的方法

物流企业管理的方法主要包括行政方法、经济方法、教育方法和数量分析方法四种。

(1)行政方法。行政方法是指在企业内部,运用企业的行政权力来执行管理职能,实现目标的一种方法,它是物流企业管理的基本方法。因为从本质上来说,物流企业是一个由人构成的系统,这个系统根据一定的组织原则建立起来,具有一定的目的性、相关性和矛盾性。目的性是指物流企业总是为实现某一特定的目标而存在的;相关性是指企业内部各结构之间都是相互依存、相互作用的;矛盾性是指企业作为整体和企业成员作为个体总是相互矛盾的,组织要求个人群体化,而个人要求组织个性化。为了保证企业行动的协调统一、目标一致,行政方法就必不可少。运用行政方法,必须按客观规律办事,讲究科学性,注意从实际出发,只有正确的指令、规定,才能保证管理的效率。在经济管理活动中,行政方法是必要的,但有很大的局限性。

作为企业管理的一种手段，行政方法具有如下三个特征：一是具有强制性，它以行政权力为基础，以下级服从上级为原则；二是具有明确的适用性，即它只有在所属的行政系统中才能生效；三是具有速效性，因为下级必须服从上级，所以行政方法能够很快见效。

（2）经济方法。经济方法是指以物质利益为基础，按照客观经济规律的要求，运用工资、奖金、分红等经济手段来执行管理职能，实现目标的一种方法。

经济方法是物流企业管理的主要方法。在现阶段，由生产力发展水平所决定，物质利益需要仍是人们的第一需要。无论人们进入什么样的组织，经济利益都是人们所考虑的首要因素。所以，无论是国家对经济组织的管理，还是组织对各组织成员的管理，经济杠杆、经济手段都有其独到的作用，特别在企业内部更是如此。

与行政方法不同，经济方法不带有强制性，它需要恰当地运用物质鼓励来激励或约束组织成员的行为。但是经济方法也有一定的局限性，因为它完全是以物质利益为基础的，把人视为经济人而非社会人，忽视了精神鼓励和道德约束对人的激励作用。所以，只有和其他管理方法配合使用，才能充分发挥经济方法的作用。

（3）教育方法。人是企业最活跃的因素，人的活动是企业管理的主要内容。员工除有物质利益的需要以外，还有得到认同、自我发展、自我价值实现、社会交往等其他方面的需要。教育方法就是通过思想政治工作，加强企业文化、精神文化的建设，创造出适当的环境和条件，提高员工的积极性，满足其自我发展、自我价值实现的需要，以此来增强企业的凝聚力和向心力，促进企业目标的实现。企业管理的发展史表明，教育方法虽然不是万能的，但是缺少了教育方法，对员工的管理和激励就变得不是完全有效了。

（4）数量分析方法。数量分析方法在现代企业的经营管理中应用极其广泛。所谓数量分析方法，是指运用数学和相关学科的理论进行计划、控制和管理的一种方法。现代管理中还包含大量的实证分析，特别是模型化的数量分析。但是，数量分析方法不是万能的，它的使用有许多严格的前提条件。所以在预测、决策、管理、控制的过程中，应当运用定量分析与定性分析相结合的方法，这样不仅会使决策更科学可靠，而且会大大提高管理的效率。所以，对数量分析方法应有一个正确的态度，既要看到它的科学性和有用性，也要认识到它的局限性。不能完全依赖，也不能一概否定。特别是在决策过程中，不能完全靠运用数量决策模型来做重大决策，但又必须充分重视数量决策模型的分析结果，提高管理的效率。

7.3.3 我国物流企业发展的特点及存在的问题

1. 我国物流企业发展的特点

目前，我国物流企业的发展呈现出以下五大特点。

（1）物流企业产权结构多元化。随着我国经济体制改革的深化，物流企业逐渐摆脱了以前国有企业一枝独大的局面，出现了物流企业产权结构多元化的特征，主要表现为四种类型：一是以大中型国有企业为典型代表的，由传统的运输、仓储和商贸企业通过分拆、重组、转型形成的物流企业；二是生产制造企业在供应链流程再造过程中打造的第三方物流企业；三是以民营资本和股份资本为主的物流企业，这些都是按照现代物流理念和经营模式建立起来的，具有现代物流企业的特征；四是由国外资本合资或独资建立的物流企业。

这种多元结构使我国物流业一开始就形成了竞争激烈的格局。

（2）传统物流与现代物流并存。我国的许多物流企业都是从传统的运输、仓储企业过渡而来的，其经营模式、物流设施与设备、管理方法和手段依然保持着浓厚的传统色彩，重点仍旧是运输与仓储。即使是较晚出现的民营和股份制物流企业，由于资本、技术和管理的因素，一般也是以开展运输和仓储活动为物流服务的重点。随着我国加入世界贸易组织，越来越多的外国物流企业进入我国的物流市场，出现了我国现阶段传统物流与现代物流并存的局面。

（3）物流运作模式在实践中不断创新。近几年来，通过改造传统的国有运输、仓储企业，发展民营物流企业，积极引进外资物流企业，以及实现生产流通企业物流社会化等，专业化物流企业发展迅速，逐步形成了不同经营模式、不同经营规模的专业物流企业共同发展的局面。物流企业的服务能力得到了增强，服务水平得到了提高。不少机制灵活、经营规范的第三方物流企业纷纷崛起。

（4）现代物流理念日益深入人心。虽然目前我国很多物流企业依然具有浓厚的传统物流色彩，但是随着经济社会的发展和物流竞争的加剧，现代物流服务中强调的以客户为中心，以信息网络为基础，实施一体化综合物流服务，最大限度地进行资源整合的理念正日益被我国越来越多的物流企业接受，并逐步运用到企业生产经营实践中，大大提升了我国物流企业的服务能力和品质。

（5）物流信息化、标准化受到企业普遍重视。由于信息化和标准化在物流服务中的突出作用，现在我国的许多物流企业在这方面都加大投入，不断对企业信息化设施进行改造升级，建立与国际接轨的标准作业流程，逐步实现企业运作的信息化和标准化，企业的网络系统、电子单证管理系统、货物跟踪及客户查询系统的能力显著提高。

2. 我国物流企业发展存在的问题

我国物流企业经过近 40 年的发展，虽然发展势头非常迅猛，但是总体来说我国现代物流业还处于起步阶段，总体发展水平仍然较低。和国外的物流企业相比，我国的物流企业还存在着很大的缺陷，有待进一步改善和发展，具体表现在以下几个方面。

（1）企业规模小，产业集中度低。产业集中度也叫市场集中度，是指市场上某种行业内少数企业的生产量、销售量、资产总额等方面对某一行业的支配程度，一般用这几家企业的某一指标（大多数情况下用销售额指标）占该行业总量的百分比来表示。一个企业的市场集中度如何，表明它在市场上的地位高低和对市场支配能力的强弱，是企业形象的重要标志。虽然近几年我国物流企业发展非常迅速，但是由于起步较晚，我国许多物流企业的规模都很小，表现为"散、小、弱、差"，几辆车、十几个人的物流公司比比皆是，相当多的企业仍然处于原始落后的经营状态，产业集中度很低。

（2）人才意识淡薄。现代物流是一个涉及多学科、多领域的增值服务体系，物流企业必须加速培养、吸纳、造就一批高素质经理人人才队伍，以配合自己的竞争发展战略。企业必须有明确的员工培训计划与目标，也必须有培养人才的氛围和机制。但是，我国大多数物流企业对人才未予以足够重视，从事物流的人员缺乏相应的业务知识、业务技能，从而影响了企业的发展。

（3）服务质量和管理水平存在缺陷。尽管我国已出现了一些专业化物流企业，但物流服

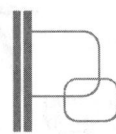

现代物流管理基础（第3版）

务水平和效率还比较低。物流服务商85%的收益来自基础性服务（如运输管理和仓储管理），增值服务、物流信息服务与支持物流的财务服务的收益只占15%。目前多数从事物流服务的企业只能简单地提供运输和仓储服务，而在流通加工、物流信息服务、库存管理、物流成本控制等增值服务方面，尤其在物流方案设计及全程物流服务等更高层次的服务方面还没有全面展开。另外，物流企业经营管理水平较低，多数从事物流服务的企业缺乏必要的服务规范和内部管理规程，经营管理模式粗放，很难提供规范化的物流服务。

本章对企业物流、第三方物流及物流企业进行了简要介绍。企业是物流运作的主体。各类非物流企业是物流需求方，而各类物流企业承担大量具体的物流工作。本章阐述企业物流与第三方物流的基本理论，并具体介绍物流企业的相关知识。

盒马的物流究竟牛在哪？

一、盒马物流之形：去中心化的网络

据介绍，盒马基于新零售的物流体系是一套全新设计的去中心化、分布式的网络。跟以往比，这套网络不是在细节上进行了优化调整，而是完全不同的架构，如图7-2所示。首先从整个网络上看，分为三层，即采购端—DC—店仓。

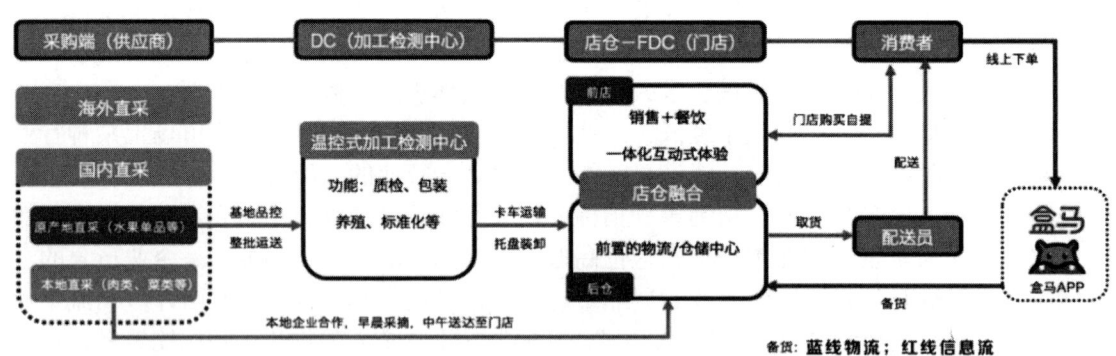

图7-2 盒马的新零售供应链架构

1. 采购端

盒马的商品采购坚持海外直采和国内直采两种方式相结合。

在海外直采方面，盒马的团队会从世界各地引进最优质的生鲜产品。国内直采则结合实际情况分为两种模式：一种是原产地直采，如赣南脐橙、阿克苏苹果这样国内有成熟基地的，前置到基地做品控、做采购，整批发到加工中心。第二种是本地直采，如肉类、蔬菜等，跟本地相关企业合作，早上采摘下午送到门店售卖。

第 7 章 企业物流与物流企业

值得一提的是，盒马销售的部分商品，已经实现了与天猫的统一采购。

2. DC

据盒马介绍，由于其销售的商品以生鲜产品为主，因此其除有传统意义上的常温或低温仓库以外，还有具有自身特色的 DC。例如，蔬果加工中心会做商品质量的检验、包装、标准化处理。盒马销售的蔬果类的标准化产品，都是蔬果加工中心做的。除了这个，目前盒马还在推活水产暂养的基地，如对国外飞机过来的波龙、帝王蟹做短期的暂养。

3. 店仓

这个网络的第三层是离消费者最近的门店，盒马内部称其为"店仓"。

从传统的供应链层级看，店仓即 FDC。从所承载的功能来看，它既是前置的物流中心，又承载着销售、餐饮等线上线下一体化的互动体验。这种形式下前面是店，后面是仓，人员和场地均做复用，无论人效还是坪效都大大得以提升。同时由于线上线下的融合，线下门店已能够覆盖所有的日常运营成本，线上完全是增量。

其实，此前业内也有人尝试做前置仓，但是由于没有线下参与联动，没有线下客流，仓就是仓，相比盒马的店仓模式，效果大打折扣。据悉，目前这个网络已经覆盖了北京、上海大部分区域，未来将继续拓展。

很多人认为这张网络很容易被模仿，但盒马并不这么想。因为以上看到的只是形，最关键的是其神，可以将其概括为"五化"。

二、盒马物流之神：四个智能化，一个自动化

新零售新物流到底是什么，是不是实现了店仓一体，有了悬挂链就行？盒马内部认为这个说法是表面的，"新"应该是基于大数据，基于移动互联网 LBS 的分析。基于此盒马推出了四个智能化，一个自动化，从而带来分布式网络里核心的前置仓的物流能力的提升。

盒马的新零售供应链系统及硬件架构如图 7-3 所示，具体分为以下几点。

1. 智能化履约集单算法

什么是履约集单算法？原来是一单一送，如生鲜外卖，服务体验很好，但不划算。而基于线路、时序、客户需求、温层、区块及整个 POI 的智能化履约集单算法则实现了最优的订单履约成本：系统在算法指导下把订单串联起来，并且保证串联出最优的配送批次，实现多单配送。

2. 智能化店仓作业系统

如前文所述，盒马采用店仓模式，这就注定其与传统的门店商超不一样，它更像一个物流中心。传统的门店不管货位，库存也做不到实时监测，但盒马却有一套智能化店仓作业系统，这套系统不仅知道货位在哪里，任务怎么派，并且能对不同工种之间进行调动。

3. 智能化配送调度

新零售新物流一直说重构人货场，在整个配送物流行业也一样。这里的人货场可以分别这样理解：配送员的位置在哪里，他的技能是什么，他对哪类商品、哪类订单、哪个区域更熟悉，这是人。货是指订单、批次、包裹。给配送员的是一个批次，肯定不是一单一做。一单一做这么低效的方式，只有在外卖或超强时效的场景中才去做。场是指配送员的位置，他现在在哪里，他送完下一单要去哪里。

在这三者之间做一个调度，进行最优匹配，实现配送效率的最大化。

4. 智能化订货库存分配系统

门店最贵的是什么？一个是人力，一个是场地。如果铺了不该铺的货，就会造成巨大的浪费。基于这两点，盒马打造出一套智能化订货库存分配系统：一方面包括盒马门店的历史销量；另一方面依托淘系数据。依靠这套系统盒马可以做到不同区域商品分配的预测。

"怎么衡量呢？我们可以看到在这个区域有多少次点开这个页面，页面跳转成交的比例如何，我们做后台数据的演算，不断地迭代，不断地优化，去达成智能化订货库存分配。前置式的分布网络好像大家都可以去学，但是库存铺得足够好却不是人人能做到的"。

5. 自动化设备

除了四个智能化以外，盒马的每个门店里还大量地使用自动化设备。大家所熟知的是在前场看到的悬挂链，其功能一个是输送，另一个是拣选合流。

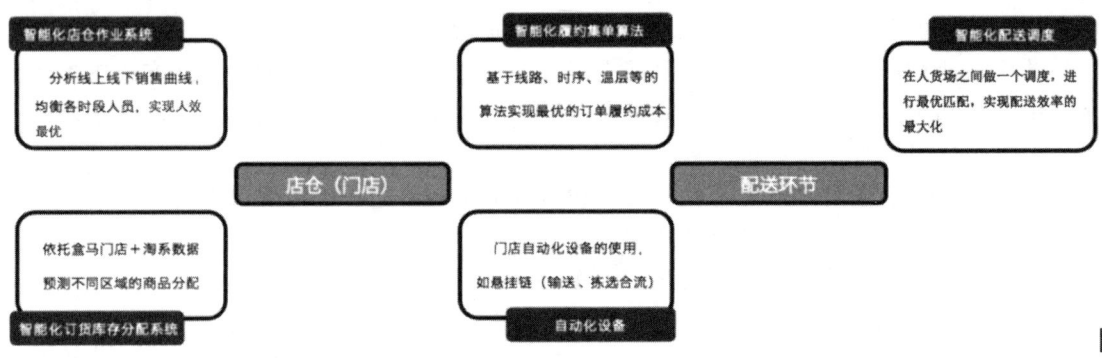

图 7-3　盒马的新零售供应链系统及硬件架构

三、盒马物流的优势在哪里

了解完盒马的物流体系，我们不由得思考其与传统模式差别在哪，又有哪些优势。要回答这个问题，我们先梳理一下 B2C 下的物流模式。

B2C 下的物流模式其实是由店仓到消费者的端到端模式。从过往情况来看，该模式较好地满足了消费者的需求，但是它也有一个弊端，那就是频繁地进行分仓拆单作业。以至于虽然其客户体验依然很好，但是长尾拉得很长，货备了很多，时效上未能保证，成本高且履约链路复杂。

再看盒马的物流模式，其物流链路虽然也是从端到端的，但是差异在于盒马把 FDC 前置到了离消费者 3 公里的地方，整个链路也被分为了两段：第一段从 DC 到店仓，这段是 B2B；第二段从店仓到消费者，这段才是 B2C，最小颗粒度也是在这一段出现的。而前半段也带来了规模效应和运输效率的提升。这样就为盒马带来四个优势。

1. 速度快

因为 FDC 到消费者只有 3 公里，离消费者最近，所以运输速度足够快，实现了 30 分钟送达。"内仓 10 分钟，配送 20 分钟，3 公里的服务体验，打的就是传统 B2C 生鲜里时效不及的点，实现所想所得"，红方介绍说。

2. 全温层

B2C 模式一般来说只做常温配送，这几年开始有了冻品配送。想要做到冰鲜配送很难。为什么？因为冰鲜对温度要求很高，稍微波动一点，商品品质就会发生变化。但是因为盒马离消费者足够近,所以它能做到冷热冰鲜的温度保证,并且不会产生大量的耗材。

盒马方直言,"3公里30分钟,真正配送的环节只用20分钟,我只要保证在这20分钟内商品品质能够达到消费者的要求就行了,所以说盒马物流是全温层的"。

3. 品类不仅全,而且精

B2C模式长尾做得特别长,但盒马不同,其品类不仅全,而且精。与传统电商不同,盒马的理念是从采购端选到最好的商品,直接告诉消费者选什么样的是最好的,帮助他做消费升级。

4. 耗材成本低

传统的生鲜B2C耗材成本比较高。但是由于盒马的网络是前置式的,只要用少量的耗材保证短时间内温层就可以,不需要用大量的干冰、泡沫箱。其中一些耗材还是可循环的,如盒马用的箱子只是作为一个运载的工具,是可回收的;同样冰袋也是可回收的,白天用完晚上放到冰柜里冻就可以了。

四、新萌芽:盒马云超

就在大家一头扎进"生鲜+餐饮"模式时,盒马又出了B2C新玩法——盒马云超。盒马云超已经开始在上海、北京低调运营。

对于盒马来说,生鲜仅是其一个出入口,其既有生鲜卖场,又是一个电商平台。相同的是这两个版块,盒马都要做,并且做出了物流供应链的创新。

传统B2C模式中间有配送站,商品先到配送站再到消费者手中。盒马云超则是先将商品配送到门店,门店里设有一块分拣区,在这里完成分拣后直接发往消费者。

此外,对采购环节盒马同样做了创新:盒马云超做精选,不做长尾,目前SKU数20 000个左右,比盒马实体店多出了厨具、日百、美妆、成人等品类,在上海门店上线运营后,日订单量已将近两万单。

侯毅说,生鲜是线上线下全部渠道流量的最大泉源,也最具黏性的。盒马便是以生鲜为抓手,用刚需的高频商品带动利润更高、空间更大的低频商品,朝更广的品类和效益纵深拓展。

"让远亲更近,让近邻更亲",依靠自身的物流供应链优势,盒马正以用户为中心,重构3公里生活区,作为阿里新零售的排头兵,它还能给我们带来哪些惊喜?拭目以待。

思考分析

(1)盒马的物流模式与传统模式差别在哪?有哪些优势?

问题提示

(1)从供应商到DC到店仓再到消费者,分析盒马的供应链流程,以及采用的现代化手段,分析盒马的优势。

重要概念

企业物流　第三方物流　物流企业

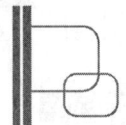

一、填空题

1. 按照物流活动的主体划分，物流可分为_____、_____和_____。
2. 物流企业管理的方法主要包括_____、_____、_____和_____。
3. 生产物流的构成取决于_____、_____和_____等因素。
4. 物流活动从职能上划分，主要包括_____、_____、_____和_____。
5. 销售物流主要考虑的要素有_____、_____和_____。

二、选择题

1. 以下销售物流突出的是（　　）。
   A．汽车制造等工业企业　　　　　B．生产冶金产品的工业企业
   C．小五金等工业企业　　　　　　D．印染工业企业
2. 面对产品不同的生命周期，物流应采取不同的对策。产品要有高度的可得性和物流的灵活性，所处的产品周期阶段是（　　）。
   A．新产品引入阶段　　　　　　　B．成长阶段
   C．饱和成熟阶段　　　　　　　　D．完全衰退阶段
3. 关于农业种植企业生产物流与工业生产企业生产物流的说法，错误的是（　　）。
   A．二者生产物流周期长短不同　　B．工业生产企业生产对象要不断位移
   C．工业生产企业生产物流几乎是不停滞的　　D．工业生产企业生产物流周期常有季节性
4. 按照物流活动的主体分类，物流不包括（　　）。
   A．企业自营物流　　　　　　　　B．专业子公司物流
   C．第三方物流　　　　　　　　　D．批发企业物流
5. 由卖方、生产者或供应方组织的物流企业是（　　）企业。
   A．第一方物流　　　　　　　　　B．第二方物流
   C．第三方物流　　　　　　　　　D．第四方物流

三、问答题

1. 企业物流的概念是什么？
2. 企业物流的特点有什么？
3. 第三方物流的利弊表现在哪些方面？
4. 现代工业企业物流有什么特征？
5. 现代物流企业的运作模式有哪些？

第 8 章

供应链管理

> **学习目的与要求**
> - 掌握供应链的概念与特征；
> - 理解供应链的类型；
> - 掌握供应链管理的含义；
> - 理解供应链管理的重要性；
> - 掌握供应链管理的基本方法。

8.1 供应链

8.1.1 供应链概述

1. 供应链的概念

供应链的概念是从扩大的生产（Extended Production）概念发展而来的，它将企业的生产活动进行了前伸和后延。例如，日本丰田公司的精益协作方式就将供应商的活动视为生产活动的有机组成部分而加以控制和协调，这就是前伸。后延是指将生产活动延伸至产品的销售和服务阶段。因此，供应链就是通过计划（Plan）、获得（Obtain）、储存（Store）、分销（Distribute）、服务（Serve）等活动在顾客和供应商之间形成的一种衔接（Interface），从而使企业能满足内外部顾客的需求。

供应链上包括产品到达顾客手中之前所有参与供应、生产、分配和销售的公司和企业，因此其定义涵盖了销售渠道的概念。供应链对上游的供应者（供应活动）、中间的生产者（制造活动）和运输商（储存、运输活动），以及下游的消费者（分销活动）同样重视。

美国史迪文斯（Stevens）认为，通过增值过程和分销渠道控制从供应商的供应商，到用户的用户的物料流就是供应链，它开始于供应的源点，结束于消费的终点。

哈里森（Harrison）认为，供应链是执行采购原材料，将它们转换为中间产品和最终产品，并将最终产品销售给顾客的功能网链。

密歇根大学既强调供应链是一个过程，又认为供应链是一个对多公司"关系管理"的集成供应链，它包含从原材料的采购到产品或服务交付给最终消费者的全过程。

国际供应链理事会（Supply Chain Council）将供应链定义为：供应链包括每个有关生产及配送最终产品或服务的环节，从供应商的供应商到用户的用户，这包括管理供给与需求、原材料与零配件、制造与装配、仓储与货物追踪、订购与订单管理，以及跨区域直接配送给用户。

因此，供应链是围绕核心企业，通过对信息流、物流、资金流的控制，从采购原材料开始，到制成中间产品及最终产品，最后由通过销售网络把产品送到消费者手中的供应商、制造商、分销商、零售商、最终用户连成的一个整体功能网链结构模式。它是一个范围更广的企业结构模式，包含所有加盟的节点企业，从原材料的供应开始，经过供应链中不同企业的制造加工、组装、分销等过程直到最终用户。它不仅是一条连接供应商到用户的物料链、信息链、资金链，而且是一条增值链，物料在供应链上因加工、包装、运输等过程而增加了价值，给相关企业带来收益。

国际上一些著名的企业，如惠普公司、IBM公司、DELL计算机公司等，在供应链实践中取得了巨大的成就，使人更加坚信供应链是进入21世纪后企业适应全球竞争的一种有效途径，因而吸引了许多学者和企业界人士研究和实践供应链管理。

2. 供应链的特征

由供应链的结构模型可以看出，供应链的结构是一个网链结构，由围绕核心企业的供应商、供应商的供应商、用户、用户的用户组成。一个企业是一个节点，节点企业和节点企业之间是一种需求与供应关系。

供应链主要具有以下特征。

（1）复杂性。因为供应链节点企业组成的跨度（层次）不同，供应链往往由多个、多类型甚至多国企业构成，所以供应链的结构模式比一般单个企业的结构模式更为复杂。

（2）动态性。因企业战略和适应市场需求变化的需要，供应链节点企业需要动态地更新，这就使得供应链具有明显的动态性。

（3）面向用户需求。供应链的形成、存在、重构，都是基于一定的市场需求发生的，并且在供应链的运作过程中，用户的需求拉动是供应链中信息流、产品/服务流、资金流运作的驱动源。

（4）交叉性。供应链节点企业可以是这个供应链上的成员，同时可以是另一个供应链上的成员，众多的供应链形成交叉结构，增加了协调管理的难度。

8.1.2 供应链的结构模型

为了有效指导供应链的设计，了解和掌握供应链结构模型是十分必要的，本节着重从企业与企业之间关系的角度考查几种供应链的拓扑结构模型。

第 8 章 供应链管理

1. 供应链的模型 I：链状模型

结合供应链的定义和结构模型，不难得出这样一个简单的供应链模型，如图 8-1 所示，称其为模型 I。模型 I 清楚地表明了产品的最初来源是自然界，如矿山、油田、橡胶园等，最终去向是用户。产品因用户需求而生产，最终被用户消费。产品从自然界到用户经历了供应商、制造商和分销商三级传递，并在传递过程中完成产品加工、产品装配等转换过程。最后，被用户消费掉的最终产品仍回到自然界，完成物质循环，如图 8-1 中的虚线所示。

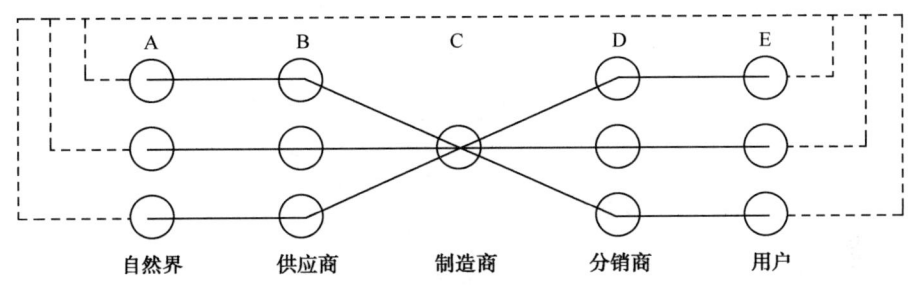

图 8-1 模型 I：链状模型

2. 供应链的模型 II：链状模型

很显然，模型 I 只是一个简单的静态模型，表明供应链的基本组成和轮廓概貌，进一步地可以将其简化成模型 II，如图 8-2 所示。模型 II 是对模型 I 的进一步抽象，它把商家都抽象成一个一个的点，称为节点，并用字母或数字表示。节点以一定的方式和顺序连接成一串，构成一条供应链。在模型 II 中，若假定 C 为制造商，则 B 为供应商，D 为分销商；若假定 B 为制造商，则 A 为供应商，C 为分销商。在模型 II 中，产品的最初来源（自然界）、最终去向（用户）及产品的物质循环过程都被抽象掉了。从供应链研究便利的角度来讲，把自然界和用户放在模型中没有太大的作用。模型 II 着力于供应链中间过程的研究。

（1）供应链的方向。在供应链上除了流动着物流（产品流）和信息流，还流动着资金流。物流的方向一般都是从供应商到制造商，再到分销商。在特殊情况下（如产品退货），产品在供应链上的流向与上述方向相反。可依照物流的方向来定义供应链的方向，以确定供应商、制造商和分销商之间的顺序关系。模型 II 中的箭头方向就表示供应链的方向。

（2）供应链的级。在模型 II 中，当定义 C 为制造商时，可以相应地认为 B 为一级供应商，A 为二级供应商，而且还可递归地定义三级供应商、四级供应商；同样，可以认为 D 为一级分销商，E 为二级分销商，并递归地定义三级分销商、四级分销商。一般来讲，一个企业应尽可能考虑多级供应商或分销商，这样有利于从整体上了解供应链的运行状态。

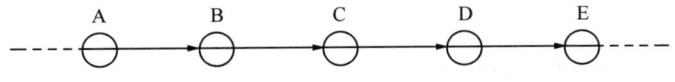

图 8-2 模型 II：链状模型

3. 供应链的模型Ⅲ：网状模型

事实上，在模型Ⅱ中，C 的供应商可能不止一家，而有 $B_1,B_2,\cdots,B_n$ 等 n 家，分销商也可能有 $D_1,D_2,\cdots,D_m$ 等 m 家。动态地考虑，C 也可能有 $C_1,C_2,\cdots,C_k$ 等 k 家，这样模型Ⅱ就转变为一个网状模型，即模型Ⅲ，如图 8-3 所示。网状模型更能说明现实世界中产品的复杂供应关系。从理论上来讲，网状模型可以涵盖世界上所有厂家，把所有厂家都看作其上面的一个节点，并认为这些节点存在着联系。当然，这些联系有强有弱，而且在不断地变化着。通常，一个厂家仅与有限个厂家相联系，但这不影响对供应链模型的理论设定。网状模型对供应关系的描述性很强，适合于对供应关系的宏观把握。

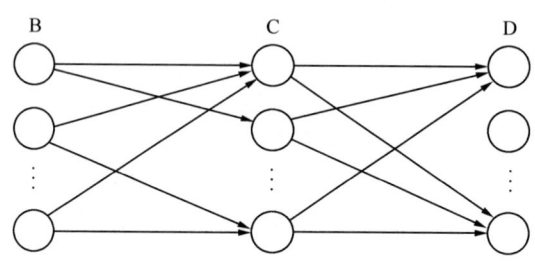

图 8-3 模型Ⅲ：网状模型

8.1.3 供应链的类型

根据不同的划分标准，可以将供应链分为以下几种类型，如图 8-4 所示。

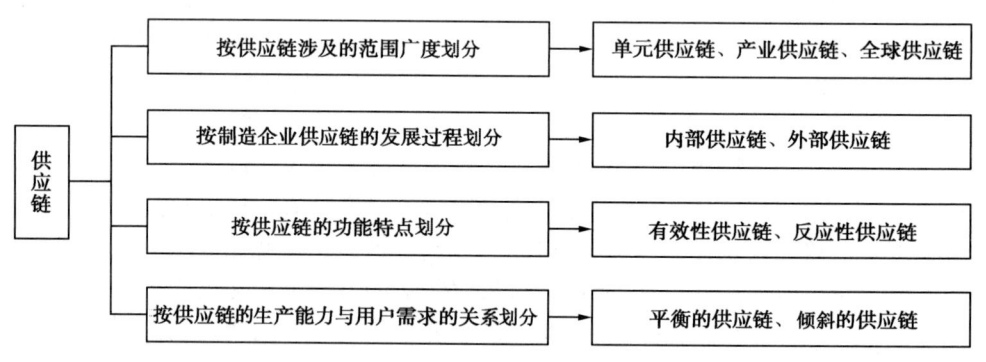

图 8-4 供应链分类

1. 按供应链涉及的范围广度划分

根据供应链涉及的范围广度划分，可以将供应链分为单元供应链、产业供应链、全球供应链。

单元供应链由一家企业、该企业的直接供应商和直接用户组成，包括从需到供的循环。它是供应链最基本的模式。

产业供应链（Extended Supply Chain）由单元供应链组成，是企业联合其他上下游企业，通过联盟和外包等各种合作方式，建立的一条经济利益相关、业务关系紧密、优势互补的产业供需关系链。企业充分利用产业供应链上的资源，来适应新的竞争环境，实现合作优化，共同提高竞争力。

全球供应链是在全球范围内组合成的供应链。企业根据需要在世界各地选取最有竞争力的合作伙伴，结成全球供应链网络，以实现该供应链的最优化。

2. 按制造企业供应链的发展过程划分

按制造企业供应链的发展过程划分，可以将供应链分为内部供应链和外部供应链。

内部供应链是指由企业内部产品生产和流通过程中所涉及的采购部门、生产部门、仓储部门、销售部门等组成的供需网络。

外部供应链是指由企业外部与企业相关的产品生产和流通过程中涉及的原材料供应商、生产厂商、储运商、零售商及最终消费者组成的供需网络。

内部供应链和外部供应链的关系：二者共同组成了企业产品从原材料到成品再到消费者的供应链。可以说，内部供应链是外部供应链的缩小化。例如，对于制造厂商来说，其采购部门就可看作外部供应链中的供应商。它们的区别只在于外部供应链范围大，涉及企业众多，企业间的协调更难。

3. 按供应链的功能特点划分

按供应链的功能特点划分，可以将供应链分为有效性供应链（Efficient Supply Chain）和反应性供应链（Responsive Supply Chain）。

有效性供应链主要体现供应链的物理功能，即以最低的成本将原材料转化成零部件、半成品、产成品，以及在供应链中运输等。

反应性供应链主要体现供应链的市场中介功能，即把产品分配到满足用户需求的市场中，以便对未预知的需求做出快速反应等。

4. 按供应链的生产能力与用户需求的关系划分

按供应链的生产能力与用户需求的关系划分，可以将供应链分为平衡的供应链和倾斜的供应链。

一个供应链具有一定的、相对稳定的设备容量和生产能力（所有供应链节点企业，包括供应商、制造商、运输商、分销商、零售商等能力的综合），但用户需求处在不断变化的过程中，当供应链的生产能力能满足用户需求时，供应链处于平衡状态，而当市场变化加剧，造成供应链成本增加、库存增加、浪费增加等现象时，企业不是在最优状态下运作，供应链则处于倾斜状态。

平衡的供应链可以实现各主要职能（采购/低采购成本、生产/规模效益、分销/低运输成本、市场/产品多样化和财务/资金运转快）之间的均衡。

8.2 供应链管理概述

8.2.1 供应链管理的含义

近年来一个广义的物流理念,即供应链管理(Supply Chain Management),取代了原有狭义的物流理念。美国供应链管理专业协会(Council of Supply Chain Management Professionals,CSCMP)将供应链管理定义为:供应链管理包括规划和管理复杂的原材料、采购、加工及所有物流管理活动,也包括与供应链伙伴(供应商、中间商、第三方服务提供者及客户)之间的协调及合作。基本上,供应链管理是跨公司地整合供给与需求。

因此,物流管理是从一家企业的角度,处理商品从原材料到成品消费的过程,而供应链管理是从跨组织的角度,从最初原材料到最终消费者,综合管理从产品设计、物料管理、生产到配送管理四大阶段的活动,同时处理物料、信息与资金的流通,并与供应链伙伴以跨组织整合的方式让整体的流通过程能在满足消费者需求的状况下顺利运作,同时降低企业的成本。

从全局和整体的角度考虑产品的竞争力,使供应链管理从一种运作性的竞争工具上升为一种管理性的方法体系,这就是供应链管理提出的实际背景。供应链管理是一种集成的管理思想和方法,它执行供应链上从供应商到最终消费者的物流的计划和控制等职能。现在的供应链管理把供应链上的各个企业作为一个不可分割的整体,使供应链上的企业分担的采购、生产、分销和销售的职能成为一个协调发展的有机体。

8.2.2 供应链管理的内容

1. 供应链管理的主要内容

供应链管理主要涉及四个领域:供应(Supply)、生产计划(Schedule Plan)、物流(Logistics)、需求(Demand)。

供应链管理是以同步化、集成化的生产计划为指导,以各种技术为支持,尤其以Internet/Intranet为依托,围绕供应、生产计划、物流(主要指制造过程)、需求来实施的。供应链管理主要包括计划、合作、控制从供应商到用户的物料(零部件和产成品等)和信息。供应链管理的目标在于提高用户服务水平和降低总的交易成本,并且寻求两个目标之间的平衡(这两个目标往往有冲突)。

2. 供应链管理的其他内容

在以上四个领域的基础上,可以将供应链管理涉及的领域细分为职能领域和辅助领域。职能领域主要包括产品工程、产品技术保证、采购、生产控制、库存控制、仓储管理、分销管理。辅助领域主要包括客户服务、制造、设计工程、会计核算、人力资源、市场营销。

第 8 章 供应链管理

由此可见,供应链管理关心的并不仅仅是物料实体在供应链中的流动,除企业内部与企业之间的运输问题和实物分销以外,供应链管理还包括以下内容。

- 战略性供应商和用户合作伙伴关系管理。
- 供应链产品需求预测和计划。
- 供应链的设计(全球供应链节点企业、资源、设备等的评价、选择和定位)。
- 企业内部与企业之间物料供应与需求管理。
- 基于供应链管理的产品设计与制造管理,生产集成化计划、跟踪和控制。
- 基于供应链的用户服务和物流(运输、库存、包装等)管理。
- 企业间资金流管理(汇率、成本等问题)。
- 基于 Internet/Intranet 的供应链交互信息管理等。

供应链管理注重平衡总的物流成本(从原材料到产成品的费用)与用户服务水平之间的关系,为此要把供应链各个职能部门有机地结合在一起,从而最大限度地发挥出供应链整体的力量,达到供应链企业群体获益的目的。

8.2.3 供应链管理的特点

1. 供应链管理与传统管理模式的区别

供应链管理与传统管理模式有着明显的区别,主要体现在以下几个方面。

(1)供应链管理把供应链上的所有节点企业看作一个整体,供应链管理涵盖整个物流过程,包括从供应商到最终用户的采购、制造、分销、零售等职能领域。

(2)供应链管理强调和依赖战略管理,它影响和决定了整个供应链的成本和市场占有份额。

(3)供应链管理的关键是需要采用集成的思想和方法,而不仅是进行节点企业资源的简单连接。

(4)供应链管理具有更高的目标,通过协调合作关系实现高水平的服务。

2. 供应链管理的特征

(1)管理目标多元化和管理视野拓宽。传统管理目标往往针对现有问题,设计的管理行为着力最终解决问题,目标较为单一。供应链管理目标是多元化的,不仅强调问题的最终解决,而且关注解决问题的方式,力求以最快的速度、最低的成本、最佳的途径解决问题。凸显出管理目标既有时间方面的要求,又有成本方面的要求,还有效果上的追求,因此供应链管理目标呈现出多元化特征。

供应链管理视野打破了过去只限于围绕某个企业、企业内部某个部门或某个行业的点、线、面的管理区域。供应链管理的"触角"从一个企业延伸到另一个企业,从企业内一个部门延伸到另一个部门,从本部门扩展到其他相关的行业。供应链管理视野是全方位、立体状的。

(2)管理要素增多和管理系统的复杂程度增加。供应链管理要素的种类和范围比以往有较大的扩展,它不仅包含过去传统的人、财、物,而且扩展到信息、知识、策略等层面。管理对象无所不含,几乎涉及所有的软、硬件资源要素,因而使管理者有较大的选择余地,同时管理难度进一步加大。尤其需要注意的是,软件要素在供应链管理中的作用日益重要,

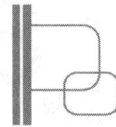

在许多情况下，如信息、策略和科技等软件要素常常是决定供应链管理成败的关键，故要引起管理者的注意。供应链系统涉及宏观与微观、纵向与横向、外部环境与内部条件等部分的交互作用，彼此之间又交织形成一个密切相关的、动态的、开放的有机整体。各部分之间织成相互依赖、相互促进、相互制约的关系链，从而使供应链组成极其复杂，管理难度增大，需要运用非常规的分析方法才能把握供应链管理系统的内在本质。

（3）管理过程的战略化和流程的集成化。供应链涉及供应商、制造商、销售商及联系三者的物流、信息流、资金流等多个环节，其职能目标往往会产生冲突，只有认识到供应链管理的重要性和整体性的高管层从战略角度出发，运用战略管理手段才能有效实现供应链管理目标。

为实现整体目标最优，供应链管理需要一种纵横的、一体化的集成管理模式，以流程为基础，以价值链为核心，强化供应链整体的集成与协调，通过信息共享、技术交流和合作、资源优化配置等手段，实现供应链一体化管理。

（4）新的库存管理观和以顾客为中心的管理思想。供应链新的库存管理观改变了过去库存管理只做"保护"（使生产、流通、销售免受供需双方的影响）的管理方法，加快通向市场的速度，缩短从供应商到消费者的通道长度；把过去视供应者为竞争对手的观点变为视其为合作伙伴，从而促使企业能更快捷、经济地对市场需求做出反应，大幅降低总体库存水平。

供应链类型、供应链长短都是由顾客需求所决定的，供应链上的企业创造的价值只能通过顾客的满意度及产生的利润来衡量。因此顾客取得成功，供应链才能得以生存和发展。所以供应链管理必须以顾客为中心，把为顾客服务、满足顾客需求作为供应链管理的出发点，并贯穿供应链管理的全过程，不断提高顾客服务质量，实现顾客满意度，把促成顾客成功作为创造竞争优势的根本手段。

8.3 供应链管理的基本方法

近年来，供应链管理发展迅猛，各种各样的供应链管理方法层出不穷，主要有快速反应、有效顾客回应、电子订货系统、企业资源计划和商品品种管理等。虽然由于行业不同，各种供应链管理方法的侧重点有所不同，但它们的实施目标都是相同的，即减少供应链的不确定性和风险，从而积极地影响库存水平、生产周期、生产过程，并最终影响顾客服务水平。

8.3.1 供应链快速反应

1. 快速反应的含义

快速反应（Quick Response，QR）是指在供应链中，为了实现共同的目标，零售商和制造商建立战略伙伴关系，利用 EDI 等信息技术，进行 POS 信息交换及订货补充等其他经营信息的交换，用多频度、小批量配送方式连续补充商品，以缩短交货周期，降低库存，提高顾客服务水平和企业竞争力的供应链管理方法。快速反应最早由连锁零售商沃尔玛、诺马特等为主力开始推动，并逐步推广到纺织服装行业。

2. 快速反应成功的条件

快速反应的成功实施必须具备以下五个条件。

（1）改变传统的经营方式，革新企业的经营意识和组织结构。一是企业必须改变只依靠独立的力量来提高经营效率的传统经营意识，树立通过与供应链各方建立战略合作伙伴关系，利用供应链各成员企业的资源来提高经营效率的现代经营理念；二是零售商在垂直型快速反应系统中起主导作用，零售店铺是垂直型快速反应系统的起始点；三是在垂直型快速反应系统内，通过 POS 数据等销售信息和成本信息的相互公开和交换来提高供应链各成员企业的运作效率；四是明确垂直型快速反应系统内各个企业之间的分工协作范围和形式，消除重复作业及无效作业，建立有效的分工协作框架体系；五是通过利用信息技术实现事务性作业的无纸化与自动化。

（2）开发和应用现代信息技术。这些现代信息技术包括：条码技术、EOS、POS 信息系统、EDI 技术、预先发货清单（ASN）技术、电子资金转账（EFT）系统、供应商管理库存（VMI）和持续补货系统（CRS）等。

（3）与供应链上下游企业建立战略伙伴关系。具体内容包括积极寻找和发现战略合作伙伴并在战略合作伙伴之间建立分工和协作关系。合作既要削减库存，又要避免缺货现象发生，还要降低商品风险，避免大幅度降价现象发生，以及减少作业人员和简化事务性作业等。

（4）改变对企业商业信息保密的传统做法。将销售信息、库存信息、生产信息、成本信息等与合作伙伴交流分享，并在此基础上要求各方一起发现问题、分析问题和解决问题。

（5）缩短生产周期和降低库存。供方必须做到缩短商品的生产周期；进行多品种、少批量生产和多频度、小批量配送，降低零售商的库存水平，提高顾客服务水平；在商品实际需求将要发生时参照 JIT 方式组织生产，降低供应商的库存水平。

3. 实施快速反应的意义

实施快速反应的收益是巨大的，远远超过其投入。它可以节省销售费用的 5%，这些节省不仅包括商品价格的降低，也包括管理、分销及库存等费用的大幅度减少。Kurt Salmon 协会的 David Cole 在 1997 年曾说过，"在美国那些实施第一阶段快速反应的公司每年可以节省 15 亿美元的费用，而那些实施第二阶段快速反应的公司每年可以节省 27 亿美元的费用"。他提出，如果企业能够过渡到第三阶段（联合计划、预计和补库），每年有望节约 60 亿美元的费用。根据研究结果，几家美国公司的快速反应效果如表 8-1 所示。

表 8-1　几家美国公司的快速反应效果

对象商品	实施快速反应的公司	零售商的快速反应实施效果
休闲裤	零售商：Walmart 服装生产厂家：Semiloe 面料生产厂家：Milliken	销售额：增加 31% 商品周转率：提高 30%
衬衫	零售商：J.C.Penney 服装生产厂家：Oxford 面料生产厂家：Burlinton	销售额：增加 59% 商品周转率：提高 90% 需求预测误差：下降 50%

研究结果显示，零售商在实施快速反应后，销售额大幅度增加，商品周转率大幅度提高，需求预测误差大幅度下降。实施快速反应后之所以有这样的效果，其原因如下。

（1）销售额的大幅度增加。实施快速反应一是可以降低经营成本，从而能降低销售价格，增加销售量；二是伴随着商品库存风险的降低，商品以低价位定价，增加销售量，可以避免缺货现象，从而避免销售机会的丧失；三是易于确定畅销商品，能保证畅销商品的品种齐全，连续供应，增加销售量。

（2）商品周转率的大幅度提高。实施快速反应可以降低商品库存量，并保证畅销商品的正常库存量，加快商品的周转。

（3）需求预测误差大幅度下降。根据库存周期和预测误差的关系（见图 8-5）可以看出，如果在季节开始的 26 周前进货（基于预测提前 26 周进货），则需求预测误差（缺货或积压）为 40%左右。如果在季节开始的 16 周前进货，则需求预测误差为 20%左右。如果季节开始的时候进货，需求预测误差只有 10%左右。实施快速反应可以及时获得销售信息，把握畅销商品和滞销商品，同时通过多频度、小批量的送货方式，实现实需型进货（零售商需要的时候才进货），这样可使需求预测误差减少到 10%左右。

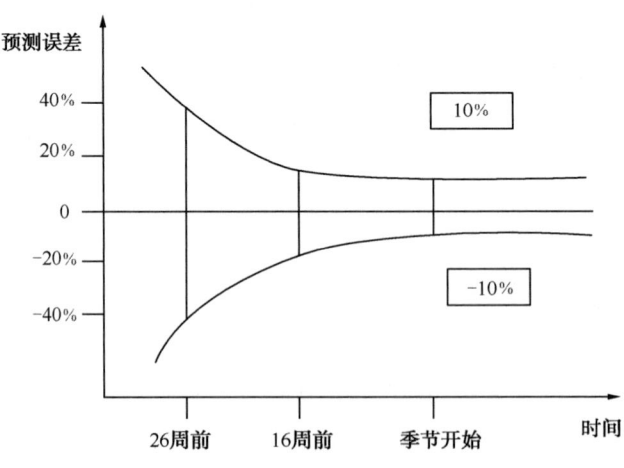

图 8-5　库存周期与预测误差的关系

8.3.2 供应链有效顾客回应

1. 有效顾客回应的背景及含义

20世纪60年代至70年代，美国日杂百货业的竞争主要是在制造商之间展开的。竞争的重点是品牌、商品、经销渠道、大量的广告和促销，在零售商和制造商的交易关系中，制造商处于主导地位。20世纪80年代末90年代初，竞争格局发生了变化，在零售商和制造商的交易关系中，零售商开始逐渐占据主导地位，竞争的重心开始转向流通中心、自有品牌（PB）、供应链效率和POS信息系统。同时在供应链内部，零售商和制造商之间为了获取供应链主控权，同时为了零售商自有品牌和制造商品牌（NB）占据零售店铺货架空间的份额展开了激烈的竞争，这种竞争导致供应链的各个环节间的成本不断转移，供应链整体的成本不断上升，而且很容易牺牲力量较弱一方的利益。

在此期间，新的零售业态，如仓储商店、折扣店大量涌现，这使得零售商能以相当低的价格销售商品，从而使日杂百货业的竞争更趋激烈。在这种状况下，许多传统超市业从业者开始寻找对应这种竞争方式的新的管理模式与方法。在此期间由于日杂百货商品的技术含量不高，大量无实质性差别的新商品被投入市场，使生产厂家之间的竞争趋同化。生产厂家为了获得销售渠道，通常采用直接或间接的降价方式作为向零售商促销的主要手段，这种方式往往会大量牺牲生产厂家自身的利益。这时如果生产厂家能与供应链中的零售商结成更为紧密的战略联盟，不仅有利于零售业的发展，而且有利于提高生产厂家自身的利益。

另外，从消费者的角度来看，企业过度竞争的结果往往是消费者的需求被忽视。通常消费者需要的是商品的高质量、新鲜感、优质服务及在合理价格基础上的多种选择。然而，许多企业往往不是通过努力提高商品质量、提供更好的服务和在合理价格基础上提供多种选择来满足消费者，而是通过大量的诱导性广告和广泛的低品位促销活动来吸引消费者转换品牌，同时提供大量无实质性变化的商品供消费者选择。这样，消费者得到的往往是高价、不满意的商品。针对这种状况，客观上要求企业从消费者的需求出发，提供能满足消费者需求的商品或服务。

在上述背景下，美国食品市场营销协会（Food Marketing Institute，FMI）联合包括COCA-COLA、P&G、Safeway Store等在内的6家企业与流通咨询企业Kurt Salmona Associates一起组成了研究小组，对食品业的供应链进行调查、总结、分析，于1993年1月提出了改进该行业供应链管理的详细报告。该报告中系统地提出有效顾客回应（Efficient Customer Response，ECR）的概念体系。经过美国食品市场营销协会的大力宣传，有效顾客回应的概念被零售商和制造商接纳并被广泛地应用于实践。

有效顾客回应是一个制造商、批发商和零售商等供应链成员各方相互协调和合作，以更好、更快的服务和更低的成本满足顾客需求的供应链管理系统。其优势在于供应链成员各方为提高顾客满意度这一共同的目标进行合作，分享信息和决策，是一种把以往处于分散状态的供应链节点企业有机联系在一起以满足顾客需求的工具，如图8-6所示。

通过有效顾客回应的计算机辅助订货技术，零售商无须签发采购订单即可实现订货；供应商则可利用有效顾客回应系统的自动连续补货技术，随时满足顾客的补货需求，使零售商的存货保持在最优水平,从而提供高水平顾客服务,并进一步加强与顾客的联系。同时,供应商也可从商店的 POS 数据中获得新的市场信息,改变销售策略;对于分销商来说,有效顾客回应可使其快速分拣运输包装,加快订购货物的流动速度,进而使顾客享用更新鲜的物品,增加购物的便利性和可选择性,并加强顾客对特定物品的偏好的了解程度。

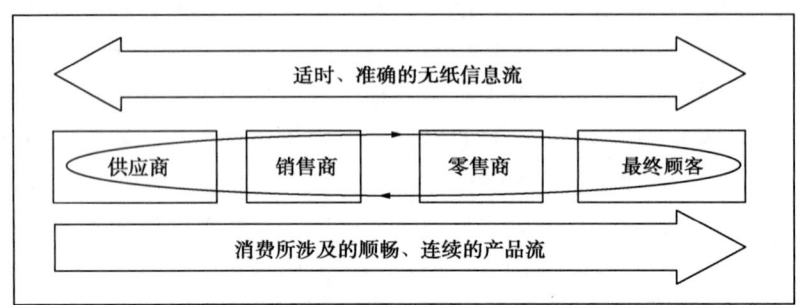

图 8-6　有效顾客回应系统示意图

2. 有效顾客回应的实施原则

有效顾客回应的实施原则有以下几个方面。

(1)以较低的成本满足顾客需求。以较低的成本,不断致力于向食品杂货供应链顾客提供更优质的产品、更好的分类、更好的库存服务及更多的便利服务。

(2)有效顾客回应必须由相关的商业带头人启动。该商业带头人应决心用代表共同利益的商业联盟取代旧式的贸易关系,从而达到获利的目的。

(3)必须利用准确、适时的信息支持有效的市场、生产及后勤决策。信息将以 EDI 的方式在贸易伙伴间自由流动,它将影响以计算机信息为基础的系统信息的有效利用。

(4)确保顾客能随时获得所需要的产品。有效顾客回应的实施必须伴随产品不断增值的过程,即从生产至包装,直至流动到最终顾客的购物篮中的过程,以确保顾客能随时获得所需要的产品。

(5)必须采用通用一致的工作措施和收益系统。该系统注重整个系统的有效性(通过降低成本与库存及更好的资产利用,实现更高价值),清楚地标识出潜在的收益(增加的总价值和利润),促进对收益的公平分享。

3. 有效顾客回应的四大要素

有效的产品引进(Efficient Product Introductions)、有效的店铺分类组合(Efficient Store Assortment)、有效的促销(Efficient Promotion)及有效的补货(Efficient Replenishment)被称为有效顾客回应的四大要素,其内容如表 8-2 所示。有效顾客回应的运作过程如图 8-7 所示。

表 8-2　有效顾客回应的四大要素

要　素	内　容
有效的产品引进	通过采集和分享供应链合作伙伴间时效性强、更加准确的购买数据,提高新产品销售的成功率
有效的店铺分类组合	通过有效地利用店铺的空间和店内布局,最大限度地提高商品的盈利能力,如建立空间管理系统,进行有效的商品品类管理等

续表

要　素	内　容
有效的促销	通过简化分销商和供应商的贸易关系，提高贸易和促销的系统效率，如可采取广告（优惠券、货架上标明促销）、贸易促销（远期购买、转移购买）等方式
有效的补货	从生产线到收款台，通过 EDI 及以需求为导向的自动连续补货和计算机辅助订货等技术手段，使补货系统的时间最短化和成本最低化，从而降低商品的售价

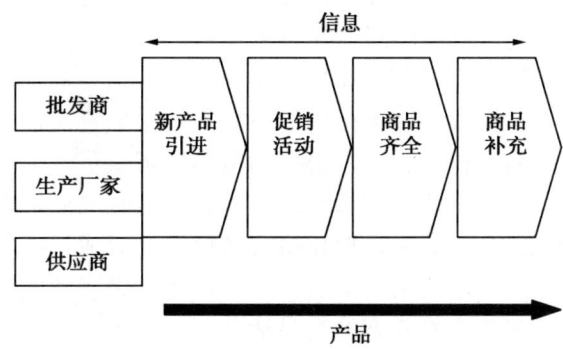

图 8-7　有效顾客回应的运作过程

4．实施有效顾客回应的效益

根据欧洲供应链管理委员会的调查报告，在接受调查的 392 家公司中，制造商实施有效顾客回应后，预期销售额增加 5.3%，制造费用减少 2.3%，销售费用减少 1.1%，货仓费用减少 1.3%，总盈利增加 5.5%。批发商及零售商也有相似的获益：销售额增加 5.4%，毛利增加 3.4%，货仓费用减少 5.9%，货仓存货量减少 13.1%，每平方米的销售额增加 5.3%。由于在流通环节中缩减了不必要的成本，零售商和批发商之间的价格差异也随之降低，这些节约了的成本最终将使消费者受益，各贸易商也将在激烈的市场竞争中赢得一定的市场份额。对顾客、分销商和供应商来说，除这些有形的利益以外，有效顾客回应还有着重要的不可量化的无形利益，如表 8-3 所示。

表 8-3　有效顾客回应的无形利益

分　类	无　形　利　益
顾客	增加选择和购物便利，降低库存或无库存使货品更新鲜
分销商	提高信誉，更加了解顾客情况，改善与供应商的关系
供应商	减少缺货现象，加强品牌的完整性，改善与分销商的关系

8.3.3　供应链电子订货系统

电子订货系统（Electronic Ordering System，EOS）是指将批发、零售场所发生的订货数据输入计算机，通过计算机通信网络连接的方式将资料传送至总公司、批发商、供应商或制造商处。因此，EOS 能处理从新商品资料的说明直到会计结算等所有商品交易过程中的作业，可以说 EOS 涵盖了整个商流。在寸土寸金的情况下，零售业已没有许多空间用于存放货物,在要求供应商及时补足售出商品且不能有缺货的前提下,更有必要采用 EOS。

1. EOS 的流程

EOS 并不是由单个零售商与单个批发商组成的系统,而是由许多零售商和许多批发商组成的大系统。EOS 的基本流程是在零售店利用条码阅读器获取准备采购的商品条码,并在终端上输入订货材料;利用电话线通过调制解调器将信息传到批发商的计算机中;批发商开出提货传票,并根据传票,同时开出拣货单,实施拣货,然后依据送货传票进行商品发货;送货传票上的资料会成为零售商及批发商的应收账款资料,并记录到应收账款的系统中;零售商对送到的货物进行检验后,便可以出售。

从商流的角度来看 EOS,不难得到批发、零售商场,供应商,商业增值网络中心在商流中扮演的角色及其作用。批发、零售商场的采购人员根据物流信息系统提供的功能,收集并汇总各机构要货的商品名称、数量,根据供应商的可供货源、供货价格、交货期限、信誉等资料,向指定的供应商下达采购指令。采购指令按照商业增值网络中心的标准格式进行填写,经商业增值网络中心提供的 EDI 格式转换系统而成为标准的 EDI 单证,经由通信界面将订货资料发送至商业增值网络中心。然后,等待供应商发回有关信息。

商业增值网络中心不参与交易双方的交易活动,只提供用户连接界面,每当接收到用户发来的 EDI 单证时,自动进行 EOS 交易伙伴关系的核查,只有互为伙伴关系的双方才能进行交易,否则视为无效交易;确定有效交易关系后还必须进行 EDI 单证格式检查,只有交易双方均认可的单证格式,才能进行单证传递;对每一笔交易信息进行长期保存,供用户今后查询,或者在交易双方发生贸易纠纷时,可以将商业增值网络中心所储存的信息作为司法证据。

供应商根据商业增值网络中心传来的 EDI 单证,经商业增值网络中心提供的通信界面和 EDI 格式转换系统而生成一张标准的商品订单。根据商品订单内容和供应商的物流信息系统提供的相关信息,供应商可及时安排出货,并将出货信息通过 EDI 格式转换系统传递至相应的批发、零售商场,从而完成一次基本的订货作业。

2. EOS 的业务过程

(1) 销售订货业务过程。

① 各批发、零售商场或社会网点根据自己的销售情况,确定所需货物的品种、数量,按照不同体系的商场根据实际网络情况的补货需求,通过商业增值网络中心或实时网络系统将相关信息发送至总公司业务管理部门;不同体系的商场或社会网点通过商业增值网络中心发出电子订货需求。

② 商业增值网络中心将收到的补货、订货需求资料发送至总公司业务管理部门。

③ 总公司业务管理部门对收到的数据进行汇总处理后,通过商业增值网络中心向不同体系的商场或社会网点发送批发订单确认信息。

④ 总公司业务管理部门根据库存情况通过商业增值网络中心或实时网络系统向仓储中心发出配送通知,仓储中心根据接收到的配送通知安排商品配送,并将配送通知通过商业增值网络中心传送至客户。

⑤ 不同体系的商场或社会网点通过商业增值网络中心接收到仓储中心对批发订单的配送通知,各批发、零售商场及仓储中心根据实际网络情况将每天进出货物的情况通过商

业增值网络中心或实时网络系统报送总公司业务管理部门,让总公司业务管理部门及时掌握商品库存数量,以确定合理库存,并根据商品流转情况,合理调整商品结构等。

(2) 采购订货业务过程。

① 总公司业务管理部门根据仓储中心商品库存情况,向指定的供应商发出商品采购订单。

② 商业增值网络中心将总公司业务管理部门发出的采购订单发送给指定的供应商。

③ 指定的供应商在收到采购订单后,根据订单的要求通过商业增值网络中心对采购订单加以确认,然后将供应商发来的采购订单发送至总公司业务管理部门。

④ 总公司业务管理部门根据供应商发来的采购订单,向仓储中心发送订货信息,以便仓储中心安排检验和仓储空间,供应商根据采购订单的要求,安排发运货物,并在向总公司交运货物之前,通过商业增值网络中心向仓储中心发送交货通知。

⑤ 仓储中心根据供应商发来的交货通知安排商品检验并安排仓库、库位或根据配送要求进行备货。

3. EOS 与物流管理

(1) 物流作业过程。

① 供应商根据采购合同要求将发货单通过商业增值网络中心发送给仓储中心。

② 仓储中心对接收到的发货单进行综合处理,或要求供应商送货至仓储中心或发送至各批发、零售商场。

③ 仓储中心将送货要求发送给供应商。

④ 供应商根据接收到的送货要求对货物进行综合处理,然后根据送货要求将货物送至指定地点。

(2) 仓储作业过程。

公司(采购部)向供应商发出采购订单,供应商接收到采购订单到后按采购订单上的品种和数量组织货物,并按采购订单指定的地点送货,可以向多个仓库送货,也可直接送到指定的商店。下面分析供应商把商品送到某一仓库后发生的商品流动全过程。将商品送到某一仓库后,一般将其卸在指定的进货区,在进货区对新进入的商品进行验收,对验收合格的商品办理入库手续,并填写验收、入库单(商品名、数量、存放位置等信息),然后送入指定的正品存放区的库位中,正品存放区的商品是可供配送的,这时总库存量增加。对验收不合格的商品,填写退货单,并记录在册,暂时另行存放,适时退给供应商调换合格的商品。调换回的商品同样须经历验收、入库的过程。

当仓库收到配货中心的配货清单后,按配货清单要求(商品名、数量、存放位置等)备货,验证正确,等待发送出库。若是本地批发,则按销货单配货发送。配送信息要及时反馈给配货中心。这时配货中心的总库存量减少,商品送交客户后,也有客户对商品验收的过程。当客户发现商品包装破损、商品保质期已到、送交的商品与要求的商品不符等情况时,客户会退货(退货单);客户退货后配货中心要补货给客户,将退回的商品暂存于待处理区,经检验后再做处理,将完好的商品(错配退回)送回正品存放区(移转单),将质量和包装有问题的商品退回给供应商(退货单),对过期和损坏的商品做报废处理(报废单)等,这一系列商品处理的流动过程也影响到总库存量的变化,掌握和控制这些商品的流转过程就能有效地掌握和控制总库存量。

在库存管理过程中也会发现某些商品因储运、移位而发生损伤，有些商品因周转慢导致即将超出保质期等情况，这时应及时对这些商品做转移处理，移至待处理区（移转单），然后进行相应的退货、报废、削价等处理，商品在此流动过程中也会使仓库的总库存量发生变化，因此这些流动过程也必须在配货中心的掌握和控制之中。

配货中心掌握了逻辑上的商品总库存量和物理上的分库商品库存量，在配货过程中如果发现因配货的不平衡引起某仓库中某商品库存告急，而另一仓库中此商品仍有较大库存量，配货中心就可用库间商品调拨的方式（调拨单）来调节各分库的商品库存量，满足各分库对商品的需求，增加各仓库的配货能力，但并不增加总库存量，从而提高仓库空间和资金的利用率。

配货中心通过商业增值网络中心还可掌握本系统中各主体商场、连锁超市的进销调存的商业动态信息。由于商场架构不同、所处区域不同，面对的消费对象也不同，因此各商场动销的商品结构也不同。配货中心的计算机系统会对各商场的商品结构做动态调整（内部调拨），从而达到降低销售库存量、加速商品流通、加快资金流转的目的，以较低的投入获得最高的收益。

4. EOS 的效益

（1）压低库存量。零售业可以通过 EOS 将商店中所陈列的商品数量减少到最低的限度，以便使有限的空间能陈列更多种类的商品，即使是销量较高的商品也无须用很大库房存放。这样可压低库存量，甚至做到零库存。

（2）减少交货失误。EOS 是根据通用商品条码来订货的，可做到准确无误。批发商将详细的订购资料用计算机处理，可以减少交货失误，迅速补充库存。

（3）改善订货业务。由于采用 EOS 订货，操作十分方便，任何人都可正确迅速地完成订货业务，并且根据 EOS 可获得大量有用的信息，如订购的控制、批发订购的趋势、紧俏商品销售的趋势和其他信息等。

（4）建立商店综合管理系统。以 EOS 为中心确立商店的商品文件、商品货架系统管理方案、商品位置管理方案、进货价格管理方案等，便可建立商店综合管理系统。例如，将所订购的商品资料存入计算机，再依据交货传票，修正订购与实际交货的出入部分，进行进货管理分析，即可确定应付账款的管理系统；批发商根据零售商店中商品的货架标签来发货，也可据此提供商品咨询服务等，大大改善配送体系。

（5）提高服务质量。EOS 可满足顾客对某种商品少量、多批次配送的需求，缩短交货时间，能迅速、准确和廉价地出货、交货。由于 EOS 可提供准确无误的订货服务，因此可有效避免交错商品，减少退货次数。计算机的库存管理系统可以正确、及时地将订单输入，并根据出货资料的输入而实现正确的管理，从而减少缺货现象，增加商品品种。为顾客提供商品咨询服务，共同使用 EOS，使得零售业和批发业建立了良好的关系，做到业务上相互支持，发展良好的客户关系管理体系。

（6）建立高效的物流体系。EOS 的责任制避免了退货、缺货现象的发生，缩短了交货时的检验时间，可大幅度提高送货派车的效率，降低物流成本。同时，可使批发业内部的各种管理系统化、规范化，大幅度降低批发业的成本。

第 8 章 供应链管理

（7）提高工作效率。EOS 可以减轻体力劳动，减少事务性工作，减少接收采购订单、登记、汇总等繁杂的手工劳动，以前 3 个小时至半天的手工工作量，实施 EOS 后，10 分钟即可完成。通常退货处理要比一般订货处理多花 5 倍的工时，实施 EOS 后，避免了退货，减少了繁杂的事务性工作。

（8）使得销售管理系统化、一体化。EOS 使得销售管理系统化、一体化，大大提高了企业的经济效益。

8.3.4 其他供应链管理方法

1. 准时化生产和全面质量管理

JIT（准时化生产）即及时服务，又称及时化生产。它的目标之一是减少甚至消除从原材料的投入到产成品的产出全过程中的存货，建立起平滑而更有效的生产流程。JIT 已在日本、美国等发达国家得到了广泛应用，被视为那些具有世界领先地位的企业取得成功的关键。实施 JIT 过程中采用的方法主要是拉动作业，只有下一道工序有需求时才开始按需求量生产，不考虑安全库存，采购也是小批量的。

TQC（全面质量管理）和 JIT 在管理思想上是紧密关联的，JIT 实施的前提就是同时要推行 TQC。TQC 把下一道工序视为上一道工序的客户，客户满意才是真正的质量标准。这样就把产品的质量与市场关联了起来，变事后验收为事前、事中控制。

2. 精益生产和敏捷制造

LP（精益生产）是日本丰田汽车公司对 JIT 的延续，它是以产、供、销三方紧密协作的一种相对固定的关系为实施背景的，是供应链上最基本、最简单的设置。

AM（敏捷制造）是企业为了更有效、合理地利用外部资源，根据市场需求个性化的发展趋势，把供应及协作组织看作虚拟企业的一部分而形成的一次性或短期的供应链关系。在 AM 中通常还用到并行工程的思想，以便加快新产品的上市。

3. 企业资源计划

ERP（企业资源计划）是由 MRPII（制造资源计划）发展而来的。ERP 是一种基于企业内部供应链的管理思想，它把企业的业务流程看作一个紧密连接的供应链，并将企业划分成几个相互协同作业的支持子系统，如财务子系统、市场营销子系统、生产制造子系统等，可对企业内部供应链上的所有环节，如采购、储存、生产制造、质量控制、运输、分销等进行有效的管理。

本章小结

本章主要介绍了供应链的概念、特征和类型，重点分析和阐述了供应链管理的含义、发展阶段、内容、目标、原则和供应链管理实施步骤，并且分析了供应链管理与物流管理的关系。通过本章的学习，读者应该对供应链管理的基本理论知识有一个大致的了解。

神龙公司：信息技术系统在供应链中的应用

一、概述

神龙汽车有限公司（以下简称神龙公司）由东风汽车集团、法国雪铁龙汽车集团、法国国民银行、法国兴业银行共同出资于 1992 年年初成立于湖北省武汉市（中方投资占 70%）。神龙公司目前拥有零件加工、装配、包装、运输、销售等一整套设备、设施、人员及组织机构。随着国内轿车市场竞争越来越激烈，该公司感到原有的管理方法已严重制约了公司的发展，尤其在和合作企业的沟通上，存在较大的问题。

神龙公司的信息管理中存在着一些影响供应链运作效率的问题。生产计划中所需的关键数据（如制造明细表、订货信息、库存状况、缺货报警、运输安排、在途物资等）只有部分的集成，决策者在进行生产计划安排时无法快速获取有效数据。公司内部各部门信息系统在联网、系统接口、共享及与公司外部联系方面存在较大的难度，缺乏统一性和协调性。现行的新的销售系统侧重于资金流的管理和售后服务的跟踪，而对于公司外部的信息，主要是用户数据的收集、分析、处理等功能不够完善，缺少快速有效的顾客信息反馈机制，故而使供应部门、生产部门无法充分地获取来自市场的反馈信息。

供应方、生产方和需求方缺乏必要的沟通，公司内部和外部的信息共享程度不够，难以真正按市场需求来安排生产。另外，神龙公司和其他合作企业之间的信息交流尚未建立规范的体系，无共同遵守的工作准则。例如，神龙公司和法国雪铁龙汽车集团的业务往来通过 EDI 进行数据交换，双方规定文件的标准格式，任一方擅自改动格式将导致双方系统无法正常工作。1992 年 2 月，法国雪铁龙汽车集团公司更改了发货合同的格式，没有提前与神龙公司做好技术上的衔接，从而导致神龙公司的翻译软件无法工作，无法获取数据。

因此，从神龙公司在供应链中所处的核心地位的角度来讲，该公司的管理信息系统既要接收来自不同体系的信息，又要对其进行处理，用以计划、组织和控制本公司的行为，然后将现有的状况反馈给不同的企业成员，所以神龙公司的信息系统必须高度集成，为通过供应链管理实现公司经营目标提供可靠的保证。为此，要从以下几个方面采取新的措施。

（1）信息必须规范化。有统一的名称、明确的定义、标准的格式和字段要求。信息之间的关系也必须明确定义。

（2）信息的处理程序必须规范化，处理信息要遵守一定的规程，不因人而异。

（3）信息的采集、处理和报告由专人负责，责任明确，没有冗余的信息采集、处理工作，保证信息的及时性、准确性和完整性。

（4）各种管理信息来自同一数据库，既能为企业各管理部门人员所共享，又有安全权限和保密措施。各部门按照同一数据库提供的信息和处理管理事务的原则进行管理决策，实现企业的总体经营目标。

二、解决问题的途径

在激烈的市场竞争中，神龙公司认识到以自身为核心，与供应商、供应商的供应商及一切向前的关系,与用户、用户的用户及一切向后的关系组建一个链网结构,建立战略合作伙伴的关系,委托链网上的每一个个体完成一部分业务工作,那么神龙公司则可轻装上阵,集中精力和各种资源,通过技术程序重新设计,做好本公司能够创造特殊价值的、比竞争对手更擅长的关键业务工作,从而极大地提高神龙公司的竞争力,取得期望的经济效益。

这就是神龙公司采用供应链管理模式的初衷。神龙公司作为供应链上的核心企业,发挥信息处理中心的作用,向供应商提供生产需求信息,供应商向神龙公司反馈供应信息,由分销商产生需求信息,再向分销商提供供货信息。只有通过改变原有企业的信息系统模型,建立面向供应链管理的企业信息系统,才能保证供应链的生产计划同步化和实现企业之间的信息共享,这也是实施供应链管理模式的前提和保证。

(1) 组织结构重组,职能部门集成。神龙公司需要围绕核心业务对物流实施集成化管理,对组织实施业务流程重组,实现职能部门的优化集成,避免不同部门的条块分割或职能相互渗透。根据神龙公司的核心业务活动流程,职能可以划分为产品开发与设计、供应、生产作业、销售、财务结算、信息组织六大部分。物料供应部门与供应商的管理部门的集成、销售部门和经销商的管理部门的集成有利于对供应商和经销商进行管理和考核。生产作业部门和设备能源部门的集成有利于生产能力和设备能力的协调,而信息组织部门和财务结算部门则宜相对独立,这样便于物流、信息流、资金流的管理,协调公司内部各职能之间的合作关系。

(2) 生产计划和控制系统的集成。从供应链中节点企业的供需关系分析,神龙公司采用订单驱动其他企业的活动,如供应部门围绕采购订单而动,生产部门围绕制造订单而动,销售部门围绕商业订单而动,这就是订单驱动原理。

(3) 建立 EDI 和 Internet 相融合的信息组织模式,将 EDI、Internet 企业的信息系统集合起来能提高企业的经营水平。例如,法国雪铁龙汽车集团和美国通用电气公司建立了长期的合作伙伴关系,法国雪铁龙汽车集团通过 EDI 与供应商实现订单、发票、发货信息的电子文件传输。欧洲汽车行业都遵守统一的商业模式,采用 GAUA 标准的报文形式和传输方式。在 EDI 传输系统中,通过翻译软件的正向和反向的翻译功能实现 GAUA 报文和企业内局域网数据模式的相互转换。2000 年,法国雪铁龙汽车集团与欧洲各汽车行业从 GALIA 标准过渡到 EDIFACT 标准,美国、日本等国家现在使用的标准是 EDIFACT,这将是全球 EDI 报文的标准化趋势。

神龙公司于 1997 年年底建立了 GEIS 专线,1998 年 4 月开始在进口件采购业务中使用 EDI 技术,采用 GAUA 标准与法国雪铁龙汽车公司进行订货、发票、发货信息等数据交换,2000 年与法国雪铁龙汽车集团一起升级采用 EDIFACT 标准。

神龙公司采用基于局域网和 Internet/EDI 的企业信息组织方式,其基本原理是先将企业内各部门的信息系统组成局域网 LAN,在 LAN 的基础上组建企业级广域网 WAN(相当于 Internet),和其他相关企业和单位连接。根据合作企业的实力,采用不同的连接方式,如与法国雪铁龙汽车集团通过 EDI 连接,与国内供应商主要通过 Internet 连接。

三、效果

采用 EDI 技术是神龙公司 KD 供应的前提。如果不采用 EDI 技术,法国雪铁龙汽车企业与神龙公司需要将 1000 余种的零件订货、发货、发票信息等手工维护到自己的系统中，不仅周期长，而且无法保证准确性。采用 EDI 技术则使工作变得得心应手。神龙公司发出的要货电子文件在两小时之内便可以在雪铁龙的终端上接收，经翻译后转化为其系统的数据文件而直接使用。通过系统分析可以迅速检查各种差异，并通过 Internet、EDI 及时反馈给神龙公司，有效地保证了工作质量。

采用 EDI 技术大大减少了纸质单据的传递。据估算，每月发货对应的发票、发货信息、装箱单等纸质文件（一式 6 份）就重达上百千克，而所有的信息通过 EDI 技术进行交换，大大减少了纸质单据传递的工作量，节省了信息传递的时间。在神龙公司和法国雪铁龙汽车集团的国际贸易中采用 EDI 技术，使订单、发货信息、发票等大量数据、文件信息的传递变得可靠和通畅，减少低效工作和非增值活动，使双方快速获得信息，更方便地进行交流和联系，提高了相互服务水平。随着网络技术的发展，神龙公司供应链管理采用基于 Internet 的运作模式成为必然。对于大部分国内的供应商和分销商来说，最经济、实用的方式就是建立 Internet 来达到电子商务、同步作业、资源共享的目的。

管理信息集成绝不是简单的数量叠加，而是管理水平和人员素质在质量上的飞跃。管理信息集成和规范化管理是相辅相成的，规范化管理是供应链运行的结果，也是其运行的条件。应当按照统一的程序和准则进行管理，既不随心所欲，因人而异，又要机动灵活，适应不断变化的环境。以神龙公司为核心企业，与供应商、分销商、用户形成网状供应链，实行基于供应链的集成化信息管理，有重要的实用价值。仅从缩短前置期、降低库存、加快资金流转、提高响应市场的应变能力这些方面来看，就已发挥了巨大作用。

思考分析

（1）神龙公司的信息管理存在着哪些影响供应链运作效率的问题？

（2）神龙公司解决问题采取的途径是什么？

问题提示

（1）生产计划中所需的关键数据只有部分的集成，决策者在进行生产计划安排时无法快速获取有效数据；公司内部各部门信息系统在联网、系统接口、共享方面及与公司外部联系方面存在较大的难度，缺乏统一性和协调性；现行的新的销售系统侧重于资金流的管理和售后服务的跟踪，而对于公司的外部信息，主要是用户数据的收集、分析、处理等功能不够完善，缺少快速有效的顾客信息反馈机制，故而使供应部门、生产部门无法充分地获取来自市场的反馈信息。

（2）组织结构重组，职能部门集成；生产计划和控制系统的集成；建立 EDI 和 Internet 相融合的信息组织模式，将 EDI、Internet 企业的信息系统集合起来能提高企业的经营水平。

重要概念

供应链　快速反应　有效顾客反应　电子订货系统　企业资源计划系统

第8章 供应链管理

一、填空题

1. 供应链具有_____、_____、_____、_____的特征。
2. ECR 的四大要素是 _____、_____、_____、_____。
3. 根据供应链涉及的范围广度，可以将供应链分为_____、_____、_____。
4. 供应链管理主要涉及_____、_____、_____、_____四个主要领域。
5. 按制造企业供应链的发展过程，可以将供应链分为_____、_____。

二、选择题

1. 供应链管理是一种基于（　　）的集成化管理模式。
   A. 资源外用　　　　　　　　　　B. 信息沟通
   C. 流程　　　　　　　　　　　　D. 系统集成
2. 一个完整的供应链始于原材料的供应商，止于（　　）。
   A. 制造商　　　　　　　　　　　B. 仓储商
   C. 消费者　　　　　　　　　　　D. 最终用户
3. 供应链都是由客户需求驱动的，供应链管理以（　　）为中心。
   A. 供应商　　　　　　　　　　　B. 运输商
   C. 销售商　　　　　　　　　　　D. 最终用户
4. 供应链网络不是静态的，需要随目标、市场、服务方式、客户需求等的变化而变化，它随时处在一个动态调整过程中，因此具有（　　）。
   A. 调整性　　　　　　　　　　　B. 复杂性
   C. 动态性　　　　　　　　　　　D. 不确定性
5. 供应链管理强调的是把主要精力放在企业的（　　）上，充分发挥其优势。
   A. 合作关系　　　　　　　　　　B. 运输仓储
   C. 生产制造　　　　　　　　　　D. 关键业务（企业核心竞争力）

三、问答题

1. 简述供应链的基本含义。
2. 简述现代供应链的特征。
3. 为什么要进行供应链的管理？
4. 简述供应链管理的方法。

第 9 章 国际物流

学习目的与要求

- 掌握国际物流的概念和特征，了解国际物流的发展、国际物流与国际贸易的关系；
- 掌握国际物流系统的构成、促进国际物流合理化的措施；
- 掌握国际货物运输的主要方式；
- 理解国际货运代理的概念和种类。

9.1 国际物流概述

9.1.1 国际物流的概念

我国国家标准《物流术语》中对国际物流（International Logistics）的定义为：跨越不同国家（地区）之间的物流活动。本书中对国际物流的定义为：国际物流是相对国内物流而言的，是不同国家（地区）之间的物流活动，是跨国界的、流通范围扩大了的物品的实体流动，是国内物流的延伸和进一步扩展。国际物流是国际贸易的一个必要组成部分，各国之间的相互贸易最终都将通过国际物流来实现。

广义的国际物流包括国际贸易物流和非国际贸易物流。国际贸易物流是指与国际贸易活动相关的物流活动；非国际贸易物流是指由非对等交易活动引起的国际物流活动，如跨越国界的国际邮件，国际展品，国际军火，个人、家庭或组织间的实物赠予，国际公益活动及逆向物流等。

狭义的国际物流主要是指国际贸易物流。

国际物流的实质是按国际分工协作的原则，依照国际惯例，利用国际化的物流网络、物流设施和物流技术，实现货物在国际上的流动与交换，以促进区域经济的发展和世界资源优化配置。国际物流的总目标是为国际贸易和跨国经营服务，使各国物流系统相互"接轨"，即选择合适的方式、用合理的费用、保质保量、适时地将货物从供给国运到需求国。

9.1.2 国际物流的特征

（1）物流环境的非均衡性。各国物流环境尤其是物流软环境存在差异，表现在人文环境、法律法规、经济发展程度、技术设施、物流标准、物流管理等方面，这一切无疑会大大提升物流系统的复杂性，加大国际物流运作的难度。

（2）物流系统范围广。国际物流系统不仅辐射的空间和地域范围更广，物流过程长，而且在整个物流过程中涉及的因素较多，操作过程的难度和风险都将增加。因此，积极开发和推广国际物流系统中的现代化技术，不仅可以有效地降低物流过程的复杂性，降低风险，而且对提高物流系统的效益将产生直接的影响。

（3）对物流信息化程度要求高。国际化信息系统是国际物流尤其是国际多式联运非常重要的支持手段。建立技术先进的信息网络系统已成为发展现代国际物流的关键，国际上的物流中心城市本身就是一个发达的信息枢纽港。国际化信息系统增强了对运输方式、线路、时间等的优化选择，加快了商流、物流与资金流的流动。

（4）对物流标准化要求较高。没有统一的标准，国际物流效率就很难得到提高。在国际物流系统中，应进一步推行国际基础标准、安全标准、卫生标准、环保标准及贸易标准。在此基础上制定并推行运输、包装、配送、装卸、储存等技术标准，因为物流管理和作业标准是服从于物流技术标准的。

（5）需要更高的物流管理水平。国际物流系统属于远程物流系统，物流的远程化必然会使不可控因素大幅度增加，从而带来管理上的"失控"。这首先表现在计划上，会出现时间延迟、回程货物衔接不准、事故和货损频发，以及物流设备和人员的管理控制困难甚至失控的问题。

9.1.3 国际物流的发展

国际物流随着国际贸易和跨国经营的发展而迅速发展起来，其发展大体经历了以下几个阶段。

第一阶段：20世纪50年代到80年代初。这一阶段物流设施和物流技术得到了极大的发展，建立了配送中心，广泛运用电子计算机进行管理，出现了立体无人仓库，一些国家建立了本国的物流标准化体系等。物流系统的改善促进了国际贸易的发展，物流活动已经超出了一国范围，但物流国际化的趋势还没有得到人们的重视。

第二阶段：20世纪80年代初到90年代初。随着经济技术的发展和国际经济往来的日益扩大，物流国际化趋势开始成为世界性的共同问题。美国密歇根州立大学教授波索克斯认为，进入20世纪80年代，美国经济已经失去了兴旺发展的势头，陷入长期倒退的危机。因此，必须强调改善国际性物流管理，降低产品成本，并且要改善服务，扩大销售，在激烈的国际竞争中获得胜利。与此同时，日本正处于成熟的经济发展期，以贸易立国，就要实现与其对外贸易相适应的物流国际化，并要采取建立物流信息网络，加强物流全面质量管理等一系列措施，提高物流国际化的效率。这一阶段物流国际化的趋势局限在美国、日本和欧洲一些发达国家。

第三阶段：20 世纪 90 年代初至今。这一阶段国际物流的概念和重要性已为各国政府和外贸部门所普遍接受。贸易伙伴遍布全球，必然要求物流国际化，即物流设施国际化、物流技术国际化、物流服务国际化、货物运输国际化、包装国际化和流通加工国际化等。世界各国广泛开展国际物流理论和实践方面的大胆探索。人们已经形成共识：只有广泛开展国际物流合作，才能促进世界经济繁荣，实现物流无国界的目标。

9.1.4 国际物流与国际贸易的关系

1. 国际物流是实现国际贸易的必要条件

国际贸易指是国际上的商品流通和商品交换，进出口商品在空间上的流通范围更广，地域更大，其中国际物流更是不可缺少的重要环节。在一笔具体的进出口交易中，买卖双方签订合同以后，只有通过物流过程，按照约定的时间、地点和条件把商品交给对方，贸易的全过程才能完成。如果没有国际物流，国际贸易就无法开展和进行。尤其是当前的国际市场竞争十分激烈，交易双方对于交货时间、运送速度和运输费用等更为重视，快速、及时、安全、优质的物流活动不仅能保证供应，按时交货，还有利于抢占市场，扩大商品销路。反之，如果装运不及时，运输迟缓，到货速度慢，就会影响贸易的开展与进行。

2. 国际贸易促进物流国际化

第二次世界大战以后，出于恢复重建工作的需要，各国积极研究和应用新技术、新方法，促进生产力迅速发展，世界经济呈现繁荣兴旺的景象，国际贸易的发展极为迅速。同时，由于一些国家和地区资本积累达到了一定程度，本国或本地的市场已不能满足其进一步发展经济的需要，加之交通运输、信息技术及经营管理水平的提高，出现了为数众多的跨国公司。跨国经营与国际贸易的发展，促进了实物和信息在世界范围内的大量流动和广泛交换，物流国际化成为国际贸易和世界经济发展的必然趋势。

3. 国际贸易对国际物流提出新的要求

随着世界经济的快速发展和全球生产力布局的改变，国际贸易表现出一些新的趋势和特点，从而对国际物流提出了更新、更高的要求。

（1）质量要求。国际贸易的结构正在发生着巨大变化，传统的初级产品、原材料等贸易品种逐步让位于高附加值、高精密度的产品。高附加值、高精密度商品流的增加，对物流工作质量提出了更高的要求。国际贸易需求的多样化，造成物流多品种、小批量化，要求国际物流向优质服务和多样化发展。

（2）效率要求。国际贸易活动的集中表现就是合约的订立和履行，而国际贸易合约的履行是由国际物流活动来完成的，因此要求物流高效率地履行合约。从国际物流来看，提高物流效率最重要的是高效率地组织所需商品的进口、储备和供应。根据国际贸易商品的不同，采用与之相适应的现代化运输工具和机械设备等，对于提高物流效率有着重要的作用。

（3）安全要求。由于国际物流所涉及的国家多、地域辽阔、在途时间长，受气候、地理条件等自然因素和政局动荡、罢工、战争等社会政治因素的影响，因此在组织国际物流时，选择运输方式和运输路径，除了要密切注意所经地域的气候条件、地理条件，还应注意所经国家和地区的政治局势、经济状况等，以防止这些人为因素或不可抗力造成货物损失。

（4）经济要求。国际贸易的特点决定了国际物流的环节多、备运期长。在国际物流领域，控制物流费用、降低物流成本具有很大潜力。对于国际物流企业来说，选择最佳物流方案，提高物流经济性，降低物流成本，保证服务水平，是提高竞争力的有效途径。

9.2 国际物流系统

9.2.1 国际物流系统的概念和构成

国际物流系统是由商品的运输、储存、检验、包装、国际物流信息、流通加工和其前后的整理、再包装，以及国际配送等子系统组成的。运输和储存子系统是国际物流系统的主要组成部分。国际物流通过商品的运输和储存，实现其自身的时间和空间效用，满足国际贸易活动和跨国公司经营的要求。

1. 运输子系统

国际货物运输是国际物流系统的核心。国际货物运输具有路线长、环节多、涉及面广、手续繁杂、风险性大、时间性强等特点。运输费用在国际贸易商品价格中占有很大比重。国际运输主要包括运输方式的选择、运输单据的处理及投保等有关方面。

我国国际货物运输存在的主要问题如下。

第一，海运力量不足、航线不齐、港口较少等，影响了进出口商品及时流进、流出，特别是出口货物的运输力量更加不足。

第二，铁路运输全面告急，内陆出口更困难。

第三，航空运输落后，运价昂贵，难以适应外贸发展的需要。

2. 储存子系统

国际贸易和跨国经营中的商品从生产厂商或供应部门被集中运送到装运港口，有时需要临时存放一段时间，再装运出口，这种停滞是很有必要的。这主要是在各国的保税区和保税仓库进行的，涉及各国保税制度和保税仓库建设等方面。

保税制度是针对特定的进口货物，在进境后，尚未确定内销或复出的最终去向前，暂缓缴纳进口税，并由海关监管的一种制度。这是各国政府为了促进对外加工贸易和转口贸易而采取的一项关税措施。

保税仓库是经海关批准专门用于存放保税货物的仓库。保税仓库的出现，为国际物流的海关仓储提供了既经济又便利的条件。

3. 检验子系统

检验子系统是国际物流系统中重要的子系统。通过商品检验,确定交货品质、数量和包装条件是否符合合同规定。在买卖合同中,一般都有商品检验条款,其主要内容有检验时间与地点、检验机构与检验证明、检验标准与检验方法等。

根据国际贸易惯例,商品检验时间与地点的规定可概括为三种做法:①在出口国检验;②在进口国检验和在出口国检验;③在进口国复验。

从事商品检验的机构很多,包括卖方或生产厂商和买方或使用方的检验单位,有国家设立的商品检验机构、民间设立的公证机构和行业协会附设的检验机构。在我国,统一管理和监督商品检验工作的是国家进出口商品检验局及其分支机构。

商品检验证明,即进出口商品经检验、鉴定后,由检验机构出具的具有法律效力的证明文件,这是作为买卖双方拒收、索赔和理赔的依据,也是议付货款的单据之一。

商品检验可按生产国的标准进行检验,或按买卖双方协商同意的标准进行检验,或按国际标准或国际习惯进行检验。

商品检验方法概括起来可分为感官鉴定法和理化鉴定法两种。

4. 包装子系统

杜邦定律(由美国杜邦化学公司提出)认为,63%的消费者是根据商品的包装、装潢进行购买的,国际市场和消费者是通过商品来认识企业的,而商品的商标和包装就是企业的门面,它反映了一个国家的综合科技文化水平。现在我国出口商品存在的主要问题:出口商品包装材料主要靠进口;包装加工技术水平低,质量上不去;外贸企业经营者对出口商品包装缺乏现代意识,存在着重商品、轻包装的思想。

5. 国际物流信息子系统

国际物流信息子系统的主要功能是采集、处理和传递国际物流和商流的信息情报。没有功能完善的国际物流信息子系统,国际贸易和跨国经营将寸步难行。国际物流信息的主要内容包括进出口单证的作业过程信息、支付方式信息、客户资料信息、市场行情信息和供求信息等。国际物流信息子系统的特点是信息量大,交换频繁;传递量大,时间性强;环节多、点多、线长。

我国应将上述主要子系统和配送子系统、装卸搬运子系统及流通加工子系统等有机联系起来,统筹考虑、全面规划,建立适应国际竞争要求的国际物流系统。

9.2.2 促进国际物流合理化

1. 国际物流系统网络的概念

国际物流系统网络是指由多个收发货的节点和它们之间的连线所构成的物流抽象网络,以及与之相伴随的信息流动网络的有机整体。收发货节点是指进出口国内外的各层仓库。连线是指连接上述国内外众多收发货节点的运输线路。

这些网络连线是库存货物移动(运输)轨迹的物化形式;每一对节点之间有许多连线,用以表示不同的运输路线、不同产品的各种运输服务;各节点表示库存货物流动暂时停滞,其作用是实现更有效地移动(收或发);信息流动网络的连线通常包括国内外的邮件及某些电子媒介,其节点则是各种物流信息汇集及处理点;物流系统网络与信息流动网络并不是独立的,它们之间是密切相连的。

国际物流系统网络研究的中心问题是确定进出口货源点(或货源基地)和消费者的位置,各级仓库及中间商批发点(零售点)的位置、规模和数量,从而决定国际物流系统的合理布局和合理化问题。完善和优化国际物流系统网络,有利于扩大我国国际贸易,提高我国跨国公司的竞争能力和成本优势。

2. 建立和完善国际物流系统网络应注意的问题

首先,规划国际物流系统网络内的建库数目、地点及规模,都要紧紧围绕着商品交易计划,乃至一个国家宏观国际贸易总体规划进行。

其次,明确各级仓库的供应范围、分层关系及供应或收货数量,注意各级仓库间的有机衔接。

最后,国际物流系统网络规划要考虑现代物流技术的发展,留有余地,以备将来的扩建。

3. 促进国际物流合理化的措施

鉴于国际物流对国际贸易的促进作用和国际贸易对国际物流提出的新要求,借鉴国际物流企业的各种经验,总结出促进国际物流合理化的以下措施。

(1)合理规划和布局国内外物流网点,扩大国际贸易的范围、规模。

(2)使用先进的运输方式、运输工具和运输设施,加速进出口货物的流转。充分利用海运、多式联运方式,不断扩大集装箱运输和大陆桥运输的规模,增加物流量,扩大进出口贸易量和贸易额。

(3)缩短进出口商品的在途积压时间,以节省时间,加速商品和资金的周转。

(4)改进运输路线,减少相向、迂回运输。

(5)改进包装,增大技术装载量,多装载货物,减少损耗。

(6)改进港口装卸作业方式,创造条件扩建港口设施,合理利用泊位与船舶的停靠时间,尽量减少港口杂费,吸引更多的买卖双方入港。

(7)改进海运配载,避免空舱或船货不相适应的状况。

(8)综合考虑国内物流运输。在出口时,有条件的要尽量采用就地就近收购、就地加工、就地包装、就地检验、直接出口的物流策略。

9.3 国际货物运输

9.3.1 国际货物运输的概念

国际货物运输是货物在国家与国家、国家与地区之间的运输。在国际贸易中,国际货物运输是国际商品流通过程中的一个重要环节。国际货物运输可分为贸易货物运输和非贸易货物（如展览品、个人行李、办公用品、援外物资等）运输两种。由于国际货物运输主要是贸易货物运输，非贸易货物运输往往只是贸易货物运输部门的附带业务，所以国际货物运输通常也被称为国际贸易运输，以一国来说，就是对外贸易运输，简称外贸运输。

9.3.2 国际货物运输的特点

（1）国际货物运输涉及国际关系问题，是一项政策性很强的涉外活动。国际货物运输是国际贸易的一个组成部分，在组织货物运输的过程中，需要经常同国外企业发生直接或间接的广泛业务联系，这种联系不仅是经济上的，而且常常涉及国际政治问题，是一项政策性很强的涉外活动。因此，国际货物运输既是一项经济活动，也是一项重要的外事活动，这就要求不仅要用经济观点去办理各项业务，而且要有政策观念，按照我国对外政策的要求从事国际货物运输业务。

（2）国际货物运输是中间环节很多的长途运输。国际货物运输是货物在国家与国家、国家与地区之间的运输，一般来说，运输的距离都比较长，往往需要使用多种运输工具，通过多次装卸、搬运，要经过许多中间环节，如转船、变换运输方式等，经由不同的地区和国家，要符合各国不同的法规和规定。如果其中任何一个环节发生问题，就会影响整个运输过程，这就要求做好组织工作、环环紧扣，避免在某个环节上出现脱节现象，给运输带来损失。

（3）国际货物运输涉及面广，情况复杂多变。国际货物运输涉及国内外许多部门，需要与不同国家和地区的货主、交通运输部门、商检机构、保险公司、银行或其他金融机构、海关、港口及各种中间代理商等打交道。同时，各个国家和地区的法律、政策规定的不同，贸易、运输习惯和经营做法的不同，金融货币制度的差异，以及政治、经济和自然条件的变化，都会对国际货物运输产生较大的影响。

（4）国际货物运输的时间性强。按时装运进出口商品，及时将商品运至目的地，对履行进出口贸易合同，满足商品竞争市场的需求，提高市场竞争能力，及时结汇，都有着重大意义。特别是一些鲜活商品、季节性商品和敏感性强的商品，更要求迅速运输，不失时机地组织供应，只有这样才有利于提高出口商品的竞争能力，有利于巩固和扩大销售市场。因此，国际货物运输必须加强时间观念，争时间、抢速度，以快取胜。

（5）国际货物运输的风险较大。由于国际货物运输中环节多，运输距离长，涉及的面广，情况复杂多变，加之时间性很强，运输途中国际形势的变化，各种自然灾害和意外事故的发生，以及战乱、封锁禁运或海盗活动等，都可能直接或间接地影响到国际货物运输，以致造成严重后果，因此国际货物运输的风险较大。为了转嫁运输过程中的风险及损失，各种进出口商品和运输工具都需要办理运输保险。

9.3.3 国际货物运输的主要方式

根据使用的运输工具不同，国际货物运输主要可分为如下几种方式。

1. 国际海上货物运输

国际海上货物运输是使用船舶通过海上航道在不同国家和地区的港口之间运输货物

的一种方式。

这种运输方式具有通过能力大、运输量大、运费低廉、对货物的适应性强、速度较慢、风险较大等特点。它是国际贸易中最主要的运输方式，海上航运能力实际上也是一个国家的国防后备力量。

2. 国际铁路货物运输

以进出口货物量计算，国际铁路货物运输是仅次于国际海上货物运输而居第二位的运输方式。

国际铁路货物运输的特点：运输的准确性和连续性强；运输速度较快；运输量较大；运输安全可靠；运输成本较低；初期投资大。

3. 国际公路货物运输

公路运输（一般指汽车运输）是陆上运输的两种基本方式之一，也是现代运输的主要方式之一。在国际货物运输中，它是不可缺少的重要组成部分。

国际公路货物运输的特点：机动灵活、简捷方便、应急性强；投资少、收效快；能够实现国际货物的门到门运输；汽车运输的载重量小；车辆运行时震动较大，易造成货损；运输成本较国际海上货物运输和国际铁路货物运输高。

国际公路货物运输也是一个独立的运输体系，可以独立完成进出口货物运输的全过程。

4. 国际航空货物运输

国际航空货物运输是指采用商业飞机运输货物的商业活动。

国际航空货物运输的特点：速度快，安全准确，手续简便，节省包装、保险、利息和储存等费用；运输量较小，运价较高。

国际航空货物运输对时间紧、季节性强及其他应急物品的运送起到了不可替代的作用。

5. 国际集装箱货物运输

国际集装箱货物运输是以集装箱为集合包装和运输单位，适合门到门交货的成组运输方式，也是成组运输的高级形态。

国际集装箱货物运输的特点：装卸效率高，车船周转快；运输质量高，货损货差少；货物运输便利，货物运输手续简单；节省包装用料，减少运杂费；节约劳动力，改善劳动条件。

目前，我国已基本上形成了连接世界各主要港口的海上集装箱运输网。

6. 国际多式联运及其他运输方式

国际多式联运以集装箱为媒介，把海上货物运输、铁路货物运输、公路货物运输、航空货物运输和内河货物运输等传统的单一运输方式有机地结合起来，构成一种连贯的过程来完成国际货物运输。因此，它除具有集装箱货物运输的优越性之外，还将其他各种运输方式的特点融为一体，加以扬长避短地综合利用，比传统单一的运输方式具有无可比拟的优越性。

除此之外，国际货物运输还有国际邮政运输和管道运输。

9.3.4 国际货物运输方式的选择

国际物流对运输方式的选择主要从几个方面考虑：运输成本、运输速度、货物的特点及性质、货物数量、物流基础设施条件等。

9.4 国际货运代理

9.4.1 国际货运代理的概念

国际货运代理协会联合会（International Federation of Freight Association）给国际货运代理下的定义是：国际货运代理是根据客户的指示，为客户的利益揽取货物运输的人，其本身并不是承运人。

从国际货运代理的基本性质看，它主要是接受委托人的委托，就有关货物运输、转运、仓储、保险，以及与货物运输有关的各种业务提供服务的机构。

在我国，国际货运代理企业是指在中国境内依法注册并经商务部授权机构备案登记的从事国际货运代理业务的企业及其分支机构。国际货运代理企业可以作为进出口货物收发货人和其他委托方的代理人或独立经营人从事国际货运代理业务。

国际货运代理企业在作为代理人时收取代理费、佣金或其他服务报酬；在作为独立经营人时收取运费及服务报酬。

商务部负责国际货运代理业务的监督管理，实行企业备案登记管理制度。

9.4.2 国际货运代理的种类

（1）租船代理，又称租船经纪人（Ship Broker），是指以船舶为商业活动对象而进行船舶租赁业务的人。

（2）船务代理（Shipping Agent），是指接受承运人的委托，代理与船舶有关的一切业务的人。

（3）货运代理（Freight Forwarder），是指接受货主的委托，代货主办理有关货物报关、交接、仓储、调拨、检验、包装、转运、订舱等业务的人。

（4）咨询代理（Consulting Agent），是指专门从事咨询工作，按委托人的需要，通过提供有关国际货物运输咨询情况、情报、资料、数据和信息服务而收取一定报酬的人。

9.4.3 国际货运代理的地位和作用

国际货运代理的工作性质决定了从事这项业务的人必须具有有关国际货物运输方面广博的专业知识、丰富的实践经验和卓越的办事能力，他们须熟悉各种运输方式、运输工具、运输路线、运输手续,以及各种不同的社会经济制度、法律规定、习惯做法等。

他们具有的这些优势使得他们在国际货物运输中起着其他人取代不了的作用。这些作用大致可以归纳为以下几个主要方面。

(1)能够为委托人办理国际货物运输中每个环节的业务或全程各个环节的业务,手续简单方便。

(2)能够把小批量的货物集中成成组货物进行运输。

(3)能够根据委托人托运货物的具体情况,综合考虑运输中的安全、耗时、运价等各种因素,使用最适合的运输工具和运输方式,选择最佳的运输路线和最优的运输方案,把进出口货物安全、迅速、准确、节省费用、方便地运往目的地。

(4)能够掌握货物的全程运输信息,使用现代化的通信设备随时向委托人报告货物在运输途中的状况。

(5)能够就运费、包装、单证、结关、领事要求、金融等方面向进出口商提供咨询,并对在国外市场销售的可能性提出建设。

(6)不仅能够组织和协调运输,而且能够创造开发新运输方式、新运输路线及制定新的费率。

本章小结

本章简要介绍了国际物流的概念及发展;建立和完善国际物流系统网络,促进国际物流合理化要注意的问题;国际货物运输的特点和主要方式;国际货运代理的概念和种类。

案例分析

船舶运输是贝克啤酒出口业务最重要的运输方式。贝克啤酒厂毗邻不来梅港,是其采取海运方式的最大优势。凭借全自动化设备,标准集装箱可在 8 分钟内装满啤酒,15 分钟内完成一切发运手续。每年贝克啤酒通过海运方式发往美国各地的啤酒就达 9000TEU(TEU 为货柜容量的计算基础)。

关于为什么选择铁路运输和海运方式,贝克啤酒给出的解释为两个字:环保。欧洲乃至世界范围内采用陆运方式造成的堵塞和污染日益严重,贝克啤酒选择环保的方式不仅节约了运输成本,还为自己贴上了环保的金色印记。

(资料来源:中国物流与采购网)

➡ 思考分析

(1)简述国际集装箱多式联运的优缺点。
(2)简述用集装箱进行国际啤酒运输的优缺点。
(3)如果你是一家啤酒厂的物流总经理,怎样将你厂的啤酒运往国际目标市场?如果你是葡萄酒或白酒的物流总经理，又应如何处理呢？

问题提示

（1）国际集装箱多式联运具有所选择的各种运输方式和集装箱运输方式的所有优点，克服了单一运输方式的缺点。

（2）用集装箱进行啤酒运输具有卫生、环保、运输成本低、装卸速度快等优点，可保持啤酒的新鲜度。

（3）不同的物流对象，进入不同的目标市场要选择不同的包装和运输方式。

重要概念

国际物流　国际物流系统　国际货物运输　国际货运代理

习题 9

一、填空题

1. 国际物流系统主要由_____、_____、_____、_____和_____五大子系统构成。
2. 国际货物运输主要可分为_____、_____、_____、_____、_____、_____等几种方式。
3. 在我国，国际货运代理企业是指在_____境内依法注册并经_____授权机构备案登记的从事国际货运代理业务的企业及其_____。
4. 商务部负责国际货物运输代理业务的监督管理，实行企业_____管理制度。

二、选择题

1. 国际物流的特征有（　　）。
   A. 物流环境的非均衡性　　　　　　　B. 物流系统范围广
   C. 对物流信息化程度要求高　　　　　D. 对物流标准化要求较高
   E. 需要更高的物流管理水平
2. 国际货运代理的种类有（　　）。
   A. 租船代理　　　　　　　　　　　　B. 船务代理
   C. 货运代理　　　　　　　　　　　　D. 咨询代理

三、问答题

1. 简述国际物流与国内物流的区别。
2. 比较国际航空货物运输与国际邮政运输的异同。
3. 简述国际货运代理的种类。我国对国际货运代理业有哪些规定？

Chapter 第 10 章

智慧物流

学习目的与要求

- 掌握物联网、大数据、人工智能、无人机配送的概念；
- 了解物联网在物流领域中的应用；
- 了解大数据在物流系统中的应用；
- 了解人工智能在物流行业中的应用；
- 了解无人机在物流配送中的应用。

10.1 物联网技术

10.1.1 物联网的概念

物联网即实现物到物、人到物和人到人的互联的网络，体现出物理空间和信息空间的融合。

在当前的网络信息时代，物联网技术作为现代信息技术的重要组成部分，是在互联网基础上的延伸和拓展网络。物联网技术的应用是物流行业高质量发展不可或缺的关键因素，借助物联网技术能够有效实现物流企业对各物流环节的可控化及可视化操作，最大限度提高物流管理效率，促使物流企业以最低成本创造出最大的社会经济效益。物联网在物流中的应用如图 10-1 所示。

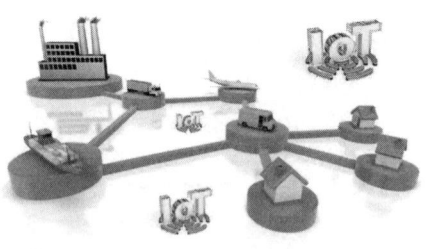

图 10-1　物联网在物流中的应用

10.1.2　物流和物联网的关系

1. 物流是物联网发展的基础

作为一种古老的经济活动，物流随商品生产的出现而出现，也随商品生产的发展而发展。物联网的发展离不开物流行业的支持。早期的物联网叫作传感网，而物流行业最早就开始有效应用了传感网技术，如 RFID 技术在汽车上的应用，就是最基础的物联网应用。

2. 物流是物联网的重要应用领域

在一般人的印象中，物联网应用主要集中在物流和生产领域。有观点称，物流是物联网相关技术最有现实意义的应用领域之一。特别是在国际贸易中，由于物流效率一直是国际贸易效率提高的瓶颈，是提高国际贸易效率的关键因素，因此物联网技术（特别是 RFID 技术）的应用将极大地提升国际贸易效率，而且可以减少人力成本及货物装卸、仓储等物流成本。

由 RFID 等技术和移动手持设备等硬件设备组成物联网后，基于感知的货物数据便可建立全球范围内货物的状态监控系统，提供全面的跨境贸易信息、货物信息和物流信息跟踪，帮助国内制造商、进出口商、货运代理人等贸易参与方随时随地掌握货物及航运信息，提高国际贸易风险的控制能力。物流领域中所用到的物联网应用如图 10-2 所示。

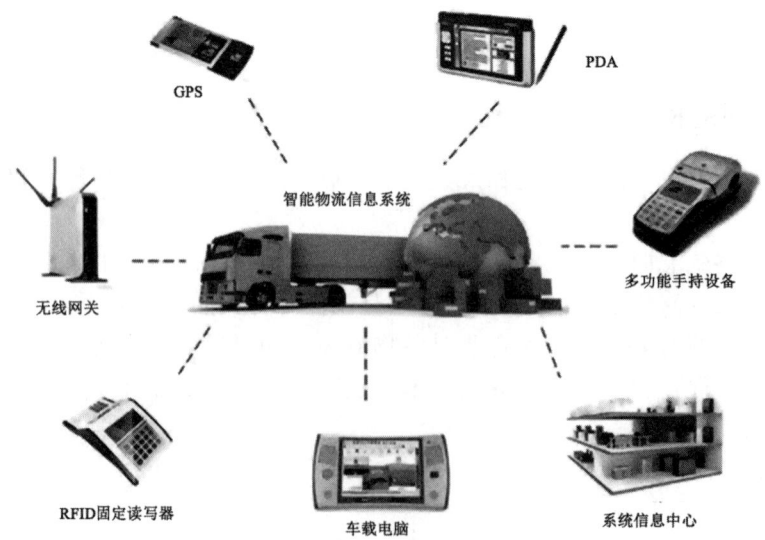

图 10-2　物流领域中所用到的物联网应用

实践证明，物流与物联网关系十分密切，通过物联网建设，企业可以实现物流的顺利运行，城市交通和市民生活也将获得很大的改观。

3. 物联网技术+物流的应用方向

（1）物流包装。

物联网技术在物流包装中开发应用的核心技术是 RFID 技术，一般会将集成了 RFID 电子标签（见图 10-3）的芯片嵌入到物流包装的材料中，利用 RFID 信号及其空间耦合、传输的特性，实现对静止或移动的待识别商品的自动识别、数据通信、身份查验等相关互联活动。只要供应链系统内的任何一个集成了 RFID 电子标签包装的商品进入读取范围，相应的物联网的 RFID 阅读器读出其 RFID 电子标签中的相关商品信息，在本地管理数据库中能对这些商品信息进行管理和维护。

图 10-3　RFID 电子标签

（2）运输检测。

利用物联网技术，通过物流车辆管理系统对运输车辆及货物进行实时监控，可完成运输车辆及货物的实时、定位跟踪，并可监测货物的状态及温湿度情况，同时监测胎温、胎压、油量、油耗、车速等车辆行驶数据及刹车次数等驾驶数据。在货物运输过程中，将货物、司机及车辆驾驶情况等信息高效地结合起来，以提高运输效率、降低运输成本、降低货物损耗，清楚地了解运输过程中的一切情况。运输检测如图 10-4 所示。

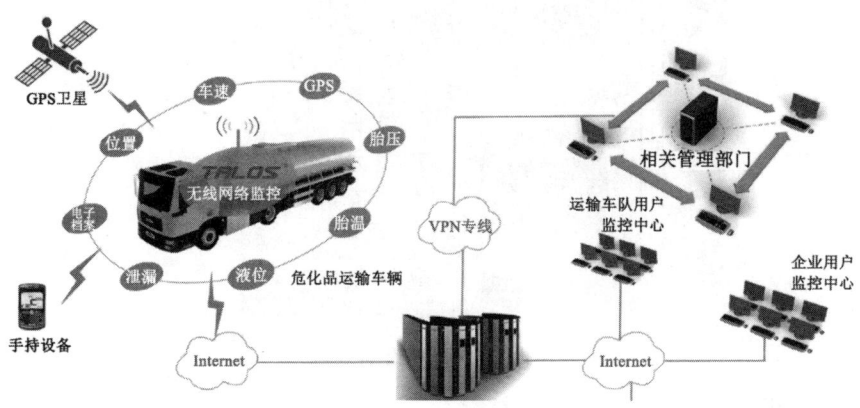

图 10-4　运输检测

（3）货物仓储。

在传统货物仓储活动的出入库过程中，一般需要人工进行货物扫描及数据读取，工作效率低。同时仓储货位有时候划分不清晰，货物堆放混乱，缺乏跟踪流程。将物联网技术应用到传统货物仓储中，形成智能仓储管理系统，提高货物进出效率、降低人工劳动强度和人工成本，且能实时显示、监控货物进出情况，提高交货准确率，完成收货入库、盘点调拨、拣货出库及整个系统的数据查询、备份、统计、报表生成及报表管理等任务。智能货物仓储如图 10-5 所示。

图 10-5　智能货物仓储

（4）智能快递投递系统。

智能快递投递系统由智能快递柜及其后台服务器构成。基于物联网技术的智能快递投递系统能实现对快递包裹的储存、监控及管理等功能。快递员将快递包裹送到指定的地点后，将其存入智能快递柜，智能系统就可以自动为用户发送一条短信，包括取件地址及验证码等信息，用户在一定时间内可随时去智能快递柜取货物，简单、快捷地完成取件任务。在这样的使用场景下，系统后台服务器对智能快递柜采集到的信息数据进行处理，并实时在数据后台更新，方便使用人员进行快递查询、快递调配及智能快递柜维护等操作。智能快递投递系统如图 10-6 所示。

图 10-6　智能快递投递系统

（5）集装箱智能化信息管理平台。

基于 RFID 技术，建立集装箱智能化信息管理平台，对于为物流企业提供全程物流信息服务及综合业务信息服务具有重要意义。该平台实质上就是以集装箱为跟踪目标的一种物联网,采用了 RFID 技术与互联网的结合,集装箱在经过港区道口、码头桥吊时信息会被自动读取,并显示在专用网站上,货主、船公司、港口方、政府监管部门都可以查询,如果集装箱中途被非法打开,网页就即刻显示红色报警信息,从而为货主、船公司、港口方及海关、商检等相关单位提供集装箱在经过各物流节点时的实时状态信息,实现了集装箱运输信息由"告知"到"感知"的变革,对提高集装箱物流的透明度、安全和效率具有重要的作用。智能化集装箱如图 10-7 所示。

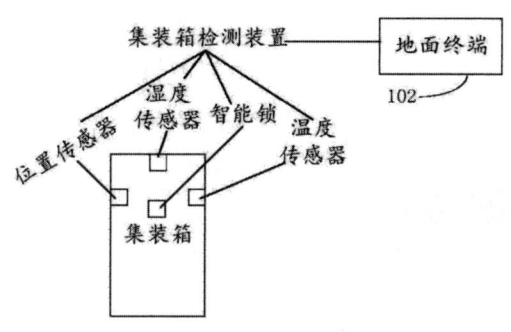

图 10-7 智能化集装箱

4. 物联网技术+物流的优势

(1)降低物流成本,提高企业利润。

物联网智慧物流的应用能大大降低制造业、物流业等各行业的成本,实打实地提高企业利润,生产商、批发商、零售商三方通过物联网智慧物流相互协作,共享信息,物流企业便能更节省成本。其中关键技术,如物体标识、标识追踪、无线定位等新型物联网信息技术的应用,能够有效实现物流的智能调度管理,整合物流核心业务流程,加强物流管理的合理化,降低物流消耗,从而降低物流成本,减少流通费用,提高企业利润。

(2)加速物流产业的发展,成为物流业的信息技术支撑。

物联网智慧物流的建设加速了当地物流产业的发展,集仓储、运输、配送、信息服务等多功能于一体,打破行业限制,协调部门利益,实现集约化高效经营,优化社会物流资源配置。同时将物流企业整合在一起,将过去分散于多处的物流资源进行集中处理,发挥整体优势和规模优势,实现传统物流企业的现代化、专业化和互补性。此外,这些企业还可以共享基础设施、配套服务和信息,降低运营成本和费用支出,获得规模效益。

(3)为企业物流、生产、采购和销售系统的智能融合打下基础。

随着 RFID 技术与传感器网络的普及,物与物的互联互通,给企业的物流、生产、采购和销售系统的智能融合打下基础,而网络的融合必将产生智慧生产与智慧供应链的融合,企业物流完全智慧地融入企业经营,打破工序、流程界限,打造智慧企业。

(4)使消费者节约成本,轻松、放心购物。

物联网智慧物流通过提供货物源头自助查询和跟踪等多种服务,尤其是对食品类货物的源头查询,能够让消费者买得放心,吃得放心,增加消费者的购买信心同时促进消费,最终对整体市场产生良性影响。

(5)提高政府部门工作效率,有助于政治体制改革。

物联网智慧物流可全方位、全程监管食品的生产、运输、销售，在大大减轻了相关政府部门工作压力的同时，使监管更彻底、更透明。通过计算机和网络的应用，政府部门的工作效率将大大提高，有助于我国政治体制的改革，精简政府机构，裁汰冗员，从而削减政府开支。

（6）促进当地经济进一步发展，提升综合竞争力。

物联网智慧物流集多种服务功能于一体，体现了现代经济运作特点的需求，即强调信息流与物流快速、高效、通畅地运转，从而降低社会成本，提高生产效率，整合社会资源。

10.2 大数据技术

10.2.1 大数据的概念

大数据是指无法在一定时间内用常规软件工具对其内容进行抓取、管理和处理的数据集合。大数据技术是指从各种类型的数据中，快速获得有价值信息的技术。在这个信息爆炸的时代，物流企业每天都会涌现出海量的数据，特别是全程物流，包括运输、仓储、搬运、配送、包装和再加工等环节，每个环节中的信息流量都是巨大的。大数据物流以这海量数据为基础，再加上交通、地理等领域的大数据，通过实施对数据信息的采集、预处理、统计分析，挖掘出隐藏在数据背后的信息价值，最终为物流企业带来成本的节约或利润的提升。

10.2.2 大数据的发展过程及价值

大数据的发展可以分为三个阶段。

第一阶段是数的产生，早在公元前 8000 年，两河流域的苏美尔人将各种形状的小的黏土记号像珠子一样串在一起，保留记数实物来记数信息。

第二阶段是近代数据科学的产生，以统计学为基础，一个重要的假设就是采样遵守独立同分布，其中很大的原因就是当时的技术对于巨量的数据无法进行计算，或者进行计算的成本无法承受。2014 年，随着技术的发展，特别是云计算等技术的成熟，巨量数据的计算存储都不再是问题，并且大数据应用显现出巨大价值。

第三阶段是大数据时代的到来。大数据时代的显著特征之一就是可以利用数据的相关性来解决问题，而不只是依赖因果关系，创新的数据应用层出不穷。基于大数据技术的深度学习等人工智能的发展，特别是谷歌 AlphaGo 的成功，是一个标志性事件，让我们更加认识到大数据技术可以突破人的认知能力极限，这标志着一个真正革新的时代来临了。

大数据的价值不仅在于其原始价值，更在于数据之间的连接，大数据扩展、再利用和重组。例如，京东利用物流大数据加上用户交易数据推出的移动商店就大受欢迎。另外，大数据开放对于提升整个社会的发展水平具有重要作用。大数据作为数字资产，可以重复利用，不像资源类的零和游戏，政府和协会等社会组织可以收集数据并在进行脱敏后对社会开放，使其为社会服务，创造出更大的社会价值。

10.2.3 大数据在物流系统中的应用

目前，大的物流系统日处理数据量达到百万级，大促销期间甚至达千万级，物流操作人员多达数十万个，在庞大的业务规模下，智慧物流系统成为迫切需求。物流系统作为支撑物流的核心系统，不仅保证了物流的准时和高效，还保证了极高的用户体验，以大数据处理为核心的系统是构建智慧物流的关键。

大数据的经典定义可以归纳为 4 个 V：海量的数据规模（Volume）、快速的数据流转和动态数据体系（Velocity）、多样的数据类型（Variety）和巨大的数据价值（Value）。

一个好的物流系统需要每天处理亿级数据，具有海量信息的数据规模；支持快速的数据流转，实现了物流各个节点实时数据监控优化；系统处理各种各样的信息，包括结构化数据和非结构化数据；数据具有极大的价值，如推动系统成本和效率优化 1%可以节约上亿元的成本。因此，物流系统具有显著的大数据特征。

我们在实战中认识到，把大数据转化为智慧物流系统，需要具备两个基础。

第一，业务数据化，并且具有数据质量保障。物流在系统的支撑下，实现了所有物流操作的线上化，也就是数据化，并且对每个操作环节都可以进行实时分析，这就奠定了很好的数据基础。如果业务都在线下操作，或者系统无法准确、及时收集数据，那么即使数据量够大，缺乏关键数据或数据不准确也会给大数据处理带来很大的困难。

第二，大数据处理技术，包括数据收集、传输、储存、计算、展示等一系列技术。

10.2.4 大数据物流技术的应用方向

当前，物流企业正逐步进入数据化发展阶段，物流企业间的竞争逐渐演变成数据信息的竞争。大数据能够让物流企业有的放矢，甚至可以做到为每个客户量身定制符合他们自身需求的服务。大数据物流技术在物流企业中的应用主要包括优化物流运作管理、创新电子商务服务和制定物流企业市场策略等方面。

1. 优化物流运作管理

基于大数据技术的物流配送方案的制订可在很大程度上降低物流配送的成本，提高物流配送的效率。在物流信息的识别、定位和感知环节，可以利用大数据技术采集到实时信息，根据配送物品的具体情况和位置，迅速对周边交通情况及环境进行分析，根据实际情况对物流配送方案进行动态调整，选择适合的物流配送工具和最优配送路径。利用大数据的信息预测和分析技术，对仓库的存货量进行统计，对调货、补货的市场需求进行预测分析，按照准时制的原则，系统在最精准的时间自动进行补货处理，有利于减少客户的等待时间，提升客户体验的满意度。

2. 创新电子商务服务

在大数据背景下，电商平台对销售大数据进行预测，在客户下单之前，商家就可以将货物提前下沉到离客户最近的物流网点，做到"单未下，货先行"，客户下单后直接就近配送，从而提高配送效率。大数据能够使供应链变得更具柔性和更透明，平台型电商企业可以充分利用大数据对社会物流资源进行充分整合，为客户提供更高效的服务。例如，京东物流云利用大数据技术对仓储、运输、配送环节进行改进和组合创新，在仓储和配送环节采用众包模式，将社会闲散的物流资源整合起来。在仓储方面，京东通过搭建仓储众包及信息化服务平台，整合社会仓储资源，建立仓储硬件资源与软件资源的双重模式，实现仓储资源共享，打造仓储服务生态。

3. 制定物流企业市场策略

利用大数据技术可以通过互联网平台获得物流行业大量有价值的数据。物流系统在捕获数据后，利用数据分析技术对这些消费数据进行详细的汇总分析，可以预测用户的消费情况。即使用户的消费需求是动态变化的，依旧可以通过消费者的历史消费数据，预测用户未来的需求。根据这些用户未来的需求制定市场策略，可以提高市场策略的精准性和效率，从而提高物流企业的市场决策能力，这将更切合实际，更符合市场规律。物流企业也可以通过快速地采集、分析、加工大数据资源，提供准确和及时的物流信息咨询，大幅提高企业的知名度和市场空间，进而提高物流企业的市场竞争力。京东大数据物流青龙系统的应用如图 10-8 所示。

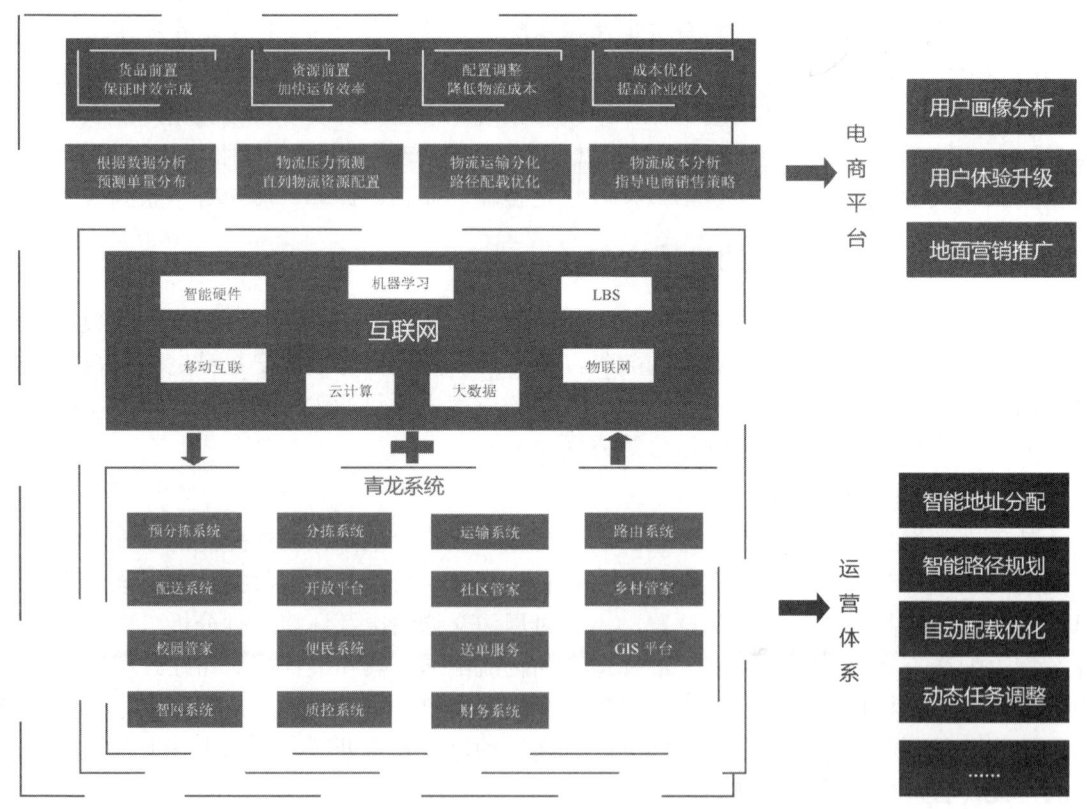

图 10-8　京东大数据物流青龙系统的应用

10.3 人工智能技术

人工智能（Artificial Intelligence，AI）是研究、开发用于模拟、延伸和扩展人的智能的理论、方法、技术及应用系统的一门新的技术科学。云计算、物联网、大数据、人工智能，简称"云物大智"，其与 5G 移动通信技术和区块链等前沿科技构成新一代物流技术体系。随着技术的快速产品化，成本的指数级下降，政府鼓励政策的升级，中国物流行业将迎来全面智能化时代。人工智能作为引领未来的战略性技术，通过它丰富的应用场景和海量的数据支撑，有望引领新一代物流技术的发展方向。人工智能的整体架构如图 10-9 所示。

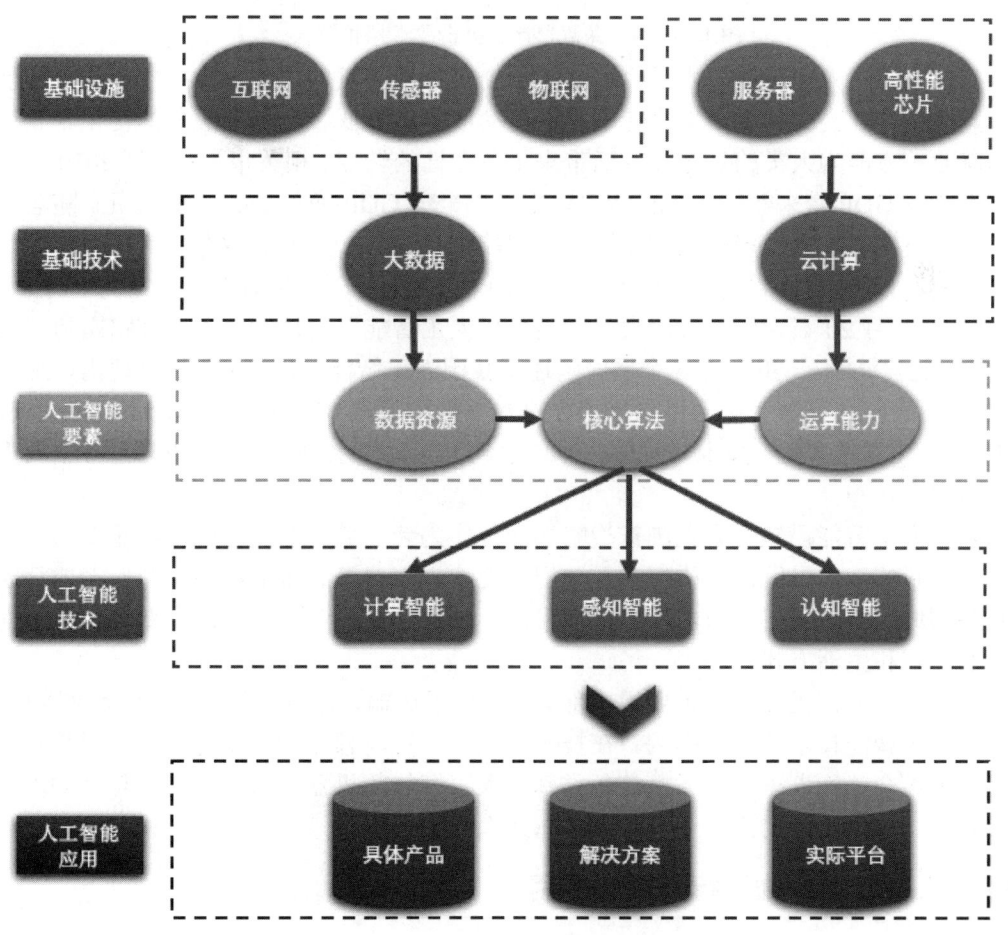

图 10-9　人工智能的整体架构

10.3.1 人工智能发展背景

1956年夏季,以麦卡赛为首的一批有远见卓识的年轻科学家在一起聚会,共同研究和探讨用机器模拟智能的一系列有关问题,并首次提出了"人工智能"这一术语,它标志着人工智能这门新兴学科的正式诞生。1997年5月11日IBM公司的"深蓝"计算机击败了人类国际象棋冠军卡斯帕罗夫更是人工智能技术的一个完美表现(见图10-10)。

图10-10 "深蓝"计算机击败卡斯帕罗夫

到目前为止,人工智能技术已经度过了半个多世纪的发展,成为一门广泛交叉和前沿科学。其在提升社会劳动生产率,特别是在劳动成本的降低、产品和服务的优化、新市场开拓和就业等方面为人类的生产和生活带来了革命性的转变。相关报道称,到2030年人工智能将为全球GDP带来额外14%的提升,相当于全球GDP增长15.7万亿美元。随着人工智能的不断发展,越来越多的国家认同人工智能将带来下一次产业革命,美国、英国、欧盟、加拿大、日本、韩国等国家和地区都提出了各自的人工智能战略。

2017年7月20日,国务院印发了《新一代人工智能发展规划》,从战略态势、总体要求、资源配置、立法、组织等各个层面阐述了我国人工智能发展规划。规划提出,到2020年,我国人工智能总体技术和应用与世界先进水平同步;到2025年基础理论实现重大突破;到2030年人工智能理论、技术与应用总体均达到世界领先水平,我国将成为世界主要人工智能创新中心。

这表明人工智能已然上升到国家战略层面,作为新一轮产业变革的核心驱动力,人工智能将创造新的强大引擎,重构生产、分配、交换、消费等经济活动各环节,形成从宏观到微观各领域的智能化新需求,催生新技术、新产品、新产业、新业态、新模式,进而改变人类的生产和生活方式。

物流行业作为国民经济的重要组成部分,融合了运输、仓储、货运代理和信息等行业,也将受到人工智能技术的深刻影响。在技术赋能下,物流领域的应用将逐渐体现其技术优势,诸如无人仓、无人车、无人机等各类基于人工智能的机器将进一步提升整个物流行业的发展效能,推动中国物流行业实现"跨越式"的发展。

10.3.2 人工智能在物流行业中的应用

在通用型人工智能技术的支撑下,不同领域的垂直型人工智能应用迅猛发展。物流领域里的运输、仓储、配送和管理等都将受到人工智能技术的全面改造。

人工智能通过智能感知、自主决策、图像与视频理解与分析、自然语言处理、知识图谱、数据挖掘与分析等技术,将极大地降低物流行业的运营成本和人工劳动强度,提升物流行业的服务效率和服务质量,进而推动整个物流行业从劳动密集型服务行业转变为科技密集型服务行业。人工智能+物流应用示意图如图 10-11 所示。

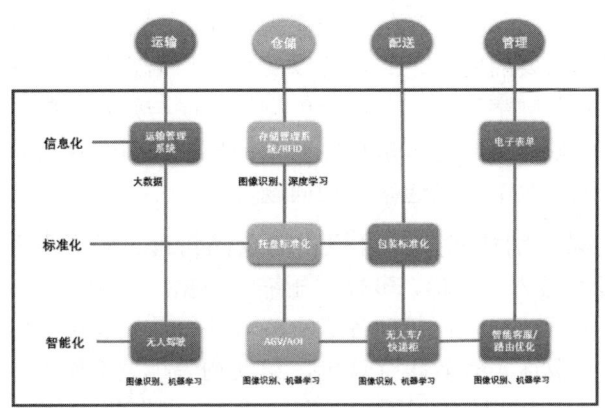

图 10-11 人工智能+物流应用示意图

具体来说,人工智能技术应用于物流行业,主要包括以下几个方向。

1. 将人工智能技术应用于运输管理系统中的车货匹配

物流企业可以利用人工智能技术结合自身资源打造全新的货运匹配平台。基于自身货源建立数字化货运平台,低价获取社会运力。

2. 将人工智能技术应用于无人驾驶和无人配送

人工智能技术中的机器学习和深度学习可以实现无人驾驶和无人配送。无人驾驶可以解决目前长途运输中存在的困难,大大提高物流运输效率。商用车无人驾驶技术将率先在港口等特殊场景使用,在高速公路干线得到普及,与车联网、车路协同等技术结合,推动整个公路运输体系智能化。无人配送可以缩短配送时间、提高配送灵活性;实现配送的自动化、无人化、信息化;提升快递行业的服务质量,降低送货的延误率,货物的损毁率、丢失率,以及快递投诉率,解决物流最后 1 公里的配送难题。无人驾驶和无人配送如图 10-12 所示。

图 10-12 无人驾驶和无人配送

3. 利用图像识别技术实现物流信息自动化录入

利用图像识别技术实现物流信息自动化录入，从而提高物流工作人员的工作效率。图像识别、深度学习等技术可以减少人工输单造成的误差，提高手写运单机器的有效识别率。

4. 利用语音识别技术优化智能客服系统

语音识别技术是包含特征提取技术、模型训练技术及模式匹配准则在内的智能科技，能够让机器通过识别与理解，把语音信息转变为相应的文本符号。在物流领域，语音识别已成为电话信道上最为重要的应用之一。可以实现客户语音的可视化和智能分析，辅助人工座席迅速完成词条和关键字识别，并进行关键知识库与知识点的搜索匹配，从而提高物流行业客服座席的工作效率、服务质量与电话接通率。同时，该技术促使用户体验得到提升，彻底解决快递物流客服电话接通率低的问题。

5. 利用图像/视频识别技术建立可视化的仓储管理、订单管理、车辆管理系统

结合图像/视频识别技术和 GIS、多媒体压缩、数据库技术，有效建立起可视化的仓储管理、订单管理、车辆管理系统。帮助各级决策人获得前端仓库异常状况，从而实现及时决策、指挥调度、调查取证。有效跟踪订单，帮助物流相关工作人员制订生产计划与进行生产安排；减少运输过程中货物的损毁、丢失等问题，保证货物及时、安全地到达目的地。

6. 人工智能技术为新一代物流行业提供更加智慧的运营管理模式

在进行物流转运中心、配送中心、仓库等选址时可以利用人工智能和大数据分析技术，对运输线路、客户分布、地理状况等信息进行精准匹配，从而优化选址、提升效率。人工智能技术还能帮助制造商、供应商、物流提供商等有针对性地制定产品营销策略和货物的运、储、配计划。

7. 利用人工智能技术实现物流的内部智能调度

利用人工智能技术结合大数据技术对商品数量、体积等基础数据进行分析，能够对包装、运输车辆等进行智能调度。利用深度学习算法可以测算商品的体积数据和包装箱尺寸，进而由系统智能地计算并推荐耗材和打包排序，从而合理安排箱型和商品摆放方案等。

10.4 无人机配送技术

10.4.1 无人机的概念

通用航空是指使用民用航空器从事公共航空运输以外的民用航空活动，涉及的行业非常广泛，如工业、农业、林业、渔业、建筑业、医疗、救援、气象、海洋、教育、文化、体育等。

在一百年的大通航中，无人机已成为新生力量。我国通用航空发展历史可以追溯至

1912年,至今已发展一百余年。而在近十年里,无人机作为通用航空的一部分,凭借其操作简单、起降方便、功能丰富的优点成为人们日常生活的重要工具,已逐渐替代有人机,在各项通航业务中发挥着重要作用。

无人机,全称为无人驾驶飞机,是利用无线电遥控设备或自备的程序控制装置操纵的不载人飞机。

目前企业用的无人机主要为四旋翼无人机或八旋翼无人机(分别见图 10-13 和图 10-14),飞行高度在 1000 米以下,飞行半径在 10 千米左右,承重在 10 千克以内。

无人机非常适用于偏远地区和紧急件的派送,能有效提高配送效率,降低人力、运力成本。也有部分企业研发出吨级以上的无人机,用于大批量的快件派件测试。

 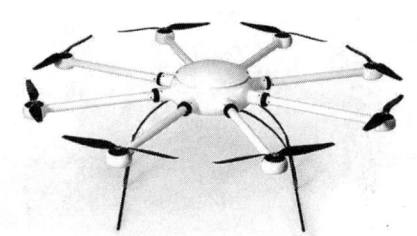

图 10-13　四旋翼无人机　　　　　图 10-14　八旋翼无人机

10.4.2　无人机的应用领域

无人机的应用非常广泛,可以用于军事,也可以用于民用领域和科学研究。

在民用领域,无人机已经和即将使用的领域有 40 多个,如物流配送(或快递)、影视航拍、农业植保、海上监视与救援、环境保护、电力巡检、渔业监管、消防救援、城市规划与管理、气象探测、交通监管、地图测绘、国土监察等(见图 10-15)。

(a) 消防救援　　　　　　　　(b) 农业植保

图 10-15　无人机的应用领域

（c）交通监管　　　　　　　　　（d）物流配送

（e）电力巡检　　　　　　　　　（f）地图测绘

图 10-15　无人机的应用领域（续）

10.4.3　无人机配送的优势与劣势

1. 无人机配送的优势

（1）无人机尺寸相对较小，在设计时不受驾驶员生理条件限制，可以有很大的工作强度，不需要人员生存保障系统和应急救生系统等，大大地减轻了飞机重量。

（2）无人机在空中飞行线路为直线，距离最短，几乎无视地形，没有传统物流配送的运输路线局限性。

根据亚马逊的无人机测试案例来看，空中的运输限制较传统方式显著降低，有较强的自由度。

以中国邮政在浙江省安吉县的试点为例，从杭垓镇到七管村用汽车送件需要 40 分钟，开通无人机航线后仅需要 15 分钟。由此可见，无人机无视地形的优势在偏远地区更为明显。

（3）无人机的技术优势是能够定点起飞、降落，对起降场地的条件要求不高，可以通过无线电遥控或通过机载计算机实现远程遥控。

（4）运营成本相对较低。纽约金融研究机构 Ark-invest 公司的一项研究显示，亚马逊的无人机送货服务，可以让快递小包裹的每件成本降到 1 美元左右。与之相比，亚马逊采用传统方式在纽约等城市实施的 1 小时内快递服务，每件快递的费用高达 7.99 美元。

从中国邮政在浙江省安吉县的试点来看，安吉县山区的一些行政村分布得比较分散，平时用汽车运输，每个投递点都跑一遍，绕来绕去可能有 200 多千米，路途远，时间上非常紧急，投递成本也非常高。而中国邮政的无人机供应商迅蚁科技表示，在安吉县应用无人机配送相比传统物流方式，配送时间缩短 60%，成本降低 60%。由此可见，当前针对偏远地区、运载效能需求较低的应用场景，无人机有较强的运营成本优势。

（5）效率高，速度快。当前无人机在测试过程中，速度一般控制在每小时几十千米到上百千米。无人机拓展了空间的使用效率（由平面到立体空间），没有堵车的风险。因此，无人机将会大幅度提升配送的速度和时效。

（6）适用于小批量、高频次运输。根据亚马逊的统计，85%左右的快递均轻于 5 磅（约 2.27 千克），这意味着大量快件可以通过无人机完成配送。国家邮政局的数据显示，2018 年全年快递件量为 507 亿件，年人均快递件量为 36 件。因此，小批量、高频次是快递服务的关键特征，相比其他配送方式，无人机有着得天独厚的效率和成本优势。

（7）非常适用于偏远地区和紧急件的配送。无人机配送具有地形优势，可以充分触及偏远山区的配送需求。中国邮政在浙江省安吉县的山区开通了第一条无人机配送航线，试点偏远地区配送服务。亚马逊 Prime Air 推出的 30 分钟送到服务，也充分发挥了无人机的速度，为客户提供更高时效的配送服务。

2. 目前无人机配送的劣势

（1）初始投资成本较高。

（2）电池续航时间短，有效荷载较低。

（3）容易受天气影响，结冰的飞行高度比过去预计的要低，在海拔 3000～4500 米的高度上，连续飞行 10～15 分钟后无人机会受损。抗风和抗气流能力差，在大风和乱流中飞行，无人机易偏离飞行线路，难以保持平稳的飞行姿态。

（4）无人机的应变能力不强，不能应付意外事件，当有强信号干扰时，易造成接收机与地面工作站失去联系。

（5）无人机机械部分也有出现故障的可能，一旦出现电子设备失灵现象，无人机及机载设备将受到致命的损害。

（6）国家监管较为严格。

以上因素限制了无人机在快递行业中的应用和推广，但随着储能技术的升级，续航能力、荷载能力将会进一步提升，未来无人机派件的场景将得到推广。无人机在影视航拍、电力巡检、农业植保、地图测绘等行业的应用更高效、更安全。

当前，我国已经成为世界上快件服务规模最大的国家，需要大量的从业人员提供快递服务，但自中国人口红利减退后，快递企业开始面临招工难、招工贵等问题。同时，未来中国快递行业的规模将为目前的数倍，人力的增加对快递处理能力的提升效果可能并不明显。因此，很多快递、电商企业寄希望于自动化或无人化设备的应用能提升快递处理能力。提高物流服务效率和质量、降低人工成本。像中国邮政、顺丰和京东这些企业在分拣、运输、派送等快递服务环节中大量使用无人化的技术进行测试和研究，开发出了无人机、无人车等诸多设备，并进行了无人机派送快件的部分测试。无人机派送快件如图 10-16 所示。

图 10-16 无人机派送快件

总之，随着科技的迅猛发展及互联网技术的日益普及，物流行业正朝着"云物大智"的趋势发展。智慧物流的应用对于提高生产自动化水平、劳动生产率和经济效益，降低制造、物流等行业的成本，以及保证产品质量、改善劳动环境起着越来越大的作用。

本章小结

随着科技的迅猛发展及互联网技术的日益普及，物流行业正朝着"云物大智"的趋势发展。本章对物联网在物流领域中的应用、大数据在物流系统中的应用及大数据物流技术的应用方向、人工智能在物流行业中的应用，以及无人机在物流配送中的应用等物流前沿知识进行了简要介绍。

今后，智慧物流对于提高生产自动化水平、劳动生产率和经济效益，以及保证产品质量、改善劳动环境起着越来越大的作用。

案例分析

物流行业的大数据应用

针对物流行业的特性，大数据应用主要体现在车货匹配、运输路线优化、库存预测、设备修理预测、供应链协同管理等方面。

1. 车货匹配

通过对运力池进行大数据分析，公共运力的标准化和专业运力的个性化需求之间可以产生良好的匹配，同时结合企业的信息系统也可实现全面整合与优化。通过对货主、司机和任务的精准画像，可实现智能化定价、为司机智能推荐任务和根据任务要求指派配送司机等。

从客户方面来讲，大数据应用会根据任务要求，如车型、配送公里数、配送预计时长、附加服务等自动计算运力价格并匹配最符合要求的司机，司机接到任务后会按照客户的要求进行高质量的服务。从司机方面来讲，大数据应用可以根据司机的个人情况、服务质量、空闲时间为他自动匹配合适的任务,并进行智能化定价。基于大数据实现车货高效匹配,不仅能减少空驶带来的损耗,还能减少污染。

2. 运输路线优化

通过运用大数据,物流运输效率将得到大幅提高,大数据为物流企业间搭建起沟通的桥梁,物流车辆行车路径也将被最短化、最优化定制。

美国 UPS 公司使用大数据优化送货路线,配送人员不需要自己思考配送路径是否最优。UPS 公司采用大数据应用可实时分析 20 万种可能路线,3 秒找出最佳路径。

UPS 公司通过大数据分析,规定卡车不能左转,所以 UPS 公司的司机会宁愿绕个圈,也不往左转。往年的数据显示,因为执行尽量避免左转的政策,UPS 公司的货车在行驶路程减少 2.04 亿千米的前提下,多送出了 350 000 件包裹。

3. 库存预测

互联网技术和商业模式的改变带来了从生产者直接到顾客的供应渠道的改变。这样的改变从时间和空间两个维度上为物流行业创造新价值奠定了很好的基础。大数据技术可优化库存结构和降低存储成本。

运用大数据分析商品品类,系统会自动分解用来促销和用来引流的商品。同时,系统会自动根据以往的销售数据进行建模和分析,以此判断当前商品的安全库存,并及时给出预警,而不再根据往年的销售情况来预测当前的库存状况。总之,使用大数据技术可以降低库存,从而提高资金利用率。

4. 设备修理预测

UPS 公司从 2000 年就开始使用预测性分析技术来检测自己全美 60 000 辆车规模的车队,这样就能及时地进行防御性的修理。如果车在路上抛锚,损失会非常大,因为那样就需要再派一辆车,会造成延误和再装载的负担,并消耗大量的人力、物力。

以前,UPS 公司每两三年就会对车辆的零件进行定时更换,但这种方法不太有效,因为有的零件并没有什么毛病就被换掉了。通过监测车辆的各个部位,UPS 公司如今只需要更换需要更换的零件,从而节省了好几百万美元。

5. 供应链协同管理

随着供应链变得越来越复杂,使用大数据技术可以迅速、高效地发挥数据的最大价值,集成企业所有的计划和决策业务,包括需求预测、库存计划、资源配置、设备管理、渠道优化、生产作业计划、物料需求与采购计划等,这将彻底变革企业市场边界、业务组合、商业模式和运作模式等。

良好的供应商关系是消除供应商与制造商间不信任成本的关键。双方库存与需求信息的交互,将降低由缺货造成的生产损失。通过将资源数据、交易数据、供应商数据、质量数据等存储起来用于跟踪和分析供应链在执行过程中的效率、成本,能够控制产品质量;通过数学模型、优化和模拟技术综合平衡订单、产能、调度、库存和成本间的关系,找到优化解决方案,能够保证生产过程的有序与匀速,最终达到最佳的物料供应分解和生产订单的拆分。

思考分析

(1)人工智能时代马上就要到来了,在物流的相关职业和岗位中,哪些是容易被人工智能取代的，哪些是不容易被人工智能取代的？通过对人工智能的学习，你觉得应该增加自己的什么技能才不容易被人工智能取代？

（2）针对物流行业的特性，大数据应用在车货匹配、运输路线优化、库存预测、设备修理预测、供应链协同管理等方面起到了哪些作用？

问题提示

（1）基础作业岗位容易被取代，脑力活动丰富的岗位不容易被取代。

（2）基于大数据实现车货高效匹配，不仅能减少空驶带来的损耗，还能减少污染；通过运用大数据，物流运输效率得到大幅提高，物流车辆行车路径也将被最短化、最优化定制；使用大数据可以降低库存，从而提高资金利用率；使用大数据能及时地对规模的车队进行防御性的修理，大大节省了物流设备的运营成本；使用大数据将彻底变革企业市场边界、业务组合、商业模式和运作模式等。

重要概念

物联网　大数据　人工智能　无人机配送

习题 10

一、填空题

1. _____即实现物到物、人到物和人到人的互联网络，体现出物理空间和信息空间的融合。

2. 大数据技术是指从各种各样类型的_____中，快速获得有价值信息的技术。

3. 目前企业用的无人机主要为四旋翼无人机或八旋翼，飞行高度在_____米以下，飞行半径在 10 千米左右，承重在 10 千克以内。

4. _____非常适用于偏远地区和紧急件的配送。

二、选择题

1. 人工智能的英文缩写为（　　）。
   A. AB   B. AJ
   C. AI   D. AQ

2. 大数据的定义包括（　　）。
   A. 海量的数据规模（Volume）　　B. 快速的数据流转和动态数据体系（Velocity）
   C. 多样的数据类型（Variety）　　D. 巨大的数据价值（Value）

3. 把大数据转化为智慧物流系统，需要具备以下哪些基础（　　）。
   A. 业务数据化　　B. 智能转化技术
   C. 大数据处理技术　　D. 物联网技术

4. "云物大智"包括（　　）。
   A. 人工智能　　B. 大数据　　C. 物联网　　D. 云计算

5. 无人机配送的优势有（　　）。
   A．运行距离最短　　　　　　　　B．国家监管较为严格
   C．运营成本相对较低　　　　　　D．适用于偏远地区和紧急件的配送

三、问答题

1．物联网可以在物流技术的哪些方向进行应用？
2．物联网技术给物流带来了哪些优势？
3．大数据物流技术有哪些应用方向？
4．无人机配送的优势有哪些？
5．目前无人机配送的劣势有哪些？

参考答案

第1章

一、填空题

1. 供应地、接收地；运输、储存、装卸、搬运、包装、流通加工、配送、信息处理
2. 前提、基础
3. 流体、载体、流向、流量、流程、流速
4. 空间、时间、信息
5. 职能管理阶段、内部一体化阶段、外部一体化阶段
6. 自然属性、社会属性
7. 虚拟化

二、选择题

1. BCD 2. AC 3. D 4. ACD 5. B 6. D 7. A 8. C

三、问答题（答案略）

第2章

一、填空题

1. 古希腊、共同、作用、功能、目标、相互协调
2. 输入、处理、输出
3. 运输、储存、装卸、搬运、包装、流通加工、配送、信息处理；增加便利性的服务功能、加快反应速度的服务功能、降低成本的服务功能、延伸的服务功能
4. 外部条件和内部因素相结合的原则、当前利益和长远利益相结合的原则、子系统与整个系统相结合的原则、定量分析与定性分析相结合的原则
5. 经济指标、资料和信息、系统方案
6. 时间、价格、数量、质量、顾客
7. 社会、子系统、组成、宏观、微观、为物流

二、选择题

1. A 2. ABCDE 3. ABCD 4. B 5. AB

三、问答题（答案略）

第 3 章

一、填空题

1．及时、准确、经济、安全

2．产品位移、产品储存

3．生产仓储、流通仓储、国家仓储；企业自营仓储、营业仓储、公共仓储；普通商品仓储、特殊商品仓储；储存仓储、配送仓储、运输转换仓储、保税仓储

4．进货、保管、发货

5．"五五化"堆码、光电识别系统、电子计算机监控系统

6．定时配送，定量配送，定时、定量配送，定时、定线路配送，即时配送

7．备货、理货、送货、配送加工

二、选择题

1．ABC 2．ABCD 3．B 4．C 5．A

三、问答题（答案略）

第 4 章

一、填空题

1．保护产品、方便储运、促进销售

2．保护性能、加工操作性能、外观装饰性能、方便使用性能、节省费用性能、易处理性能

3．金属、玻璃、陶瓷、木材、纸、塑料

4．防震包装技术、防破损包装技术、防锈包装技术、防霉腐包装技术、防虫包装技术、危险品包装技术、特种包装技术

5．吊车的"吊上吊下"方式、叉车的"叉上叉下"方式、半挂车或叉车的"滚上滚下"方式、"移上移下"方式、"散装散卸"方式

6．流通加工和自己送结合、流通加工和配套结合、流通加工和合理运输结合、流通加工和合理商流结合、流通加工和节约结合

二、选择题

1．ABCDE 2．ABCD 3．ABCDEF 4．ABCDE 5．ABCD

三、问答题（答案略）

第 5 章

一、填空题

1．物流系统内信息、物流系统外信息

2．信息量大、更新快、来源多样化

3．输入速度快、可靠性高、采集信息量大、灵活实用

4．EDI 软件和硬件、通信网络、数据标准化

5．单品管理、顾客管理和职工管理，自动读取 POS 信息，信息的集中管理，连接供应链

6．射频标签、阅读器、数据传输和处理系统

二、选择题

1．ABCD　2．ABCE　3．C　4．A　5．A

三、问答题（答案略）

第6章

一、填空题

1．顾问式、直线式、直线顾问式、矩阵式、事业部制

2．物流成本核算、物流成本预测、物流成本决策、物流成本计划、物流成本控制、物流成本分析

3．从属性、不可存储性、移动性和分散性、需求波动性、差异性

4．600mm×400mm

5．商品的质量保证及改善、物流服务质量、物流工作质量、物流工程质量

二、选择题

1．ABCDE　2．ABCDEFG

三、问答题（答案略）

第7章

一、填空题

1．企业自营物流、专业子公司物流、第三方物流

2．行政方法、经济方法、教育方法、数量分析方法

3．生产的类型、生产规模、企业的专业化和协作水平

4．物流计划管理、物流质量管理、物流技术管理、物流经济管理

5．时间要素、可靠性要素、方便性要素

二、选择题

1．C　2．A　3．D　4．D　5．A

三、问答题（答案略）

第8章

一、填空题

1．复杂性、动态性、面向用户、需求交叉性

2．有效的产品引进、有效的店铺分类组合、有效的促销、有效的补货

3．单元供应链、产业供应链、全球供应链

4．供应、生产计划、物流、需求

5．内部供应链、外部供应链

二、选择题

1．D　2．D　3．D　4．C　5．D

三、问答题（答案略）

第 9 章

一、填空题

1．运输、储存、检验、包装、国际物流信息

2．国际海上货物运输、国际铁路货物运输、国际公路货物运输、国际航空货物运输、国际集装箱货物运输、国际多式联运

3．中国、商务部、分支机构

4．备案登记

二、选择题

1．ABCDE 2．ABCD

三、问答题（答案略）

第 10 章

一、填空题

1．物联网

2．数据

3．1000

4．无人机

二、选择题

1．C 2．ABCD 3．AC 4．ABCD 5．ACD

三、问答题（答案略）